Ingrid Lipowsky

VERRÜCKT?

BEGLÜCKT! ! !

Gebrauchsanleitung
für ein
glückliches Altsein

Dieses Buch erscheint im Eigenverlag
und ist zu beziehen über

Ingrid Lipowsky
Aberthamer Straße 1
89331 Burgau
Deutschland

Tel./Fax 0049/(0)8222/2464

www.engelundsteine.de

ISBN 978-3-00-021619-0

2. Auflage, 2008

Lektorat: Katrin Lipowsky-Mader, M.A.
Titelseite: Günther Sokola, Ingrid Lipowsky
Fotos: Walter Lipowsky

Satz: Ingrid Lipowsky, Katrin Lipowsky, M.A.
Gesetzt aus der Garamond
Gesamtherstellung: Firma Deni Druck & Verlags GmbH
D 86467 Thannhausen

Herzlichen Dank für Eure Unterstützung!

Inhalt

Vorwort

Vor einigen Jahren saß ich mit meinem lieben Freund Ernst beisammen. Wir unterhielten uns ein wenig ratlos über unsere Eltern, die sich so schwer mit ihrem Alter taten. Sie sahen nur, was das Leben ihnen genommen hatte, und hatten den Blick verloren für das, was sie noch besaßen. Auch in unserem weiteren Umfeld fanden sich nur ganz wenige Senioren, die lebensfroh und lebensbejahend unserer Generation als Vorbild hätten dienen können.

Schließlich meinte ich: „Ich glaube, ich schreibe einmal ein Buch mit dem Titel ‚Ich werde eine glückliche Alte'." Mein Freund lachte und antwortete: „Fang bald mit dem Schreiben an. Wir brauchen das Buch."

Die Idee – oder war es eine Vision? – ruhte einige Jahre. Dann war der innere Auftrag da und ich begann, die Voraussetzungen, die mir wichtig erschienen, um selbst einmal eine glückliche alte Frau sein zu können, in eine Geschichte zu verpacken. Der Himmel half mir dabei, wieder einmal ...

So widme ich dieses Buch allen Menschen, die *jetzt* schon alt sind, und ebenso denen, die auf dem Weg sind, alt zu werden. Auch *Du* gehörst dazu.

Ich wünsche Dir, dass Du von der alten, weisen Anni das Annehmen und Loslassen lernen kannst und so hinter das Geheimnis der geöffneten Hände kommst. Wer weiß? Vielleicht begegnen wir uns ja eines Tages in einem Altenheim?! Vielleicht trage ich dann ein selbst gebasteltes Herz aus Papier um den Hals, auf dem steht:

Grüß Dich, ich bin Ingrid.

Dann weißt Du: Hier und jetzt läuft gerade die ‚Aktion Freundschaft'. Bist Du dabei?

Von Herzen alles Liebe
Ingrid

Lektion 1:
Gib Deinem „Feind“ die Möglichkeit, Dein Freund zu werden

Konnte sich der Himmel einen ungünstigeren Zeitpunkt für das erste Zusammentreffen dieser beiden so unterschiedlichen Frauen auswählen als diesen stürmischen Herbsttag?

Genau an diesem Tag hatte Ilse mit dem Leben, das für sie schon lange kein Leben mehr war, endgültig abgeschlossen. Nachdem sie bereits das Frühstück verweigert und das Mittagessen ohne Kommentar unberührt stehen gelassen hatte, lag sie nun mit dem Gesicht zur Wand in ihrem Bett und haderte mit Gott. Mit Gott – und mit ihrer Tochter Elisabeth, die neben ihr saß und mit weinerlicher Stimme versuchte, ihr eine Tasse Tee und ein Stück Kuchen schmackhaft zu machen.

„Mama, Du musst etwas essen. Wenn Du nichts isst, musst Du ins Krankenhaus und wirst künstlich ernährt. Willst Du das? Ich kann Dich dort nicht jeden Tag besuchen. Es ist schon schwer genug für mich, nach der Arbeit hier vorbeizuschauen. Daheim bleibt so vieles liegen. Ich weiß bald nicht mehr, wo mir der Kopf steht. Aber wir müssen so viel zuzahlen für Deinen Heimaufenthalt, dass ich gezwungen bin, nur für Dich zu arbeiten. Dabei hätte ...“

Ilse hielt sich mit beiden Händen die Ohren zu. Sie kannte diese Litanei schon auswendig. Ja, auch das war ein Grund, mit dem Essen aufzuhören: Damit endlich ihre Tochter von der Last, zu der ihre eigene Mutter geworden war, befreit wurde. Kapierte sie denn nicht, dass sie aus Rücksicht zu ihr sterben wollte?

Als das Gejammer seinen täglichen Höhepunkt erreicht hatte, wandte sich die alte Frau stöhnend um und unterbrach zornig Elisabeths Redestrom: „Wenn ich ein alter, kranker Hund wäre, hättest Du mich schon längst einschläfern lassen, nicht wahr?“

Die Angesprochene wurde blass, schluchzte laut auf, ergriff hastig ihre Einkaufstasche und floh aus dem kleinen Zimmer, das sie schon seit Wochen nur noch mit Überwindung und Widerwillen betrat.

Ilse tat es im gleichen Augenblick leid, dass auch der heutige Besuch so unschön endete wie die meisten in den vergangenen Tagen. Tränen traten ihr in die Augen, als sie sich wieder zur Wand drehte und erneut mit Gott haderte: „Warum nur lässt Du mich nicht endlich sterben? Für welche Schuld muss ich so büßen? Die Anna vom nächsten Zimmer, die so zufrieden war mit diesem sinnlosen Dasein, die hast Du vorgestern zu Dir geholt. Dabei wäre sie gerne noch ein paar Jährchen hiergeblieben. Du bist ein ungerechter Gott! Oder macht es Dir vielleicht sogar Spaß, mich so zu quälen?“

Die Antwort, die ihr Körper darauf gab, kannte sie nur zu gut. Wie eine unbarmherzige, eiserne Faust drückten ihr Wut, Angst und Schuld die Kehle zu. Das Herz begann in Todesangst zu rasen. Vergessen war der Wunsch zu sterben. Das armselige Leben in ihr schrie um Hilfe. Voller Panik versuchte sie, die Glocke an ihrem Bett zu erreichen, doch im selben Augenblick wurde die Zimmertür geöffnet und sie vernahm die angenehme Stimme des Heimleiters: „So, Frau Nowak, hier ist Ihr Zimmer, das Sie sich mit Frau Bergmüller teilen werden. Frau Bergmüller war bis jetzt alleine und sie wird sich bestimmt freuen, Gesellschaft zu bekommen. – Frau Bergmüller, darf ich Ihnen Ihre neue Zimmergenossin, Frau Anni Nowak, vorstellen?“

Die Todesangst wich einem unglaublichen Zorn. Nein, das Letzte, was Ilse jetzt wollte, war eine fremde, alte, verwirrte, womöglich bald sterbende Frau neben sich! Hatte der Heimleiter bei der Einlieferung vor fast drei Monaten nicht versprochen, ihr das Zimmer so lange wie möglich allein zu überlassen?

Voller Widerwillen wandte sie sich um und starrte Herrn Lehmann mit einer Mischung aus Wut und Verzweiflung an. Dieser ignorierte es einfach und redete leutselig weiter: „Frau Bergmüller, es ist eine Bereicherung für Sie, eine so liebenswürdige Zimmergenossin zu bekommen. Frau Nowak ist eine gebildete und sehr unterhaltsame

Frau. Ich bin überzeugt, Sie beide werden sich wunderbar verstehen.“

Jetzt erst warf Ilse einen finsteren Blick auf die Neue. Diese saß lächelnd in einem Rollstuhl, den der Heimleiter nun näher an ihr Bett schob. Die beiden Frauen musterten sich, und Herrn Lehmann wurde bewusst, dass er mit seiner Entscheidung entweder einen Glücksgriff oder einen kapitalen Fehler begangen hatte: Die Blicke, die Frau Bergmüller in die Richtung des Neuzuganges abschoss, glichen Giftpfeilen. Doch was tat die Empfängerin damit?

Überrascht erkannte der Heimleiter, dass sich in Frau Nowaks gütigen Augen die Giftpfeile für einen Moment sammelten, in der Wärme, die direkt aus ihrem Herzen zu kommen schien, schmolzen und sich umformten zu Liebespfeilen, die unverzüglich den Weg zurück zur Absenderin antraten. Erstaunt über diesen Gedanken, der so gar nicht zu seiner rationalen Art passte, blickte er Frau Nowak fragend an. Seit der Ankunft der ‚Neuen' am späten Nachmittag waren bereits mehrfach solch komische Gedanken in ihm aufgetaucht ...

Frau Nowak lächelte wissend und zwinkerte ihn verschmitzt an. Schnell wandte er sich Frau Bergmüller zu und erkannte an ihrem verschlossenen Gesichtsausdruck, dass die Liebespfeile deren Herz nicht erreichten. ‚Noch nicht ...', war wieder so ein Gedanke, der sich *in* ihn einschlich, ohne *von* ihm zu sein. Sonderbar, sehr sonderbar! Dabei würde er es der verhärmten Alten so sehr wünschen.

Er erinnerte sich noch genau an Frau Bergmüllers Ankunft. Seit drei Monaten war sie nun im Altenheim – und seit dieser Zeit sein größtes Sorgenkind. Über alles klagte, jammerte oder schimpfte sie, keine seiner Pflegerinnen wollte gerne mit ihr zu tun haben. In den letzten Tagen hatten sich die Fronten so verhärtet, dass es ihm schien, als hätte ihr Unglücklichsein eine undurchdringliche Mauer um sie aufgebaut, die jedes verständnisvolle, liebe Wort, jede fürsorgliche Berührung abprallen ließ. Bis heute hatte er den Wunsch der einzigen Tochter seines ‚Sorgenkindes' berücksichtigt und das Doppelzimmer nicht weiter belegt. Genau erinnerte er sich an die Worte der beständig jammernden jüngeren Frau: „Meine Mutter ist eine Einzelgängerin. Solange ihr niemand widerspricht und man sie einfach in Ruhe lässt, geht es. Glauben Sie mir: Sie tun sich, Ihrem Personal und auch meiner Mutter den größten Gefallen, wenn Sie sie entweder in ein Einzelzimmer oder zu einer taubstummen Frau legen." Zu den Worten hatte sie bitter gelacht.

Ein Einzelzimmer war bis jetzt nicht frei geworden, eine taubstumme Insassin nicht im Heim, und so hatte er damals beschlossen, Frau Bergmüller so lange wie möglich allein in einem Doppelzimmer unterzubringen.

Die sanfte Stimme von Frau Nowak holte ihn aus seinen Überlegungen zurück: „Grüß Gott, Ilse. Ich darf Dich doch so nennen? Weißt Du, es fällt mir schwer, Menschen, die ich mag, mit ‚Sie' anzureden."

Der Angesprochenen blieb vor Überraschung der Mund offen stehen. ‚Menschen, die ich mag ...', hallte es in ihrem Kopf nach. ‚Was denkt die sich eigentlich? Ich kenne sie überhaupt nicht, und will sie auch nicht kennenlernen!' sagte ihr Verstand zu ihrem Herzen, das sich bei Frau Nowaks Worten zum ersten Mal seit Wochen leicht geregt hatte.

Abweisend und mit zusammengekniffenem Mund nickte sie dennoch und wunderte sich im gleichen Augenblick über sich selbst. So schnell es ihre alten Gelenke erlaubten, drehte sie sich wieder der Wand zu.

Herr Lehmann räusperte sich verlegen und wandte sich an die Neue: „Frau Nowak, ich lasse Sie jetzt alleine und schicke eine Pflegerin mit Ihrem Gepäck herauf, damit sie Ihnen beim Einräumen hilft. Noch einmal: Herzlich Willkommen in unserem Haus."

Anni antwortete freundlich: „Du sagst: Herzlich *will*kommen. Weißt Du, das Leben fragt nicht, ob ich kommen *will* oder nicht. Es ist einfach so, dass ich ab jetzt hier bin. Und so werde ich das Beste daraus machen. Vergelt's Gott, dass ihr mich alle so freundlich aufnehmt."

Ilse hörte, wie sich die Tür öffnete und wieder schloss. Dann war es still. Nein, nicht still, sie hörte das gleichmäßige, leise Atmen der anderen. Neugierig hielt sie selbst die Luft an, denn sie glaubte zu wissen, was gleich passieren würde: Gleich würde das Schluchzen beginnen!

Doch das, was sie hörte, war so unglaublich, dass sie sich abrupt in ihrem Bett aufrichtete – was ihr in diesem Tempo seit Wochen nicht mehr gelungen war – und die Neue fassungslos anstarrte: Mit fester Stimme sang die alte Frau im Rollstuhl: „Confitemini domino, quoniam bonus. Confitemini domino, halleluja!"

‚Die muss total verrückt sein!' dachte Ilse. ‚Man schiebt sie in diesen *Warteraum des Todes* ab und sie singt!' Seit der ersten Minute nannte sie dieses fürchterliche Haus so. Sie erinnerte sich gut an die Reaktion ihrer Tochter, als diese den Ausdruck das erste Mal aus dem Mund der Mutter gehört hatte.

Anni ließ sich von Ilses verstörtem Blick nicht beirren, sondern wiederholte das Lied lächelnd und mit geöffneten Händen, die entspannt auf ihren Oberschenkeln lagen. Dieses Mal formte sie die Blicke der anderen in erklärende Worte um: „Kennst Du dieses Lied? Es heißt übersetzt: ‚Vertraut auf den Herrn, denn er ist gut.' Es ist eines meiner Lieblingslieder und ich hoffe, es stört Dich nicht, wenn ich ab und zu singe. Wenn doch, sag es ruhig. Dann fahre ich mit dem Rollstuhl auf die Terrasse hinaus und singe den Vögeln ein wenig vor. Kurt, der Heimleiter, hat es mir erlaubt."

Ilse entschlüpfte ein leises „Verrückt, die ist tatsächlich verrückt". Lauter aber sprach sie – und sie wunderte sich dabei selbst über den für ihre Verhältnisse freundlichen Ton: „Singen Sie ... äh ... sing ruhig, wenn Dir danach ist."

Anni ließ sich nicht zweimal bitten, und während sich Ilse ächzend und stöhnend zurücklegte und Richtung Wand wälzte, nahm die Neue die Melodie erneut auf und sang sie, immer und immer wieder. Fast schien es, als würden die Töne und Worte langsam Gestalt annehmen, eine helle Gestalt, die den Raum in Wärme und Licht tauchte.

‚Blödsinn!' verscheuchte Ilse diesen für sie befremdlichen Gedanken. Und doch ... Überrascht bemerkte sie, dass sie in ihrem Inneren die Melodie aufnahm, sie sich zu eigen machte – und in ihr mitschwang. Nie zuvor hatte sie Ähnliches empfunden, und hätte jemand sie in diesen Minuten gebeten, das Erlebte zu erklären, sie hätte es nicht vermocht. Es war ihr zu fremd, zu neu – und zu schön!

Fast ärgerte sie sich, als die Altenpflegerin Martina das Zimmer betrat und die Melodie abbrach. Die junge Frau wuchtete mit gespielter Anstrengung einen erstaunlich kleinen Koffer auf den Tisch und sagte lachend: „Frau Nowak, unser Herr Lehmann sagte eben zu mir: ‚In diesem Koffer mag wenig Materielles sein, doch glaube ich, es ist eine Tonne Liebenswürdigkeit darin.'" Dann begann sie, die Kleidungsstücke und Toilettensachen in den Schrank zu räumen.

Ilse drehte sich nicht um, auch wenn Neugierde quälend in ihr nagte und danach verlangte gestillt zu werden. Sie hörte Martinas freundliche Stimme: „Sie haben aber schöne Kleider, Frau Nowak. Dieses hier heben Sie sich bestimmt für besondere Anlässe auf, wahrscheinlich für den Gottesdienst am Samstagabend in unserer kleinen Kapelle?"

Die Angesprochene antwortete: „Ich habe jeden Tag Gottesdienst, nicht nur am Samstag oder Sonntag. Und er ist auch nicht an einen bestimmten Raum gebunden. Für mich gäbe es jeden Tag einen Anlass, dieses Kleid zu tragen: Ich lebe! Denk nur, Martina: Ich bin dem Leben so wichtig und wertvoll, dass es mein Herz am Schlagen hält und meine Lungen am Atmen. Und sollte das Leben der Meinung sein, es sei nun genug, so wäre doch auch dies ein guter Grund, das schönste Kleid zu tragen, das ich besitze!"

Während sie gesprochen hatte, waren die geschäftigen Geräusche des Einräumens verstummt. Es blieb eine Weile still, dann stellte Martina leise fest: „Wissen Sie, Frau Nowak, es sind wenig Menschen in diesem Haus, die so denken wie Sie. Ich freue mich, dass Sie hier sind."

Anni antwortete: „Martina, darf ich Dich um einen Gefallen bitten? Würdest Du mich beim Vornamen nennen und *Du* zu mir sagen?" Die nachfolgende Erklärung kannte Ilse nun schon: „Es fällt mir so schwer, zu Menschen, die ich mag, *Sie* zu sagen. Und ich freue mich, wenn jemand, der mich mag, *Du* zu mir sagt. – Du hast den Gottesdienst am Samstag angesprochen. Beten da die Menschen nicht zum Vater im Himmel? Wenn sie es wirklich ernst nähmen, müssten sie dann nicht konsequenterweise in jedem anderen den Bruder und die Schwester sehen? Denn: Sind wir nicht alle Geschwister, wenn wir denselben Vater haben? Tu mir die Freude und nenn mich beim Vornamen. Ich mag zwar eine uralte Schwester für Dich sein, doch glaub mir: Innerlich bin ich viel jünger, als mein Körper dir vorgaukelt, vielleicht sogar jünger als Du!"

Die beiden Frauen lachten laut und fröhlich. Ilse schüttelte den Kopf und fühlte sich bestätigt: ‚Die Alte ist verrückt, total verrückt!' Das konnte ja heiter werden!

Die freundliche Pflegerin Martina bemerkte die Feindseligkeit, die von der unbeliebten Heimbewohnerin ausging, brach ihr Lachen unvermittelt ab und warf einen verunsicherten Blick in deren Richtung. Da spürte sie den sanften Druck der mit Altersflecken übersäten, feingliedrigen Hand der alten und doch so jung gebliebenen Frau, die sie in den wenigen Minuten des Zusammenseins bereits fest in ihr Herz geschlossen hatte. Sie blickte in das gütige, von erstaunlich wenig Falten durchzogene Gesicht und fand sofort ihre innere Ruhe wieder.

‚Was für eine seltsame Frau', dachte sie. ‚Und ausgerechnet diesen Engel legt man mit einer Teufelin zusammen in ein Zimmer?' Sie konnte die Entscheidung des Heimleiters nicht verstehen.

Die Worte, die Anni leise zu ihr sprach, gaben Martina das Gefühl, die Neue könne Gedanken lesen. „Es ist gar nicht so leicht, in der Gegenwart von Menschen zu sein, die lachen, wenn das eigene Herz vor Angst oder Schmerzen weint."

Der Satz bewirkte in der jungen Pflegerin etwas Seltsames: Die eben noch gespürte Abneigung der unfreundlichen Frau Bergmüller gegenüber verschwand und machte einem Verständnis Platz, das ihr in diesem Zimmer in den letzten Wochen fast völlig abhanden gekommen war. Kopfschüttelnd räumte sie den leeren Koffer in den Schrank und half Frau Nowak, vom Rollstuhl ins Bett zu gelangen.

Ilse glaubte wieder zu wissen, was nun folgen würde: Die komische Neue würde der berechnenden Pflegerin gleich ein saftiges Trinkgeld geben, um sich die Freundlichkeit auch für die Zukunft zu sichern. Sie selbst beteiligte sich absichtlich nicht an dieser, nicht nur in diesem Haus üblichen Gewohnheit. ‚Wurden die Leute nicht gut genug bezahlt für das, was sie meist übellaunig taten? Natürlich war dies der

Grund, dass sie so unbeliebt bei den Pflegekräften war und behandelt wurde wie der letzte Dreck. Nun, sollte die Neue sich doch Liebenswürdigkeit erkaufen!'

Wieder spürte sie die eiserne Faust, die sich um ihr Herz legte. Sie stöhnte laut auf und presste die Worte heraus: „Kann ich jetzt endlich meine Ruhe haben? Man hat mir bei der Einlieferung versprochen, dass ich ein ruhiges Zimmer bekomme. Wenn das so laut weitergeht, werde ich mich beim Heimleiter beschweren."

Martina seufzte gequält auf und versuchte sich zu rechtfertigen. „Frau Bergmüller, es gibt halt Dinge, die besprochen werden müssen, wenn jemand neu zu uns kommt. Entschuldigen Sie ..."

Die sanfte Stimme der Neuen unterbrach sie: „Ilse, ich verstehe ja, dass es nicht leicht für Dich ist, plötzlich das Zimmer mit jemandem teilen zu müssen. Hab bitte ein wenig Nachsicht mit mir. Auch ich bin die letzten Jahre allein gewesen und weiß noch nicht, wie ich mich im Zusammenleben mit einem anderen Menschen bewähre. Lass es uns doch einfach mal probieren. Wenn es gar nicht gut geht, sprechen wir mit Kurt und er findet bestimmt eine Lösung, die allen gerecht wird." Und an Martina gewandt fügte sie hinzu: „Danke, meine Liebe. Kümmere Dich nun um die anderen Menschen, die auf Dich warten. Darf ich Dir noch etwas schenken für all Deine Mühe?"

‚Aha, hatte ich also doch Recht!' Ilse fühlte sich bestätigt und war neugierig, ob sie das Klimpern von Münzen oder das Rascheln eines Scheines hören würde.

Martina antwortete: „Nein, Anni, das ist doch nicht nötig."

‚Immer dasselbe scheinheilige Gesülze', dachte Ilse abschätzig.

Anni erwiderte freundlich: „Martina, einen Segen als Dankeschön sollte man niemals ablehnen. Pass gut auf, was ich Dir jetzt sage. Es ist ein irischer Segen und er gilt ab sofort für Dein ganzes weiteres Leben: *Möge Dir die Arbeit immer flott von der Hand gehen. Und nicht minder eifrig sei Deine Hand, wenn sich eine andere um Hilfe nach der Deinen ausstreckt.* – Möchtest Du auf diesen Segen wirklich verzichten?"

War das denn möglich? Ilse konnte es nicht glauben, als sie das verhaltene Schluchzen der jungen Pflegekraft hörte. War die Neue vielleicht gar nicht verrückt, sondern berechnend? Schmierte sie den Leuten Honig ums Maul, um sie sich damit gefügig zu machen? ‚Mit mir nicht, *mit mir nicht!!!*'

Kurz darauf hörte sie am Öffnen und Schließen der Zimmertür, dass Martina gegangen war. Angespannt lag Ilse im Bett und wartete darauf, was sich die Neue als Nächstes einfallen ließ. Doch nichts geschah. Die Anspannung, unter der Ilse stand, wurde langsam schmerzhaft. Ein Stöhnen entschlüpfte ihrem Mund.

„Ilse, was fehlt Dir denn?" hörte sie Annis sanfte Stimme.

„Was mir fehlt? Das kann ich Dir sagen: Ich lebe nicht mehr lange, und ich habe nur einen Wunsch: Dass ich die letzten Tage meine Ruhe habe. Denn das ist das Einzige, was mir fehlt."

„Oh, Du hast Deine Fahrkarte zum Himmel schon in der Tasche?"

Ilse verschlug es die Sprache. ‚Fahrkarte zum Himmel! – Fahr Du zur Hölle!' dachte sie.

Vom anderen Bett her kam eine liebevolle Frage: „Glaubst Du, dass es eine Hölle gibt?"

Wie vom Dreizack des Teufels gestochen fuhr die Angesprochene herum und starrte die Neue an. ‚Kann die womöglich Gedanken lesen?' Die Lachfältchen um Annis Augen tanzten und brachten die griesgrämige Ilse noch mehr in Rage. Ungehalten presste sie zwischen ihren Lippen hervor: „Ist nicht schon das Leben hier eine Hölle?"

„Nun", lautete Annis Antwort, „ich glaube, dass jeder Mensch selbst entscheidet, ob er das Leben auf diesem Planeten als Himmel oder als Hölle erlebt."

„Für mich war das Leben immer eine Hölle. Aber, was soll das ganze Geschwätz, es ändert nichts daran, dass ich es bald hinter mir habe. Und was danach kommt? Wer weiß das schon? Es kann eigentlich nur besser werden!"

Anni widersprach: „Das glaube ich nicht. Ich denke vielmehr, dass wir genau da weitermachen, wo wir aus dem Leben aussteigen. Und ich denke mal, wenn unsere Lebensendstation ein trostloser Platz ist, so dauert es eine ganze Weile, bis wir den Weg zu einem schöneren Ort finden. Ich stelle es mir wie einen Bahnhof vor: Wenn ich in der

Einöde den Zug verlasse, so brauche ich mich nicht zu wundern, wenn ich die nächsten Kilometer durch eine Wüste wandere. Steige ich dagegen an einem freundlichen, hellen und schönen Ort aus, so wartet bestimmt ein lieber Engel auf mich, der mich zu einem noch schöneren Ort führt."

‚Oh nein, die glaubt auch noch an Engel!' dachte Ilse. Und überhaupt, was sollte dieses blödsinnige Gespräch? Demonstrativ wandte sie sich wieder der Wand zu und entschloss sich, für den Rest des Tages kein Wort mehr zu sagen.

Lange blieb es still. Und ebenso lange dauerte es, bis Ilse sich eingestand, dass sie auf die sanfte Stimme der anderen wartete. Ächzend drehte sie sich wieder um und blickte zu Anni hinüber. Diese lag mit geschlossenen Augen auf dem Rücken. Ihre beiden Hände ruhten, wie zu einer Schale geformt, nebeneinander auf der Bettdecke. Doch was Ilse am meisten verunsicherte, war der selige Gesichtsausdruck ihrer Zimmergenossin.

‚Hat die denn einen Grund, so glückselig und zufrieden dazuliegen?' Sie erinnerte sich genau an ihren ersten Abend: Gegen ihren Willen hatte ihre Tochter sie hier angemeldet. Beim Gedanken an Elisabeth krampfte sich ihr Herz erneut schmerzhaft zusammen. ‚Habe ich mich nicht mein Leben lang für mein einziges Kind aufgeopfert? Auf so vieles verzichtet, damit es ihr gut ging? Diesem undankbaren Geschöpf alles Geld, das ich mir mühsam vom Mund abgespart habe, zugeschoben, damit sie sich all das leisten konnte, was ich selbst nie hatte? Und sie hat dann, nur weil mir ein paar harmlose Dinge in meiner Wohnung passiert sind, alle Hebel in Bewegung gesetzt, damit ich ins Heim eingewiesen werde? Kommt es denn nicht bei jeder Hausfrau einmal vor, dass sie vergisst, die Herdplatte auszuschalten?'

Es wollten noch ein paar andere Bilder ‚kleiner' Vergesslichkeiten und Versehen auftauchen, die sie aber nicht zuließ. ‚Nein, Elisabeth hat mich aus eigener Bequemlichkeit abgeschoben. Und nun, da sie sieht, wie ich hier behandelt werde, taucht sie, mit schlechtem Gewissen, jeden Tag auf. Und bejammert sich selbst!'

Wieder packte sie die Erinnerung: Am Abend ihrer Ankunft hatte sie in diesem Bett gelegen und ihren Schmerz und ihre Wut aus sich herausgeweint. Die Nachtpflegerin hatte ihr damals ein starkes Beruhigungsmittel verabreicht, das zwar den Tränenstrom versiegen ließ, aber gleichzeitig eine schlimme Nebenwirkung zeigte: In dieser Nacht war die Liebe zu ihrer Tochter gestorben ...

Es war dämmrig geworden im Raum. Vom Gang drangen seltener Geräusche herein. Ilse hörte die ruhigen, gleichmäßigen Atemzüge der Neuen – und beneidete sie! Morgen früh wollte sie als erstes Anni fragen, welches Schlafmittel sie nehme. Bei ihr selbst zeigten die vielen verschiedenen Versuche des Hausarztes keine durchschlagende Wirkung. So wälzte sie sich auch in dieser Nacht Stunde um Stunde schlaflos im Bett. Irgendwie hoffte sie, durch das Ächzen des Bettes und ihr Stöhnen möge die andere aufwachen und das Gespräch fortsetzen. Doch Anni schlief den Schlaf der Gerechten. Vielleicht träumte sie ja von jenem Bahnhof, von dem sie erzählt hatte? Und von einem lichtvollen Engel, der sie dort erwartete? ‚Quatsch!'

Die Pflegerin, die in dieser Nacht Dienst hatte und zweimal in das Zimmer schaute, erzählte später ihrer Kollegin, dass sich ihr zum ersten Mal, seit Frau Bergmüller dort wohne, beim Betreten keine Gänsehaut aufgestellt habe. Ihr sei es fast so vorgekommen, als strahle der Raum eine Wärme aus. Ob dies wohl an der Neuen läge, von der Martina noch kurz vor ihrem Dienstende mit glänzenden Augen berichtet hatte?

Lektion 2
Lass alle Deine Erwartungen los

Ein weiterer düsterer Tag begann. Der Sommer hatte sich endgültig verabschiedet und es schien, als trauere das Jahr der schönen Zeit nach. Drückender Bodennebel hing über dem Tal, in dem das Altenheim lag.

Die Nachtpflegekräfte übergaben an die Tagespflegekräfte und waren froh, nach Hause gehen zu können. Erfahrungsgemäß drückte das trübe Wetter auf die Stimmung der alten Menschen. Ihre Kolleginnen würden es heute nicht leicht haben.

Ilse wurde durch einen tiefen und zufriedenen Seufzer aus einem kurzen, traumlosen Schlaf geweckt. Es dauerte einige Herzschläge, bis sie sich erinnerte, wer im Zimmer so laut atmete. ‚Anni, die verrückte Anni!' dachte sie und fühlte verwundert, dass sie eine kleine, stille Freude in sich verspürte. Ja, ihr Herz brachte den Verstand sogar dazu, weiterzudenken: ‚Ich bin nicht mehr alleine!' Mühsam drehte sie ihren alten Körper im Bett herum, streckte die steifen Gliedmaßen und richtete sich halb auf, um einen Blick auf die Zimmergenossin zu werfen.

Ein kleiner, zaghafter Sonnenstrahl fiel direkt auf das Bett der anderen und brachte deren Hände zum Leuchten. Andächtig betrachtete Ilse das Bild, das sich ihr bot: Anni lag mit seligem Gesichtsausdruck, geschlossenen Augen und zu einer Schale geformten Händen da und bewegte ihre Lippen. Ilse versuchte, die leise geflüsterten Worte zu verstehen, doch es gelang ihr nicht.

In diesem Augenblick meldete sich knurrend ihr Magen zu Wort und erinnerte sie an den Vorsatz, den sie gestern gefasst hatte – unwiderruflich gefasst hatte: ‚Ich will sterben!' Das zufriedene, ja fast glückliche Gefühl, das sie vor wenigen Herzschlägen noch durchflutet hatte, war verschwunden. Wieder einmal hatte es ihr alter Verstand geschafft, ihr ein kleines Glück zu nehmen. Oh ja, sie kannte es so gut. War es nicht ihr ganzes Leben lang so gewesen?

Wut stieg in ihr hoch, Wut auf den, der für diesen Diebstahl verantwortlich war! Doch wer war das? Gott? Das Leben? Das Schicksal? Die anderen? Sie hatte bis auf den heutigen Tag keine befriedigende Antwort darauf gefunden. Schuldige, ja – die hatte sie gefunden: Menschen, die sie durch ihr Handeln ein Leben lang am Zufriedensein gehindert hatten. Ihr Verstand zeigte mit anklagendem Finger auf die Eltern, die bestimmt hatten, was gut und richtig für sie sei, auf den Ehemann, der lückenlos die Bevormundung übernommen hatte. *Er* hatte bestimmt, wer und wie sie zu sein hatte. Dann kam die Tochter Elisabeth zur Welt. Bei der Erinnerung an die ersten

Jahre lächelte Ilse. Das kleine Mädchen war ihr Ein und Alles gewesen, ihr Sonnenschein. Hübsch, lieb und ...

Der Schmerz kehrte mit voller Wucht zurück. ‚... und egoistisch!' ergänzte ihr Verstand unbarmherzig. Lange Jahre hatte sie nicht gemerkt, wie sehr auch ihre Tochter sie ausnutzte, *be*nutzte, für ihre Zwecke manipulierte. Da war es schon zu spät gewesen. Unterstützung bekamen ihr Mann und ihre Tochter von ihren Schwiegereltern. Ilse hatte sich wie in einem Schraubstock gefühlt, in den sie von allen Seiten hineingespannt war und aus dem es kein Entrinnen gab.

Irgendwann hatte sie geglaubt, dass es ihr Schicksal sei, unglücklich und ungeliebt zu sein. Doch wer steckte hinter diesem Schicksal? Gott? Was war das für ein Gott, der seine Kinder so ungerecht behandelte? Was hatte sie denn verbrochen? Als sie damals in dieser Frage stecken blieb, verwandelte sich ihre Wut in große Hoffnungslosigkeit. Wenn Gott gegen sie war – aus welchem Grund auch immer – welche Möglichkeit hatte sie dann, glücklich zu leben? War es da nicht einfacher, diesen ungerechten Gott zu verleugnen? Ihn sterben zu lassen?

Genau dies hatte sie getan, damals, vor vielen Jahren. Ihr Leben veränderte sich dadurch. Sie gab jedes Auflehnen auf, sie resignierte und machte sich keinerlei Hoffnungen mehr auf eine Wende zum Guten. Sie funktionierte und brauchte ihre ganze Energie dazu. Kraft, um zu leben, um richtig zu leben, hatte sie nicht. Krankheiten waren ihre ständigen Begleiter, Krankheiten – und das Jammern. Freundinnen gab es bald nicht mehr, denn: Wer wollte sich schon ständig das Klagen über Umstände und Menschen, über Schmerzen und Beschwerden anhören?

Als ihr Mann vor fünf Jahren überraschend verstarb, saß sie bereits im Rollstuhl. Schon vor seinem Tod hatte sie sich gewünscht zu sterben, doch das Leben erlöste ihn. Hatte sie um ihn getrauert? Nein, sie war sich selbst gegenüber ehrlich. Mehr trauerte sie um sich. Und Elisabeth? Für sie war sie seither nur noch eine Belastung.

Eine mit leiser Stimme gestellte Frage holte sie aus der Vergangenheit zurück. Annis Stimme klang besorgt: „Ilse, was fehlt Dir? Warum beginnst Du diesen wunderbaren neuen Tag mit so einem bemitleidenswerten Seufzer?"

Die Frage machte Ilse wütend. Ihre Antwort klang barsch: „Ein wunderbarer Tag? Ich wüsste nicht, was an diesem Tag anders sein sollte als am gestrigen, und der war furchtbar."

Noch während sie so sprach, tauchte aus ihrem Herzen ein Satz auf, den ihre Zimmergenossin gestern ausgesprochen hatte: ‚Ich glaube, dass jeder Mensch selbst entscheidet, ob er das Leben auf diesem Planeten als Himmel oder als Hölle erlebt.' Bitter dachte sie: ‚Für mich gibt es schon lange keinen Himmel mehr.' War es ihr Herz, das anfügte ‚Ja, er ist eingestürzt, als Du Gott hast sterben lassen'?

Das laute Knurren ihres Magens unterbrach abermals ihre Gedanken. Annis nächste Frage bezog sich auf seinen hörbaren Anspruch: „Ich weiß gar nicht, wann es Frühstück gibt. Kannst Du mich aufklären?"

Ilse presste ihre Lippen aufeinander, ärgerte sich über ihren Magen, der ihr so in den Rücken fiel und antwortete ungehalten: „Für mich gibt's gar kein Frühstück mehr. Aber Du kannst den lauwarmen Muckefuck und das ungenießbare Brot in ungefähr einer halben Stunde genießen."

„Danke, meine Liebe. Wenn Gott der Meinung ist, lauwarmer Kaffee und trockenes Brot seien genau das Richtige für mich, so nehme ich es dankbar an. Denn dann erfüllt er mir genau das Gebet, das ich jeden Morgen spreche."

‚Verrückt, die ist doch total verrückt!' war der Kommentar, den Ilses Verstand zum wiederholten Male abgab. Weitere Überlegungen waren nicht möglich, denn die Tür öffnete sich und eine jüngere Pflegerin trat ein.

„Guten Morgen, meine Damen. Einen wunderschönen Morgen wünsche ich Ihnen. Ich hoffe, sie hatten eine gute Nacht und ganz besonders hoffe ich, dass Sie, Frau Nowak, einen schönen Traum hatten. Denn sie wissen ja: Was man in der ersten Nacht in einem neuen Bett träumt, geht in Erfüllung."

Ilse verdrehte ihre Augen und zog sich, in Vorahnung auf das Kommende, die Bettdecke über den Kopf. ‚Nein, nicht schon wieder das dumme Geschwätz: Sag doch Du zu mir ... Sind wir nicht alle Geschwister ...?'

Das Abtauchen half nicht viel. Genauso sprach nämlich die verrückte Alte zur Pflegerin. Als sie nach deren Namen fragte, hob Ilse die Decke ein wenig an. Aus purer Neugier – denn sie hatte es, obwohl sie schon mehrere Monate hier war, bis heute nicht für nötig gehalten, sich den Namen der Frau zu merken. Wozu auch?

„Anni, genau wie Sie ... äh ... wie Du", war die freundliche und leicht verlegene Antwort. Beide Annis lachten. Die Jüngere der beiden fragte: „Darf ich Dir beim Waschen und Ankleiden behilflich sein? Herr Lehmann hat mich darum gebeten, um zu sehen, wie viel Hilfe Du brauchst. Ich tue es wirklich gerne und habe dafür extra viel Zeit bekommen."

Ilse kam bei den letzten Worten die Galle hoch. Wie war das damals bei ihrer Einlieferung gewesen? Auch sie hatte im Rollstuhl gesessen, doch die Pflegerin hatte sie morgens einfach in das Badezimmer geschoben und sich selbst überlassen.

Die Pflegerin Anni sprach weiter: „Und nach der Morgentoilette begleite ich Dich in den Frühstücksraum. Die anderen sind schon neugierig auf Dich." Und zu Ilse gewandt fügte sie an: „Frau Bergmüller, wie geht es Ihnen denn heute? Ich hoffe, Sie fühlen sich besser als gestern. Ich habe mir Sorgen um Sie gemacht. Natürlich helfe ich Ihnen ebenso gerne beim Ankleiden und Waschen, sofern Sie meine Hilfe benötigen. – Soll ich Ihnen das Frühstück ans Bett bringen oder begleiten Sie Anni in den Frühstücksraum?"

Noch bevor die Angesprochene Antwort geben konnte, tat dies ihr Magen. Ihr Verstand hakte sofort nach: ‚Na gut, dann schau ich mir heute mal an, wie diese Verrückte bei den anderen ankommt.'

Eine halbe Stunde später, die Morgentoilette hatten beide Frauen hinter sich gebracht, öffnete die Pflegerin, die Annis Rollstuhl schob, die Tür zum Frühstücksraum und hielt sie auch für Ilse auf, die sich mit mürrischem Gesicht angeschlossen hatte. Wunderte sie sich, dass alle Augen auf sie gerichtet waren? Ihr Verstand verbesserte sofort: ‚Nicht auf Dich, nur auf diese komische Alte.' Neid und Missgunst krallten sich um ihr Herz und schnürten es zu. Denn in den Blicken der anderen las sie freundliche Neugier und nicht die Ablehnung, die vom ersten Tag an ihr selbst entgegengebracht wurde. Sie ließ ihren Rollstuhl ausrollen und blieb stehen. ‚Umkehren, nur weg von hier!' war ihr Gedanke.

Da vernahm sie vor sich Annis leise Stimme: „Anni, halt bitte kurz an. Schieb mich ganz nah zu Ilse und lass mich kurz mit ihr reden." Überrascht kam die Pflegerin der Bitte nach und entfernte sich diskret einige Schritte.

Mitfühlend fragte Anni: „Ilse, was fehlt Dir denn?"

Tränen füllten die Augen der Angesprochenen, ein dicker Kloß saß in ihrem Hals und sie musste alle Willenskraft aufwenden, um nicht laut loszuschluchzen.

„Ilse, Du würdest mir sehr helfen, wenn Du mit mir gemeinsam am Tisch sitzt. Ich bin so unsicher, wenn ich in einer neuen Umgebung bin und Du kennst hier alles schon. Ich bitte Dich von Herzen, mir beizustehen, wenigstens dieses erste Mal."

‚Sie braucht mich?!' wiederholte Ilses Verstand erstaunt. ‚Und sie bittet mich darum?' Wann hatte jemand sie das letzte Mal um Hilfe gebeten? Seit Jahren war *sie* es, die beständig auf die Hilfe anderer angewiesen war.

‚Wann hast denn Du das letzte Mal jemanden um Hilfe *gebeten*?' tauchte die Frage tief aus ihrem Herzen auf. Verblüfft über den Gedanken schloss sie die Augen und musste sich eingestehen, dass dies schon lange zurücklag. Seit sie sich in diesem Haus aufhielt, hatte sie sich das Bitten abgewöhnt und war zum Fordern übergegangen. ‚Bezahlen ich und meine Tochter nicht genug Geld für das, was die hier *Pflege* und was sie *schmackhaftes, gesundes Essen* nennen? Mehr als genug kassieren sie dafür!'

Sie wunderte sich, dass in ihr seit Annis Ankunft so gegensätzliche Gedanken und Gefühle auftauchten. Es schien ihr fast, als führten in ihr zwei verschiedene Personen einen Dialog. Die eine war ihr seit Jahren vertraut: verhärmt, verschlossen und gegen jeden und alles ablehnend eingestellt. Die andere dagegen war ihr – noch – fremd. Doch sie spürte, dass diese andere in ihr die Kraft besäße, ihr Herz wieder ein wenig zu öffnen. Und Ilse ließ es zu: Wie ein Sonnenstrahl stahl sich Annis fragender und doch so liebevoller Blick durch den kleinen Spalt in Ilses ausgehungertes Herz. Sprechen konnte sie in diesem Moment nicht, so nickte sie nur, setzte ihren Rollstuhl wieder in Bewegung und fuhr, durch ein Spalier neugieriger Heimbewohner, auf einen kleinen Tisch am Rande zu, der für zwei Personen gedeckt war.

Bis vor kurzem hatte Ilse den Tisch mit einem alten Ehepaar geteilt. Seit einer Woche gehörte er ihr alleine, denn die beiden durften im Abstand weniger Tage den letzten Weg antreten. Wie oft hatte Ilse dieses Paar beneidet, ihnen ihr Glück missgönnt. Denn die beiden waren glücklich miteinander gewesen, obwohl die Frau im Rollstuhl gesessen war. ‚Wie ein verliebtes Turteltaubenpärchen haben sie sich benommen! Schamlos, in diesem Greisenalter!' erinnerte sich ihr Verstand.

Ohne sich umzudrehen wusste sie, dass die Pflegerin den Rollstuhl mit Anni hinter ihr her schob. Kurze Zeit später saßen sich die beiden alten Frauen gegenüber und blickten sich an. Annis Gesichtsausdruck zeigte eine große Zufriedenheit und Dankbarkeit, keine Spur von Unsicherheit war darin zu erkennen. Ilses Miene war verkniffen und finster.

Immer noch waren viele neugierige Blicke auf sie geheftet, vereinzelt hörten sie leises Getuschel. Anni schien dies nicht im Geringsten zu stören. Sie grüßte lächelnd und nickend nach allen Seiten und begann zu strahlen, als sie den Heimleiter auf ihren Tisch zukommen sah. Laut rief sie: „Kurt, wie schön, Dich zu sehen!"

Man merkte ihm deutlich die Verlegenheit an, in die ihn ihre vertraute Anrede brachte. Doch er fasste sich schnell, trat auf sie zu, verneigte sich kurz vor ihr und erwiderte ihren Gruß: „Frau Nowak, äh ... ich meine ... Anni, wie schön, dass ich Sie ... äh ... Dich den anderen vorstellen darf. Ich hoffe, Du hattest eine gute Nacht und freue mich, dass Du und Frau Bergmüller, dass ihr euch schon ein wenig angefreundet habt und gemeinsam frühstücken wollt." Seine Miene sprach Bände, denn der skeptische und unsichere Seitenblick auf Ilse stand in krassem Widerspruch zu der geäußerten Hoffnung.

„Oh ja", antwortete Anni. „Ich könnte mir keine bessere Zimmergenossin wünschen."

‚Gesülze, dummes Geschwätz', dachte die Verstandesseite der so Gelobten. Die Herzensseite in ihr fühlte dieselbe Wärme, die sie gestern schon einmal durchflutet hatte.

Herrn Lehmanns Gesicht begann sich zu entspannen. „Nun, dann darf ich Dich jetzt mit den anderen bekannt machen." Er stellte sich hinter Annis Rollstuhl und sprach mit fester und lauter Stimme seine anwesenden Schützlinge an: „Sehr geehrte Damen und Herren, ich habe die große Freude, Ihnen einen besonderen Menschen vorzustellen." Er räusperte sich ein wenig, bevor er weitersprach: „Ich gestehe, dass ich gestern ein wenig überrascht war, als ich unsere ‚Neue' begrüßt habe. Sie bestand nämlich darauf, dass wir uns duzen, und das ist hier eigentlich nicht üblich. Doch sie erklärte mir sehr liebevoll und überzeugend ihre Beweggründe, und mir fiel kein Gegenargument ein. Sie wissen ja, dass wir eine kirchliche Einrichtung sind, und als Anni mich fragte, ob ich an Gott glaube, antwortete ich voller Überzeugung: ‚Ja, er ist in gewisser Hinsicht mein oberster Chef.'"

Das amüsierte Gelächter im Raum unterbrach ihn kurz. Unbeirrt fuhr er fort: „Sie entgegnete mir: ‚Nein, Kurt, nicht Dein Chef, sondern Dein Vater! Hat uns Jesus nicht gesagt, wir dürften Gott unseren Vater nennen? Wenn ich das wirklich glaube, ist es dann nicht selbstverständlich, dass ich meine Geschwister beim Vornamen nenne?' Ich konnte dem nicht widersprechen und so fällt es mir heute schon ein wenig leichter, Anni zu duzen. Aber ich leugne auch nicht, dass ich eine unruhige, schlaflose Nacht hinter mir habe, wusste ich doch nicht, wie ich mich Ihnen gegenüber mit dieser neuen Erkenntnis verhalten sollte. Anni hat mich nämlich gebeten, Sie in ihrem Namen bei der Vorstellung heute zu bitten, *Du* zu ihr zu sagen. Ihrer Bitte bin ich hiermit nachgekommen, doch bleibt für mich selbst eine Frage offen: Wie verhalte *ich* mich künftig *euch* gegenüber? Ich habe noch keine Antwort darauf gefunden und so bitte ich euch ... äh ... Sie ... sich Gedanken darüber zu machen, wie wir es untereinander handhaben wollen. Irgendetwas hat sich seit gestern verändert und ich brauche eure ... äh ... Ihre Hilfe, um einen Konsens zu finden. Ich bitte darum, dass der Heimbeirat sich der Sache annimmt. Bis zu einer Stellungnahme von Seiten der Heimbewohner bleibt es von meiner Seite Ihnen gegenüber beim gewohnten *Sie*."

Er atmete erleichtert und hörbar aus. Man sah ihm deutlich an, wie froh er war, dies alles hinter sich gebracht zu haben. An Anni und Ilse gewandt sprach er: „Und nun wünsche ich den Damen einen gesegneten Appetit." Mit keinem Wort erwähnte er, wie froh er war, dass Frau Bergmüller sich entschlossen hatte, ihren Hungerstreik zu beenden.

Fleißige Hände brachten das Frühstück an den Tisch: Dampfenden, duftenden Kaffee, ein Körbchen mit frischem Brot und Brötchen, Marmelade, Wurst, Butter, Käse.

Anni schlug vor Freude die Hände zusammen wie ein kleines Kind: „Sieh nur, Ilse, welch eine Fülle! Nun sag mir ehrlich: Was sollte uns da noch fehlen?"

Ilses Herz gab unverzüglich Antwort, auch wenn ihr Verstand es nicht zuließ, dass sie es laut aussprach: ‚Nichts, Anni, im Moment fehlt uns nichts!'

Sie griffen voller Appetit zu und ließen sich auch vom verhaltenen Gemurmel an den Nachbartischen nicht stören. Eine schwerhörige Dame fragte laut: „Was hat Herr Lehmann gesagt?" Doch ihre Tischgenossin hielt nur ihren Zeigefinger vor den Mund und deutete mit der Hand auf die Neue, die gleich am ersten Morgen für so große Unruhe sorgte.

Und die, die im Mittelpunkt des Interesses stand? Die lächelte nach allen Seiten, nickte immer wieder freundlich und schien die allgemeine Verunsicherung gar nicht zu spüren. Dadurch gelang es auch Ilse, ganz bei sich und der Tätigkeit zu bleiben, die sie im Moment ausübte. Hatte der Kaffee immer schon so gut geschmeckt? Waren die Brötchen vorgestern auch so lecker gewesen?

Ohne dass sie es bewusst dachte, tauchte eine Frage in ihr auf: ‚Ist es vielleicht wirklich so, wie Anni sagt? Machen wir uns die Hölle vielleicht doch selbst?' Verwundert schüttelte sie den Kopf und war gar nicht so überrascht, als Anni mit strahlendem Lächeln zu ihr sagte: „Oh Ilse, vielleicht gelingt es Dir, den Himmel schon auf Erden zu erkennen?"

Als das Frühstück beendet war und die Pflegerin Anni ihren Schützling langsam an den anderen Tischen vorbei aus dem Raum schob, sprach die Neue zu jedem, der sie bewusst ansah: „Ich wünsche Dir Frieden im Herzen und einen Tag voller Licht."

Ilse, die den Rollstuhl aus eigener Kraft vorwärtsbewegte, sah in die Gesichter der so Bedachten und musste innerlich lächeln: So viele verblüffte, verunsicherte, ratlose – aber auch glückliche Gesichter hatte sie in diesem Haus noch nie gesehen. Sie gestand sich zum ersten Mal ein, dass sie sich freute, mit der verrückten Alten gleich wieder im gemeinsamen Zimmer allein zu sein ...

Als sich die Zimmertür hinter der Pflegerin Anni geschlossen hatte, saßen die beiden Damen nebeneinander am Fenster und schauten hinaus. Ilse warf einen heimlichen Seitenblick auf die andere und war eigenartig berührt von dem, was sie sah: Anni saß ruhig da, ihre beiden Hände lagen, nach oben geöffnet, auf ihren Oberschenkeln. Sie hielt die Augen geschlossen und lächelte dieses selige Lächeln, das Ilse gestern noch so aufgebracht hatte. Jetzt verspürte sie ein anderes Gefühl: Neugier! Was hatte diese Frau ihr nur voraus, dass sie einen solch großen inneren Frieden besaß?

Sie wunderte sich gar nicht mehr, als die andere ihre Augen öffnete, sich ihr zuwandte und die Frage beantwortete, die sie gar nicht laut gestellt hatte: „Weißt Du, Ilse, dass ich vor langer Zeit den Schlüssel für das Himmelreich auf Erden gefunden habe? Es ist ‚Dankbarkeit'! Und draufgekommen bin ich nicht etwa, als es mir besonders gut ging. Nein, in der *guten* Zeit habe ich die Erfahrung gemacht, dass ich immer unzufriedener wurde mit dem, was ich hatte, und immer noch mehr wollte. Ich hatte Gesundheit, doch ich wollte Erfolg. Ich hatte Erfolg, doch ich wollte Reichtum. Ich hatte Reichtum, doch ich wollte die große Liebe. Immer sah ich nur das, was ich nicht hatte, wurde immer unzufriedener – und krank. Da war ich wieder am Anfang und wollte Gesundheit. Und so rannte ich wie ein Hamster im Laufrad beständig Wünschen hinterher und kam nie an. Dann, als ich von einer Sekunde auf die andere an den Rollstuhl gefesselt war, konnte ich, im wahrsten Sinne des Wortes, nicht mehr rennen. Es folgte eine schlimme Zeit, in der ich, so wie Du gestern, am liebsten gestorben wäre. Doch der Himmel ließ dies nicht zu. Was sollte Gott auch mit einer unzufriedenen, undankbaren Menschenseele anfangen? So schickte er mir einen Engel in Gestalt einer Krankenschwester, die meine Notlage erkannte und mir eine ‚seelische Kopfwäsche' verpasste. Sie sprach nur einen einzigen Satz, der mich aus dem Selbstmitleid herausriss: ‚Auch wenn Sie es nicht hören wollen: Sie sind selbst schuld an Ihrem Unglück.' Ich schickte sie wütend aus dem Zimmer und beschwerte mich beim Chefarzt über diese freche, unverschämte Person. Tagelang sah ich sie nicht mehr, und das war gut so: Denn so hatte der Satz Zeit, in mir zu nagen und zu fressen. Und weißt Du, Ilse, was er auffraß? Die Lüge, das Leben sei ungerecht zu mir gewesen! Je mehr ich über meine Vergangenheit nachdachte, umso mehr erkannte ich, wie viel Gutes es mir geschenkt hatte. Nur – ich war undankbar gewesen in meinem Streben nach mehr. – Eine Woche später fragte ich die Stationsschwester nach der Frau, die mir die Augen geöffnet hatte, und erfuhr, dass sie auf eine andere Station versetzt worden sei, da sie schon öfters mit ihren vorlauten und unerwünschten Kommentaren Patienten verärgert habe. Bei der nächsten Chefvisite sprach ich den Professor an und bat darum, der gemaßregelten Schwester meinen größten Dank auszusprechen: Sie habe mir so sehr geholfen, dass es mir von Tag zu Tag besser gehe. Ich entschuldigte mich für meine überzogene Reaktion und verlangte, dass sie wieder auf diese Station zurückversetzt werde. – Weißt Du, meine Liebe, ich hatte zu dieser Zeit Einfluss, denn ich war eine bekannte und geschätzte Persönlichkeit."

Anni sah wohl das neugierige Aufblitzen in Ilses Augen und erkannte, dass diese gern mehr darüber gewusst hätte. Ihren Kopf schüttelnd fügte sie leise an: „Das ist vorbei. Ich bin eine andere geworden und, glaub mir, ich bin heute, obwohl ich alt, unbekannt und im Rollstuhl bin, glücklicher als zu den Zeiten, als ich berühmt war. Ich trauere ihnen nicht hinterher."

Ilse war enttäuscht. Angestrengt versuchte sie, aus ihrem Gedächtnis einen Hinweis zu erhalten, und willig öffnete ihr Verstand sämtliche Schubladen, um fündig zu werden: *Anni Nowak?* Wann hatte sie den Namen schon einmal gehört oder gelesen? – Nichts. Sie fand absolut nichts. Konnte es vielleicht sein, dass Anni damals einen Künstlernamen getragen hatte? Nur zu gern wollte sie Genaueres darüber wissen.

Anni erzählte weiter: „Am nächsten Tag war die kluge Schwester wieder da, trat an mein Bett und – umarmte mich! Ich hatte mir die ganze Nacht überlegt, mit welchen Worten ich mich bei ihr für mein Verhalten entschuldigen könnte, und sie umarmte mich einfach. Es strömte dabei eine so unglaubliche, mir völlig unbekannte Wärme von ihr zu mir, dass ich weinen musste! Sie saß an meinem Bett, hielt meine Hand und sprach immer wieder: ‚Es ist gut, es ist alles gut!' – Ja, es war gut. Wann immer sie ins Zimmer kam, mich berührte, mich anlächelte, war es gut. Damals dachte ich, es brauche besondere Menschen, so wie sie einer war – oder besondere Umstände, um diese Wärme, diese Liebe, fühlen zu können. Im Laufe der nächsten Tage lernte ich so viel von diesem Engel in Schwesterntracht, dass ich bald davon überzeugt war, der Himmel hatte sie tatsächlich zu mir geschickt, damit ich aus der Sackgasse des ‚Ich will' und ‚Ich muss' endlich herauskäme."

Das lange Erzählen hatte Anni sichtlich ermüdet und sie sank ein wenig in ihrem Rollstuhl zusammen. Ilse bekam Angst und fragte sich, ob sie wohl die Pflegerin herbeirufen solle.

Anni konnte wieder Gedanken lesen, schüttelte den Kopf und sagte: „Ich fühle mich manchmal wie ein Blatt im Herbst: Bevor der erste Frost kommt, fängt es noch einmal zu leuchten an, als würde es blühen: gelb, orange, rot. Und doch ist dies nur das Zeichen, dass der Baum seinen Saft, seine Lebenskraft, aus ihm zurückzieht. Wenn dann ein starker Windstoß kommt ... – Gönn' mir eine kleine Pause, dann erzähle ich Dir meine Geschichte weiter."

Erschöpft schloss sie ihre Augen und gab Ilse so zu verstehen, sie für eine Weile in Ruhe zu lassen. Ilse hatte nun Zeit, sich diese seltsame Frau näher zu betrachten. Sie war sehr zierlich, mit feingliedrigen Händen, die nicht so aussahen, als hätten sie je schwere Arbeit leisten müssen. ‚Künstlerhände, Klavierhände', dachte sie. Die ganze

Erscheinung war gepflegt und ihre Ausdrucksweise verriet, dass sie gebildet und wortgewandt war.

‚Woher kenne ich sie?' überlegte Ilse aufs Neue. ‚Eine Sängerin vielleicht? Oder Schauspielerin? Die Frau eines berühmten Mannes?' Nichts, ihr Verstand konnte absolut nichts über diese Frau finden. Das Nachdenken hatte auch Ilse ermüdet. Sie lehnte sich in ihrem Stuhl zurück und schloss ebenfalls die Augen.

War sie eingenickt? Als Anni zu singen begann, fuhr sie erschrocken hoch. ‚Sängerin!' Schlagartig erinnerte sie sich: *Anne Andresch*. Die berühmte und beliebte Sopranistin! Aber das war lange her, seit Jahrzehnten hatte man nichts mehr von ihr gehört.

Jetzt kamen weitere Erinnerungsfetzen: Ein schwerer Autounfall, der sie von einem Herzschlag zum anderen von der Karriereleiter geworfen und in den Rollstuhl gebracht hatte. *Anne Andresch*. Still war es danach um sie geworden. Und mit dieser Frau durfte sie das Zimmer teilen?!

„Anne Andresch", sagte Ilse mit einem Kopfschütteln zu der alten Frau, die lächelnd nickte, ohne ihre Melodie zu unterbrechen. Ihre Stimme klang immer noch schön, wenn auch nicht mehr so klar und kraftvoll wie damals. Dafür mit einer Innigkeit, die Ilse Tränen in die Augen trieb. Das wohlbekannte *Ave Maria* erfüllte das Zimmer – und das Herz der verhärmten Frau, das dabei war, den dicken Eispanzer immer mehr schmelzen zu lassen.

Nachdem die letzten Töne verklungen waren, blieb es minutenlang still. Dann wandte sich die ehemals berühmte Sängerin ihrer neu gewonnenen Freundin zu und bat: „Bitte, Ilse, verrate mich nicht. Ich habe Kurt ebenfalls darum gebeten und er hat es mir versprochen. Ich bin nicht mehr die berühmte *Anne Andresch*. Die war reich und umschwärmt, aber auch unglücklich, und oft krank und voller Angst. Hier und heute bin ich Anni Nowak, die verrückte Alte, die alle als ihre Geschwister sieht und duzt."

Der Schalk blitzte bei den letzten Worten aus ihren Augen, da, wo Ilse eher Trauer und Schwermut erwartet hätte.

„Willst Du, dass ich Dir noch eine Weisheit des Krankenschwester-Engels verrate?“ Schnell nickte Ilse. Anni fuhr fort: „Du hast mich heute früh beobachtet, als ich mein Morgengebet sprach?“

Ilses Gesicht wurde rot, sie fühlte sich ertappt. Anni winkte lächelnd ab und fuhr fort: „Es macht nichts. Wenn ich nicht beobachtet werden wollte, würde ich mich unter der Bettdecke verkriechen oder ein Einzelzimmer belegen. Aber, weißt Du, Gott wollte einfach, dass wir zwei zusammenkommen.“

‚*Gott wollte es*', nun war es ausgesprochen. Ilses Herz, das sich in den letzten Stunden so weit geöffnet hatte wie nie zuvor in ihrem Leben, schlug in Erinnerung an viele, viele Enttäuschungen schnell die Zugangstür wieder zu und drehte den Schlüssel zweimal im Schloss herum.

Anni bemerkte die Veränderung, ließ sich davon aber nicht beirren: „Ich nenne Gott meinen himmlischen Vater, denn die Krankenschwester gab mir damals ein Gebet. Du musst wissen, nach dem furchtbaren Unfall hatte ich den Glauben an Gott verloren. Ich hatte diesen ungerechten, selbstherrlichen und unberechenbaren Marionettenspieler da oben einfach sterben lassen.“

Ilses Verstand ließ beipflichtend zu, dass der Schlüssel ihres Herzens sich einmal im Schloss herumdrehte.

Anni erzählte weiter: „Dieser menschliche Engel schenkte mir das ‚Engelgebet', wie sie es nannte. Als sie eines Morgens an meinem Bett saß, ihre Hände zu einer Schale formte, die Augen schloss und mit einer Stimme, in der bedingungslose Liebe und ein bedingungsloses Vertrauen in Gott schwangen, das Gebet sprach, musste ich weinen:

Vater, ich danke Dir,
dass Du mir auch heute
alles gibst, was ich brauche,
und alles nimmst, was mich belastet.

Mein Verstand wollte sofort dagegen aufbegehren, denn: Hatte ich diesen Unfall denn gebraucht? Konnte ich Gott einen liebenden Vater nennen, wenn er mein Leben zerstörte? Hatte mich meine Karriere denn belastet? Mein Herz gab eine klare und ehrliche Antwort: ‚Ja!' Denn ohne diesen Unfall wäre ich in der Sackgasse der Unzufriedenheit, die zuletzt die reinste Hölle war, stecken geblieben. – Die Krankenschwester fügte noch an: ‚Anne, lass alle Deine Erwartungen los. Der Himmel weiß viel besser als Du, was Du brauchst, und er gibt es Dir. Vorausgesetzt: Deine Hände sind geöffnet.' Dabei schaute sie auf ihre Hände, die offen und bereit für *alles* auf ihren Beinen lagen. – Einen Tag später wurde ich in die Rehaklinik verlegt und verlor den menschlichen Engel aus den Augen. Nach Monaten versuchte ich, mit ihr Kontakt aufzunehmen. So gerne wollte ich ihr sagen, wie sehr sich durch dieses Engelgebet mein Leben zum Guten gewendet hatte. Sie hatte mir den Schlüssel zum Himmelreich auf Erden in die Hand gegeben: Dankbarkeit! Denn in dem Maße, in dem meine Dankbarkeit wuchs für das, was ich *jetzt* besaß, wurden meine Unzufriedenheit, meine Schmerzen und meine Angst vor der Zukunft kleiner! Wie gerne hätte ich mich bei ihr bedankt. Doch die Klinikleitung erklärte mir, sie habe von sich aus den Dienst quittiert und sei ins Ausland gegangen, um in der Entwicklungshilfe tätig zu sein. Ich bin ihr nie mehr begegnet. Jedenfalls nicht körperlich ..."

In der folgenden Sprechpause merkte Ilse an dem warmen Gefühl, das sie durchströmte, dass sich der Schlüssel in ihrer Herzenstür ein zweites Mal herumgedreht hatte und das Herz wieder ganz geöffnet war. ‚Entwicklungshilfe', dachte sie. Das war auch einmal ihr Traum gewesen. Doch ihre Eltern hatten ihn ihr schnell ausgetrieben: ‚Wir helfen Dir schon daheim, Dich zu entwickeln', hatte ihre Mutter zynisch gesagt und sie bei einer Schneiderin in die Lehre geschickt. Wie froh war sie damals gewesen, als sie ihren Mann kennengelernt hatte und dadurch, dass sie so schnell schwanger geworden war, die verhasste Lehrstelle verlassen konnte. Die belastenden Erinnerungen bemühten sich mit aller Kraft, Ilse wieder in das alte Denken hineinzuziehen.

Anni hatte in den letzten Minuten ihr Gegenüber genau beobachtet und fragte nun mitfühlend: „Ilse, was fehlt Dir? Komm schnell wieder in die Gegenwart zurück, hierher in dieses Zimmer. Ich habe nämlich eben eine wunderbare Idee bekommen und dazu brauche ich Deine Hilfe."

Lektion 3
Die laute und die leise Stimme

Ilse benötigte ein paar Herzschläge, um der Bitte der anderen nachkommen zu können. Ihr Verstand wiederholte überrascht die letzten Worte: ‚... eine wunderbare Idee bekommen und dazu brauche ich Deine Hilfe.' Sie formulierte, ohne zu überlegen, eine Frage: „Von wem hast Du eine Idee bekommen?"

Annis Antwort kam ihr seltsam vertraut vor: „Weißt Du, Ilse, jeder Mensch hat zwei innere Stimmen: eine laute und eine leise. Lange Jahre, und es waren, oberflächlich gesehen, die erfolgreichen meines Lebens, hörte ich fast immer auf die laute Stimme in mir. Sie schien genau zu wissen, was gut für mich, für meine Karriere, für meine Zukunft sei – und behielt, aus meiner damaligen Denk- und Sichtweise, auch oft Recht. Ich wurde berühmt, reich, beliebt. Natürlich meldete sich manchmal ganz leise eine andere Stimme zu Wort. Einmal bekam ich die Anfrage eines Altenheims, ob ich dort nicht für die Bewohner singen wolle. Die laute Stimme in mir drängte mich, nach der Gage zu fragen. Als der Leiter des Heims damals antwortete: ‚Für Gottes Lohn', lachte die laute Stimme in mir und sagte durch meinen Mund: ‚Da müssen Sie sich an jemand anderen wenden. Ich habe meinen Preis für derartige Auftritte.' – Weißt Du, ich hatte zu dem Zeitpunkt so viele Angebote für Konzerte, dass ich mir die lukrativsten heraussuchen konnte. Als ich an diesem Abend im Bett lag, versuchte sich die leise Stimme in mir Gehör zu verschaffen: ‚Wer gibt Dir denn das Talent der schönen Stimme? Ist es etwa Dein eigenes Verdienst?' – Ich achtete nicht darauf, sondern griff zum Telefon und rief eine Freundin an, um mir den neuesten Tratsch in der Welt der Schönen und Reichen anzuhören. Damals kam ich gar nicht auf den Gedanken, auch ich könnte einmal in einem solchen Altenheim liegen."

Ilse hatte betreten zugehört. Es schien ihr undenkbar, dass die liebenswerte Frau, die ihr gegenüber saß, einmal so berechnend gewesen sein konnte. Doch etwas anderes beschäftigte sie noch mehr: die laute und die leise Stimme im Inneren eines Menschen. Ja, die beiden kannte sie auch. Und seit Annis Ankunft hatte sie schon einige Male ganz deutlich eine kleine, leise Stimme in sich vernommen.

Die laute Stimme aber, ja, die kannte sie viel besser. Es war die Stimme, die alles schlecht redete, die bewertete, beurteilte, verurteilte – und die inneren Unfrieden schuf.

Verwundert über diesen Gedanken blickte sie zu Anni und sah direkt in deren weises Gesicht mit den wissenden Augen. ‚Diese Augen blicken Dir direkt in die Seele, und sehen darin die, die Du in Wirklichkeit bist', hörte sie die leise Stimme in ihrem Herzen.

„Ilse, wie oft spricht denn die leise Stimme zu *Dir*?"

„Jetzt eben hat sie zu mir gesprochen. Aber, *wer* ist das, der sich da so einmischt in unser Leben? Wer schreit so laut, dass wir ihm gehorchen? Und wer flüstert so leise, dass wir ihn überhören?"

Anni dachte nach, um die richtigen Worte zu finden. Als sie schließlich zu sprechen begann, hielt sie ihre Augen geschlossen: „Dieselbe Frage stellte ich der klugen Krankenschwester, in der ich heute noch einen Engel sehe. Ihre Antwort damals lautete: ‚Die laute Stimme, das ist die Stimme unseres Verstandes. Doch überlege einmal, woher dieser vorlaute Kerl da oben in unserem Körper sein Wissen hat! Wenn ein Kind zur Welt kommt, ist der Verstand noch ganz *gedankenlos*. Dafür ist das Herz des Kindes vollständig gefüllt mit Liebe und Vertrauen, denn diese beiden Gaben sind Geschenke Gottes, die er jedem seiner Kinder auf die Erdenreise mitgibt. Hast Du schon einmal ein Neugeborenes gesehen?' Ich musste damals verneinen, denn für derartige Sachen war in meinem Leben kein Platz. Sie setzte mich in den Rollstuhl und schob mich auf die Entbindungsstation des Krankenhauses. Dort stellte sie mich neben das Bettchen eines Neugeborenen. Nie zuvor hatte mich etwas tiefer berührt als dieses Kind."

Sie unterbrach ihre Erzählung und Ilse konnte gerührt beobachten, wie sich Annis Gesichtsausdruck bei dieser Erinnerung verklärte. Bis jetzt hatte Ilse die andere beneidet, um deren Ruhm, um die Reisen, die sie in alle Welt geführt hatten, um ihren Reichtum. Jetzt, in diesem Augenblick, verspürte sie einen Reichtum in sich, den Anni nie besessen hatte: Ja, sie hatte einem Kind das Leben geschenkt, und sie erinnerte sich so gut an die ersten Tage, Wochen, Monate, in denen sie voller Staunen über das Wunder des Lebens vor dem Bettchen ihrer kleinen Elisabeth gestanden und in dieses lächelnde, selige Gesichtchen geblickt hatte.

‚So sehen die Engel aus', hörte sie die leise Stimme in ihrem Herzen.

„So sehen die Engel aus", sprach Anni in diesem Moment.

Eine Gänsehaut überzog Ilses Rücken. „Genau dasselbe dachte ich eben", antwortete sie.

Anni lächelte und fuhr fort: „Ja, auch ich hatte diesen Gedanken, als ich damals vor dem Neugeborenen saß. Der Engel in weißer Schwesterntracht klärte mich auf: ‚So lächeln alle Neugeborenen, und weißt Du, woher das kommt? Du hast doch sicher schon gehört, dass bei ihnen die Schädeldecke nicht ganz geschlossen ist. Mein Engel hat mir erklärt, dass die Kleinen durch diese Lücke noch direkt mit dem Himmel in Verbindung sind. Würdest Du nicht auch lächeln, wenn Du, obwohl Du auf der Erde bist, in den Himmel schauen könntest?' – Ich habe ihr damals zugestimmt und gar nicht gemerkt, dass sie mir durch ihre Erklärungen langsam den Himmel wieder nahebrachte. Jetzt wollte ich mehr darüber wissen und fragte: ‚Wann und warum wird denn diese Verbindung überhaupt abgebrochen?' Ihre Antwort lautete: ‚Wenn das Menschlein beginnt, seinen Verstand zu gebrauchen, wenn es die ersten Worte versteht und wenn es beginnt, selbst zu sprechen, bekommt die Welt immer größeren Einfluss – und es entfernt sich immer mehr vom Himmel.' Ich hakte nach: ‚Warum lässt denn Gott, wenn es ihn gibt, das zu? Er nennt uns angeblich *‚seine Kinder'*, warum lässt er dann zu, dass die Welt mit all ihrer Schlechtigkeit uns so vereinnahmt? Ich denke, dass mein Unglück nicht passiert wäre und dass so viele andere Schicksalsschläge vermieden werden könnten, wenn die Verbindung zum Himmel bestehen bliebe!' Auch darauf hatte sie eine Antwort: ‚Jede Seele, die zur

Welt kommt, hat ein Defizit an Vertrauen und an Liebe. Gott gibt uns beides mit, einen Grundstock davon. Und er gibt uns den Auftrag, mit diesem Kapital gewinnbringend zu arbeiten. Das heißt: Es zu verschenken, ja, verschwenderisch damit umzugehen. Schau dir mal dieses Neugeborene an, wie es seine Liebe und sein Vertrauen an uns verschenkt, ohne uns zu kennen, ohne dafür eine Gegenleistung zu erwarten. Das ist göttlich! Sobald der Verstand von den Erwachsenen geprägt wird, kommt Angst hinein. *Pass auf! Sei vorsichtig! Die Welt ist schlecht! Prüfe, wem Du vertraust! Lass Dich nicht ausnutzen!* Kennst Du diese Sätze? Der kindliche Verstand ist wie ein Schwamm, der alles aufsaugt, was ihm angeboten wird. Es ist nun mal so, dass die Eltern, die Lehrer, die Medien hauptsächlich Dinge anbieten, die Angst machen.' Ich wiederholte meine Frage: ‚Warum lässt Gott das zu?' Ihre Erklärung ging weiter: ‚Könntest Du Frieden lernen, wenn Du allein auf einer einsamen Insel leben würdest? – Nein, denn das Leben hätte gar nicht die Möglichkeit, in dir durch Unfrieden die Sehnsucht nach dem Frieden zu wecken. Genauso ist es mit dem Vertrauen. Nur in einer Umgebung des Misstrauens wird die Sehnsucht nach Vertrauen so groß, dass der Mensch den Weg aus der Sackgasse herausfindet – und seine Flügel wachsen lassen kann.' Oh Ilse, sie konnte so schön reden, dass ich Bilder in mir sah. Nein, Flügel aus Vertrauen hatte ich damals keine! Ich hatte Versicherungen abgeschlossen gegen alle Eventualitäten des Lebens. Sogar meine Stimme hatte ich versichert! Was sollte mir da passieren? Jetzt erkannte ich, dass jede Versicherung meinem Misstrauen dem Leben gegenüber entsprungen war. Während sie mich zurück auf mein Zimmer schob, sprach ich sie auf die weltlichen Versicherungen an. Was für eine kluge Frau sie war! Sie erklärte: ‚Auch darüber habe ich mit meinem Engel gesprochen. Er meinte, es sei eine gute Sache, wenn viele Menschen einen Teil ihrer Fülle in einen gemeinsamen Topf gäben, um Einzelnen aus Notlagen herauszuhelfen. Sollte eine Versicherung dagegen auf der Grundlage der Angst abgeschlossen werden, würde dadurch nur ein Mäntelchen über das geworfen, wovor der Mensch Angst hat.' – Ich dachte darüber nach und erkannte, wovor ich Angst hatte: **Unfall**versicherung, **Leben**sversicherung,

Diebstahlversicherung, **Haftpflicht**versicherung, um nur einige Ängste zu nennen. Nie zuvor war ich auf den Gedanken gekommen, ich könnte durch meine Beiträge die Not anderer lindern. Nein, ich zahlte für **mich** ein, damit **meine** Gesundheit, **mein** Leben, **mein** Hab und Gut, **mein** Talent geschützt wären. Jetzt erkannte ich den Irrsinn, der dahintersteckte."

Ilse hatte tief betroffen zugehört. So hatte sie nie über Versicherungen gedacht! Aber es stimmte!

Anni sprach weiter: „Als ich damals wieder in meinem Krankenbett lag, gab mir der Engel in Menschengestalt noch eine ‚Hausaufgabe': ‚Anne, ist es nicht einfach zu behaupten: ‚Ich habe Vertrauen', wenn alles in Deinem Leben so läuft, wie Du es Dir vorstellst? Wie schwer ist es dagegen, dem Leben Vertrauen zu schenken, wenn es so ganz gegensätzlich zu dem ist, was sich Dein Verstand vorstellt? Aber nur in diesen Zeiten kannst Du Dein Vertrauen wachsen lassen! Stell Dir eine Schlucht vor, über die ein dünnes Seil gespannt wurde. Wenn Du auf die andere Seite gehen sollst und voller Angst das Seil betrittst, wirst Du unweigerlich abstürzen. Wenn Du aber Flügel aus Vertrauen hast, weil Du weißt, Du gehst nicht allein hinüber, sondern der, der Dir diesen Auftrag zumutet, trägt und hält Dich, so schreitest Du voller Anmut auf die andere Seite. Stell Dir dieses Bild immer wieder vor und Du wirst merken, dass auch Dir Flügel aus Vertrauen wachsen.' So sprach sie und Du darfst mir glauben, Ilse: An diesem Tag spürte ich, wie sich in meiner Seele langsam erste Federn bildeten. Sie waren noch nicht sehr tragfähig, doch sie taten mir unheimlich gut. Ich fieberte förmlich danach, die Gespräche mit meinem menschlichen Engel fortzusetzen, doch sie hatte ein paar Tage frei. Obwohl ich es bedauerte, bin ich jetzt dankbar, denn der Himmel ließ nicht zu, dass ich mich von einem Menschen abhängig machte, sondern zwang mich, auf meine eigene leise innere Stimme zu hören. Ich wollte sie so gerne fragen, was sie damit gemeint hatte: ‚Mein Engel erklärte mir ...' In diesen zwei Tagen, in denen ich sie nicht sah, fand ich meinen eigenen inneren Engel."

Ilses laute Stimme meldete sich in ihrem Kopf zu Wort: ‚Wie kindisch, sie glaubt an Engel! Die kann man doch nicht ernst nehmen!'

Doch ebenso schnell war die leise Stimme da, die Kontra gab: ‚Wann, glaubst Du, sind denn die Engel ausgestorben? Sollte es sie nur zur Zeit des Alten Testaments gegeben haben? Sollten Gott die Menschen heute unwichtiger sein als damals? Nein – sie sind heute genauso da – jetzt – und jetzt – und jetzt ...'

So fragte Ilse leise ihr Gegenüber: „Wenn ich Dich recht verstanden habe, so ist die laute Stimme in meinem Kopf mein Verstand, der durch diese Welt gelernt hat, so verquer und voller Angst zu denken? Und die leise Stimme in mir kommt vom Himmel?"

‚Spinnst Du jetzt auch schon?' fragte ihr Verstand unüberhörbar.

Anni bestätigte die erste Vermutung: „Ja, Ilse, und für mich ist der beste Beweis die *Lautstärke*, in der die Gedanken kommen. Kennst Du nicht auch den Spruch ‚Wer schreit, hat Unrecht'? Siehst Du, der Verstand mit seiner lauten Stimme hat Unrecht, wenn er von Angst und Schuld redet. Die leise Stimme in uns, die immer wieder Mut macht, Vertrauen in das Leben zu haben, die uns ermutigt, Verständnis und Verzeihen zu üben, die hat Recht. Nur – die Welt versteht es meistens nicht und erklärt uns zu Verrückten. Doch damit kann ich mittlerweile gut leben: Es ist für mich erstrebenswerter, verrückt und glücklich zu sein, als normal und unzufrieden. – Doch jetzt: Lass uns an die Arbeit gehen!"

Ilse fühlte bei dieser Aufforderung eine schon jahrelang vergessene Regung in sich: Neugier, Vorfreude – und einen Stolz, endlich wieder von jemandem gebraucht zu werden. ‚Wie ein Rennpferd, das seit ewigen Zeiten in eine enge Box gesperrt ist!' kam es ihr in den Sinn. ‚Welch unsinnige Gedanken ich seit gestern habe', fügte ihr Verstand laut an. Seit dem Gespräch eben wusste sie, welche der beiden Stimmen Unrecht hatte. Erwartungsvoll stellte sie ihrer neuen Freundin die Frage: „Und was soll das für eine Arbeit sein?"

Sie bekam zur Antwort: „Mein Engel hat die wundervolle Idee, für jeden Altenheimbewohner ein kleines Umhängekärtchen zu fertigen, auf dem dessen Name steht. Und darüber ist geschrieben: *Grüß Dich. Ich bin* .... Stell dir mal vor, Ilse: Anfangs sind es wahrscheinlich nur wenige, die mit diesem Kärtchen ihrem Gegenüber das Zeichen geben: ‚Ich bin Dein Freund. Nenn mich bei meinem Vornamen.'

Doch ich bin sicher, es werden jeden Tag mehr dazukommen. Denn, sei mal ehrlich: Wünscht sich nicht jeder Mensch einen Freund?"

Ilse nickte – und dachte: ‚Gestern um diese Zeit hätte ich darüber nur gelacht und geantwortet: Ich brauche nichts und niemanden mehr, am allerwenigsten einen Freund.'

Anni fuhr fort: „Wie viele Menschen sind denn in diesem Haus? Nicht nur Heiminsassen, sondern auch Pflegekräfte, Bürokräfte, Reinemachefrauen?"

Ilse musste passen. Bis eben waren ihr diese Dinge völlig gleichgültig gewesen. Doch da sie Annis fragenden Blick sah, strengte sie ihr Gehirn an. „Im Speisesaal dürften so 50 Menschen zusammenkommen, in der *geschlossenen* Abteilung sind vielleicht noch einmal 15. – Der Himmel bewahre mich davor, jemals dort zu landen."

Anni hörte sehr genau den ablehnenden und angstvollen Unterton heraus, der sich bei Ilse seit dem Wörtchen ‚geschlossene Abteilung' eingeschlichen hatte. Sie unterbrach sie sanft: „Ich habe mir die *beschützende* Abteilung, in der die alten Menschen liegen, die rund um die Uhr Betreuung benötigen, vor Wochen sehr genau angeschaut. Es war für mich ein besonders gewichtiges Kriterium für meine Entscheidung, in welchem Haus ich meinen Lebenswinter verbringen würde. Ich habe gesehen, mit welcher Liebe und Fürsorge die Menschen da behandelt werden, und habe nun keine Angst davor, selbst einmal dort untergebracht zu sein."

Ilse überging Annis Bemerkung geflissentlich und überlegte laut weiter: „Hinzu kommt das Personal, da könnten wir ja Deine Namenskollegin fragen. – Oder Kurt ...", fügte sie schmunzelnd an.

Sie sah Annis Miene förmlich an, wie sehr sich deren Verstand bemühte, zu einem Ergebnis zu kommen. Mit sorgenvoller Miene stellte die Neue schließlich fest: „Oh Ilse, das schaffen wir beide alleine gar nicht." Doch ebenso schnell hellte sich ihr Gesicht wieder auf. Es schien Ilse fast so, als hätte jemand einen Hebel betätigt, der von Dunkel auf Hell umschaltete.

Anni erklärte: „Kurt hat mir erzählt, dass es in unserem Haus einen Aufenthaltsraum gibt, in dem auch regelmäßig gebastelt wird. Vielleicht helfen andere mit, die Namensschildchen herzustellen. Weißt Du, wann die nächste Gelegenheit dazu ist?“

Ilse musste kleinlaut verneinen. Für diese Art unsinniger Freizeitbeschäftigung hatte sie in der Vergangenheit kein Interesse gezeigt. Gleichzeitig spürte sie eine Enttäuschung. Wie groß war ihre Freude gewesen, Anni helfen zu können. Und nun würde sie nur eine von vielen Helfern sein.

Wieder schien Anni Gedanken lesen zu können. Mit sanfter Stimme fragte sie: „Kennst Du das Sprichwort: ‚Wenn viele kleine Menschen an vielen kleinen Orten viele kleine Schritte tun, können sie die Welt verändern’? Warum sollten wir, nur weil wir alte Menschen sind, dies nicht auch tun können? Ilse, viele Hände schaffen mehr als nur vier. – Zuerst gilt es, buntes Tonpapier zu besorgen. Siehst Du da eine Möglichkeit?“

Beide hatten das leise, ja fast schüchterne Klopfen an der Tür überhört und erschraken fast, als eine Besucherin das Zimmer betrat. Die beiden alten Frauen wandten sich um und erblickten ein Häufchen Elend.

„Elisabeth, meine liebe Tochter Elisabeth besucht uns“, erklang Ilses freudige Stimme. Und an ihre Tochter gewandt: „Du kommst zur richtigen Zeit. Wir brauchen nämlich dringend Deine Hilfe für eine wichtige Aufgabe.“

Elisabeths Augen weiteten sich vor Verblüffung: „Mama, ich habe die ganze Nacht kein Auge zugetan. Wegen Deines Entschlusses zu hungern, bis Du stirbst, habe ich gleich heute früh Herrn Lehmann angerufen und ihn darum gebeten, Dich ins Krankenhaus einzuweisen, damit Du künstlich ernährt wirst! Als er mir sagte, dass er das zweite Bett in Deinem Zimmer belegt habe, da gingen mir Horrorbilder durch den Kopf. Du und eine andere Frau? Weißt Du eigentlich, wie fertig ich bin?“

Ilse schüttelte den Kopf: „Es geht mir gut, mein Schatz. Gestern hatte ich eben einen Durchhänger. Den darf man doch mal haben, nicht wahr, Anni?“ wandte sie sich hilfesuchend an ihre Zimmergenossin.

Elisabeth warf einen ersten Blick auf die Neue. Als sie in deren ruhige, liebevolle Augen blickte, lösten sich alle Fragen, alle Vorwürfe einfach in ein Nichts auf. Wie konnte ein alter Mensch, der gebrechlich im Rollstuhl saß, eine solch unglaubliche Zufriedenheit, ja ein solches Glücklichsein ausstrahlen?

Anni hielt der Besucherin ihre beiden Hände entgegen und sagte freundlich: „Elisabeth, wie schön, Dich kennenzulernen. Deine Mutter und ich haben uns schon fest angefreundet und sie hat mir ihre Hilfe beim Eingewöhnen und ihre Unterstützung bei einer wichtigen Aufgabe zugesichert, die ich gerne jetzt gleich in Angriff nehmen würde. Nur – mir fehlt das nötige Zubehör."

Ilse übernahm wieder das Gespräch: „Elisabeth, wie lange hast Du denn Zeit?"

„Ich habe mir den ganzen Tag frei genommen, weil ich mir vorgestellt habe, ich müsste Dich ins Krankenhaus begleiten."

„Dann bist Du mit dem Auto da? Das ist ja wunderbar. Dann kann Anni jetzt gleich aufschreiben, was wir für unsere Arbeit brauchen und wir beide fahren in die Stadt und besorgen alles."

Elisabeths Kinn klappte nach unten, was ihr ein unbeschreiblich dümmliches Aussehen verlieh. Anni kam ihr zu Hilfe und fügte eine Erklärung hinzu: „Weißt Du, Deine Mutter und ich sind dabei, dieses Haus ein bisschen aufzumischen. Wir werden den alten Mief der Unfreundlichkeit aufstöbern und aus dem Fenster werfen. Nicht wahr, Ilse?"

Diese stellte sich das Ganze bildlich vor und lachte von Herzen. „Ja, Elisabeth, denk Dir nur: *Herrn Lehmann* hat Anni schon hinausgeworfen. Für ihn kam der liebenswerte, wenn auch ein wenig schüchterne Kurt."

Elisabeth verstand gar nichts mehr. Konnte es denn sein, dass ihre Mutter über Nacht an Demenz erkrankt war? Und dass die Neue an derselben Krankheit litt? Wie lange war es her, dass ihre Mutter den Wunsch geäußert hatte, mit ihr zusammen in die Stadt zu fahren? Ein einziges Mal, seit sie hier war, hatte sie das Haus zu einem Zahnarztbesuch verlassen. Es war ein Drama gewesen! Und heute schäumte sie förmlich über vor Tatendrang?

Ilse rollte in die Toilette und bat ihre Tochter, ihr den Mantel, einen Schal und einen Hut zurechtzulegen. Als Elisabeth und Anni allein waren, bat die Alte die Jüngere zu sich an den Tisch.

„Elisabeth, Du siehst aus, als verstündest Du die Welt nicht mehr. Du willst wissen, was seit gestern geschehen ist? Nun – ich habe Deiner Mutter ein bisschen vom Himmel erzählt und wir beide haben uns vorgenommen, auch die anderen im Haus wieder an den Blick nach oben zu erinnern. – Willst Du uns dabei helfen?"

Elisabeth konnte nicht anders als zu nicken. Etwas Großes hatte sich in diesem Zimmer seit gestern ereignet, etwas, das sie nicht verstand, das aber gut war, so viel spürte sie.

„Was braucht ihr denn?"

„Fünf bunte Bögen Tonpapier, zwei Scheren, Baumwollband, wasserfeste Filzschreiber und einen Locher."

„*Drei* Scheren, Anni, denn ich helfe euch selbstverständlich, was immer ihr auch basteln wollt. Jemand sagte mal: ‚Es gibt keine Zufälle.' Ich habe mir den ganzen Tag Urlaub genommen. Lieber verbringe ich ihn hier bei euch, als in einem Krankenhaus neben dem Bett einer nörgelnden, zwangsernährten Mutter zu sitzen."

Ilse kam in diesem Moment zurückgerollt und lachte laut über die Beschreibung: „Kind, Anni und ich sind lieber verrückt und glücklich als normal und unglücklich. Stimmt's?"

Anni nickte: „Und stell Dir vor, Deine Tochter hilft uns. Und wenn ihr bald wieder vom Einkauf zurück seid, könnten wir drei es bis zum Abendessen schaffen."

Ilses Herz machte einen Freudensprung. „Wir drei!" wiederholte sie strahlend.

Wenig später verließ sie zusammen mit ihrer Tochter das Altenheim, um das Notwendige für das *kleine* Werk der *kleinen* Leute zu kaufen.

Lektion 4
Werde vom Richter der Liebe zu ihrem Verteidiger

Während Ilse zusammen mit ihrer Tochter Elisabeth, die aus dem Staunen nicht mehr herauskam, voller längst vergessener Freude die Einkäufe tätigte, erhielt Anni Besuch von einigen verunsicherten Heimbewohnern: Der Heimbeirat betrat geschlossen das Zimmer. Anni musste schmunzeln, denn den drei Damen und zwei Herren stand die Verlegenheit förmlich ins Gesicht geschrieben.

Schließlich übernahm eine der Damen das Wort: „Liebe Frau Nowak, äh, liebe Anni, äh – wir kommen einfach nicht weiter."

Resigniert wandte sie sich den anderen zu und bat mit hilfesuchendem Blick um Unterstützung in dieser schwierigen Mission. Doch keiner der Angeflehten war bereit dazu. Es war schließlich Anni, die sich erbarmte: „Darf ich Dich duzen?" Ohne auf die Genehmigung zu warten fuhr sie fort: „Ich kann mir schon denken, was Dich und die anderen so drückt: Ihr könnt euch auf keinen gemeinsamen Nenner einigen. Ich habe euch da ja auch einen ganz schönen Brocken hingeworfen. Der will gut gekaut sein, bevor er verdaut ist. Ich wundere mich sowieso, dass Kurt so schnell die Vitamine herausgezogen hat und dadurch den Mut fand, zu seiner Meinung zu stehen. – Also: Was fehlt euch?"

Jetzt wagte einer der Herren, den Mund aufzumachen und mit bemüht resoluter Stimme zu antworten: „Wir haben ganz einfach die Befürchtung, dass diejenigen, die die Erlaubnis zum freundschaftlichen *Du* erteilen, von den anderen ausgenutzt werden. Ich war früher Abteilungsleiter und immer darauf bedacht, Abstand zu den Untergebenen und Klienten zu halten. Man wird so schnell ausgenutzt!" wiederholte er seine Befürchtung.

Der zweite Herr stimmte ihm zu: „Ja, wir haben das durchgespielt vorhin und haben uns vorgestellt, wie uns das Pflegepersonal künftig behandeln würde: ohne jeden Respekt!!! – Da wäre ich nicht mehr der frühere Geschäftsinhaber Herr Richter, da wäre ich plötzlich nur noch der alte Emil!"

Die anderen pflichteten ihm bei, alle bis auf eine kleine, schüchterne Dame. Anni wandte sich ihr zu und machte ihr mit einem kleinen Kopfnicken Mut, ihre Meinung zu sagen. Es war jedoch noch ein aufmunterndes Wort nötig, um sie zum Reden zu bringen: „Ich sehe, dass Du nicht ganz dieser Meinung bist. Was hast *Du* denn früher beruflich gemacht?"

Eine leichte Röte überzog das Gesicht der Angesprochenen. Sie gab sich förmlich einen Ruck, hob ihren Blick und heftete ihn fest auf Anni: „Ich war Lehrerin an einer Grundschule. Es war meine Berufung, ich liebte es, mit den kleinen Menschlein umzugehen und mein Möglichstes zu tun, damit aus ihnen große Menschen werden. Als wir vorhin so diskutierten, erinnerte ich mich daran, dass diese Kleinen mich zu Beginn des ersten Schuljahres oft ganz selbstverständlich mit *Du* ansprachen. Ich war dann jedes Mal zutiefst bewegt über die Liebe und das Vertrauen, die aus den Augen dieser Kinder blickten. Natürlich musste ich mich an die Vorgabe der Schulleitung halten und die Schüler dazu anhalten, mich als Respektsperson mit *Sie* anzureden. Ich sehe heute noch den unverständigen Blick mancher Kinder, und, glaubt mir, gerade diese waren die liebenswertesten unter den Schülern. Mir brach manchmal fast das Herz, wenn ich sie immer wieder unterbrechen und zurechtweisen musste. – Daran erinnerte ich mich vorhin, und ich bin die Einzige, die *für* Deinen Vorschlag gestimmt hat, liebe Anni. – Weißt Du, damals musste ich meinen Vorgesetzten gehorchen. Doch heute bin ich frei und kann nach meinem Herzen entscheiden."

Sie seufzte tief und voller Erleichterung auf. *Sie* hatte sich entschieden!

Annis Herz war so voller Mitgefühl für diese Frau, dass sie mühsam den Rollstuhl in Gang setzte und auf sie zurollte. Herr Richter kam ihr schnell zu Hilfe, und ehe er wusste, was er sich damit antun würde, schenkte ihm Anni ihr bezauberndstes Lächeln und sagte: „Oh wie lieb von Dir, Emil!"

Emil war viel zu geschmeichelt, um die Falle zu entdecken. Galant verbeugte er sich vor Anni und antwortete: „Liebste Anni, immer zu Deinen Diensten!“

‚Da wären es ja schon zwei‘, dachte die Taktikerin.

Doch so leicht gaben sich die anderen nicht geschlagen. Der frühere Abteilungsleiter meldete sich wieder zu Wort. Ihm war der Ärger über den umgefallenen Verbündeten deutlich anzusehen. Emil übersah dies geflissentlich und rückte Anni stattdessen fürsorglich die verrutschte Decke auf ihren Beinen zurecht.

„*Sie* ...“, und dieses Wörtchen betonte Herr Müller besonders, „müssen nämlich wissen, dass ich Abteilungsleiter im Finanzamt war. Stellen Sie sich doch einmal vor, wie die Steuerzahler mit uns Beamten umspringen würden, wenn sie uns duzen dürften! Einfach unmöglich, dieser Gedanke! Doppelt so viele würden ihre Steuern nicht rechtzeitig bezahlen. Da hätte ja mein Telefon unablässig geläutet.“ Er äffte eine Stimme nach: „Grüß Dich, lieber Karl. Ich habe heute eine große Bitte an Dich. Du gibst mir doch bestimmt einen Aufschub für meine Umsatzsteuer-Voranmeldung. Weißt Du, ich komme in dieser Woche wirklich nicht dazu.“ Mit normaler Stimme fügte er an: „Das hat sich bei Herrn Oberinspektor Müller niemand erlaubt!“

Anni schmunzelte innerlich, denn sie griff ohne Erbarmen nach der nächsten Handfessel: „Mein lieber Karl. Ich bin gewiss, Du warst ein umsichtiger und zuverlässiger Finanzbeamter. Schade, dass wir uns früher nie begegnet sind. Bestimmt hast Du einen Menschen, der wirklich Hilfe brauchte, niemals barsch abgewiesen. Das sagen mir Deine Augen. – Doch heute bist Du nicht mehr im Finanzamt, sondern zusammen mit uns anderen in einem Haus, das uns die Möglichkeit schenkt, unseren Lebensabend so angenehm wie möglich zu verbringen. Manche von uns mögen uns ‚Schicksalsgenossen‘ nennen, ich nenne uns ‚Freunde‘, die unter demselben Dach leben. Und ich würde mich von Herzen freuen, wenn Du einer dieser Freunde wärst.“

Wie ein hungriger Fisch nach dem Regenwurm, der an der Angel zappelt, schnappte Karl nach der Gelegenheit, Freund dieser netten

Neuen zu sein: „Liebe Anni, nichts lieber als das. Und solltest Du irgendwann einmal Unterstützung in finanziellen oder steuerlichen Angelegenheiten benötigen, helfe ich Dir selbstverständlich!" Schnell fügte er an: „Natürlich kostenlos, ist doch Ehrensache unter Freunden!"

Anni reichte ihm ihre zarte rechte Hand und zuckte unter Karls festem Händedruck nur ganz wenig zusammen. Diesen kleinen Schmerz nahm sie als Obolus für den gewonnenen Sieg gerne in Kauf. ‚Nun sind's schon drei', freute sie sich innerlich. ‚Eigentlich würde dies genügen, doch das hieße, zwei Feindinnen im Hause zu haben.'

Lächelnd wandte sie sich den Damen zu, die ihr Verstand so bezeichnet hatte. Deren Mienen schienen ihre Beurteilung zu bestätigen. Doch die leise Stimme in Annis Herz erinnerte sie daran: ‚Gib Deinen Feinden die Möglichkeit, sie kennenzulernen und mache sie so zu Deinen Freunden.'

‚Nun gut. Machen wir weiter!'

„Ich kann sehr gut verstehen, dass Sie bei Ihrer Meinung bleiben, es brächte Ihnen nur Nachteile ein, wenn in diesem Hause ein freundschaftlicher Umgang gepflegt würde. Wenn man lieber allein ist, kann man die Menschen viel besser auf Abstand halten, solange man sich unnahbar gibt. Jeder hat das Recht, für sich selbst zu entscheiden, ob er ein Miteinander oder ein Nebeneinander will. Wenn Sie beide sich für ein Nebeneinander entschieden haben, akzeptieren dies die anderen ganz bestimmt, wenn auch mit Bedauern – und lassen Ihnen Ihre Ruhe."

Die beiden Frauen blickten sich entsetzt an und versuchten gleichzeitig, dieses Missverständnis aufzuklären. Sie redeten laut durcheinander und übersahen so das Blitzen in Annis Augen.

Karl kam ihnen zu Hilfe und bestätigte, dass beide sich seit langem für ein Miteinander einsetzten und ganz gewiss keine Eigenbrötlerinnen seien.

Anni fasste kurz zusammen: „Wenn ich richtig verstanden habe, so bringt ihr beiden euch mit eurer ganzen Energie ein, um das Leben hier lebens- und liebenswert zu machen? Oh, wie gerne würde ich euch zu meinen Freundinnen zählen."

„Aber das sind wir doch, liebe Anni", bestätigten beide wie aus einem Mund.

Geschafft!!!

Der bürokratische Karl, durch dessen Adern immer noch eine gehörige Menge Beamtenblut floss, brachte einen weiteren Einwand vor: „Aber wie soll es jetzt weitergehen? Herr Lehmann ..."

Anni unterbrach ihn freundlich: „Du meinst: Kurt?" Sie musste sich anstrengen, ein Lächeln zu unterdrücken, als Karl mit einem verlegenen Räuspern fortfuhr: „Äh, Kurt macht es sich da ein bisschen zu einfach. Die Entscheidung auf den Beirat abzuwälzen, finde ich, gelinde gesagt, hasenfüsisch."

Die frühere Grundschullehrerin lachte amüsiert auf bei dieser Wortneuschöpfung. Ihr Beiratskollege musterte sie strafend: „Theresia, da gibt es gar nichts zu lachen! In meinen Augen benimmt er sich feige!"

Anni mischte sich ein, denn das Letzte, was sie jetzt gebrauchen konnte, waren Spannungen innerhalb des Beirats: „Ich denke, ihr könnt Kurt sagen, zu welchem Entschluss ihr gekommen seid: Dass ihr persönlich euch an der Freundschaftsaktion beteiligt und es jedem einzelnen Hausbewohner selbst überlasst, ob er mitmacht oder nicht."

Die fünf zum Beirat gewählten Heimbewohner pflichteten ihr mit einem bestätigenden Kopfnicken bei. Anni sah jetzt die Zeit gekommen, den anderen von ihrem Plan zu erzählen: „Ilse, ihre Tochter und ich machen uns gleich nachher an die Arbeit, so viele Namensschildchen vorzubereiten, wie Menschen unter diesem Dach leben und arbeiten. Sobald wir fertig sind, bieten wir diese Schildchen am Eingang zum Speisesaal an. Wer in jedem Gegenüber den Freund sieht, kann dies durch das Umhängen des Namenszettels kundtun. Wer sich dagegen entscheidet, wird eben auch künftig mit dem Familiennamen angesprochen."

Sie wandte sich direkt an die frühere Pädagogin Theresia und bat diese: „Würdest Du bitte das Beschriften übernehmen? Du hast bestimmt eine wunderschöne, klare Handschrift, und durch Deine stille, freundliche Art gelingt es Dir gewiss, jeden gleich zu behandeln, ob er nun mitmacht oder nicht."

Theresia errötete vor Freude über den Auftrag, den sie erhielt. Sie nickte und antwortete: „Das ist eine wunderbare Idee, liebe Anni. Und ich denke, dass ich da neben meinem diplomatischen Geschick auch mein Taktgefühl mit einbringen kann, für das ich zu meinen Schulzeiten immer gelobt wurde."

Wie leicht es doch war, einen Menschen allein durch das Gefühl gebraucht zu sein, glücklich zu machen! Anni freute sich ehrlich über Theresias Selbstlob, das einem bescheidenen Herzen entsprungen war – und nicht einem überheblichen Verstand.

Es war mittlerweile Mittag geworden, Zeit für das gemeinsame Essen. Der charmante Emil bot sich an, Anni zum Speisesaal zu schieben und die Entscheidung des Beirats dem Heimleiter erst nach der Mittagsruhe mitzuteilen.

Da Ilse noch nicht aus der Stadt zurückgekommen war, saß Anni bei der zweiten Mahlzeit in ihrem neuen Heim zwischen Emil und Karl, die sich gegenseitig mit Hilfestellungen überboten.

Anni genoss es sichtlich – und war gleichzeitig froh, dass die beiden Herren ihr inneres Schmunzeln über das gelungene Husarenstück nicht sehen konnten.

Lektion 5
Es gibt kein „Ich muss"

Annis Geduld wurde noch ein wenig länger auf die Probe gestellt. Sie stellte sich ihren ‚Geduldsengel', wie sie ihn innerlich nannte, seit Jahren als lächelnden, weiß gekleideten, gut aussehenden Jüngling vor, der mit Vorliebe auf einem Schrank saß, die Beine im Schneidersitz gekreuzt und den Kopf auf beide Hände gestützt. Auch an diesem Tag begrüßte sie ihn in ihrem Zimmer. Er erinnerte sie daran, dass sie schon wieder einmal eine Erwartungshaltung eingenommen hatte.

Anni lächelte zum Schrank hinauf, stieß mit ihrem Zeigefinger in *seine* Richtung und erklärte: „Ich habe es nicht vergessen: Erwartung heißt für mich, seit Du mich begleitest: *Er wartet!* Und so lasse ich mich jetzt ins Bett bringen und ruhe mich, ohne eigene *Erwartung*, für das kommende Werk aus."

Als sie nach ihrer Rede die Augen schloss, konnte sie den unsichtbaren Freund lächeln sehen. Sie läutete nach einer Pflegerin und war erfreut, ihre Namenskollegin Anni wieder zu sehen. Liebevoll wurde ihr ins Bett geholfen.

An der Tür blieb die junge Helferin länger als erforderlich stehen und Anni bemerkte, dass der Frau etwas auf der Seele lag, das sie nur nicht in die rechten Worte kleiden konnte. So half sie ein wenig nach: „Anni, was drückt Dich denn? Sag es ruhig."

Die Angesprochene gab sich einen Ruck und antwortete mit unsicherer Stimme: „Ich will gar nicht darüber reden, denn es kann sein, dass es Dich traurig macht."

„Das überlass ruhig mir. Auch ich war früher der irrigen Meinung, *ich* könne wissen, was ein anderer denkt oder fühlt. Doch dann erkannte ich, dass ich nicht nur mich dadurch zurücknahm, sondern auch den anderen um eine Erfahrung brachte, zu der er ein Recht hatte: nämlich die Erfahrung, selbst zu entscheiden, wie mein ehrliches Wort auf ihn wirkt."

Am Gesichtsausdruck der Pflegerin erkannte sie, dass diese nicht so recht verstanden hatte. So erklärte sie weiter: „Schau mal, Anni. Wenn ich mich heute früh nicht getraut hätte, Dich mit den Worten, die mir aus dem Herzen wollten, anzusprechen, weil mein Verstand mir weisgemacht hätte, Du könntest mich für verrückt halten, so stünde ich Dir jetzt als Fremde gegenüber. So aber hattest Du die Möglichkeit, selbst zu entscheiden, ob Du in mir lediglich einen Pflegling siehst, wie er in vielen anderen Zimmern untergebracht ist, oder eine neue Freundin. – Was kann schlimmstenfalls passieren, wenn Du jetzt das sagst, was Dich so bedrückt? Vielleicht macht es mich nachdenklich, vielleicht auch ein wenig traurig, doch es ist *meine* Nachdenklichkeit, *meine* Traurigkeit. Beides gehört zum Mensch-Sein.

Und beides lässt die Seele wachsen. Willst Du mir diese Möglichkeit nicht schenken?"

Die jüngere Anni nahm unverzüglich selbst das Geschenk der Nachdenklichkeit an und kam zu dem Schluss, künftig – wenigstens dieser alten, weisen Frau gegenüber – auch so freigebig zu sein: „Wir Pflegekräfte hatten vorhin im Aufenthaltsraum ein Gespräch. Es ging um Deinen Vorschlag, miteinander in Zukunft wie in einer großen Familie umzugehen. Ich weiß nicht, ob es die persönliche Begegnung mit Dir war, die es mir so leicht machte, ohne jede Überlegung dafür zu sprechen. Umso enttäuschter war ich, dass die Mehrzahl der Kolleginnen und Kollegen große Probleme auf sich zukommen sieht und dagegen ist. Ich will ehrlich zu Dir sein: Der Druck, den sie auf mich ausübten, wurde so groß, dass ich mein *Ja* in Frage stellte. Jetzt, in Deiner Gegenwart, fühle ich mich wieder so wohl, als wärest Du meine eigene Großmutter. Ich bin innerlich so zerrissen! Ich muss doch die Stärke haben, zu mir zu stehen!"

„*Musst* Du?" fragte die alte Frau zurück.

In diesem Augenblick öffnete sich die Zimmertüre und zwei völlig aufgekratzte Frauen füllten den Raum: Elisabeth schob schwungvoll und lachend den Rollstuhl ihrer Mutter, die mit gesunden roten Bäckchen darin saß und triumphierend eine Einkaufstüte durch die Luft schwenkte.

„Oh Anni, was für ein wunderbarer Einkaufsbummel! Wir haben alles bekommen, und – stell Dir nur mal vor: Elisabeth und ich waren anschließend Hamburger essen! Kannst Du Dir die überraschten Gesichter dort vorstellen, als ich erzählte, dass ich aus dem Altenheim ausgebrochen sei?"

Ilse und ihre Tochter Elisabeth lachten ausgelassen bei der Erinnerung daran. Die Jüngere nahm ihrer Mutter die Tüte aus der Hand, half ihr aus dem Mantel und sprach drängend: „Jetzt müssen wir aber schnell an die Arbeit gehen, wenn wir heute noch fertig werden wollen."

Anni sprach dieselbe Frage aus wie vor wenigen Minuten, diesmal an Elisabeth gerichtet: „*Müssen* wir?"

Ilse bekam einen großen Schrecken, der sich auch im verunsicherten Blick ihrer Tochter spiegelte: „Ja, willst Du etwa damit sagen, Du hast es dir anders überlegt und bläst die ganze Aktion ab?"
„Nein", lautete Annis beruhigende Antwort. „Ich störe mich nur ein wenig an diesem Wörtchen ‚*muss*', das so oft und unüberlegt von den Menschen ausgesprochen wird. Die Aktion, die wir vor uns haben, *müssen* wir doch nicht tun. Wir tun sie, weil wir eine innere Freude und Begeisterung darüber verspüren. Oder etwa nicht?"
Ein hörbares Aufatmen beantwortete die Frage von selbst. Anni fuhr fort: „Fühlt einmal in dieses Wörtchen ‚*ich muss*' hinein. Spürt ihr nicht förmlich den Druck, den es verursacht? Wie leicht ist es dagegen, wenn ich einfach das tue, was ich als wichtig, richtig und notwendig für mich erkannt habe! – Also, aus diesem Grund: Beginnen wir jetzt einfach, die ‚Aktion Freundschaft' vorzubereiten."
Sie bat Elisabeth um die Einkaufstüte und packte, neugierig von der jungen Pflegerin beobachtet, die ‚Zutaten' für die Kampagne aus.
Neugierig stellte diese fest: „Oh, das sieht nach Basteln aus, meiner Lieblingsfreizeitbeschäftigung. Darf ich euch dabei helfen? Mein Dienst endet nachher und ich habe heute Nachmittag nichts Wichtiges vor. Ich muss nur kurz – ..." Sie unterbrach sich selbst, weil sie schon wieder das verflixte Wörtchen benutzt hatte, und verbesserte sich: „Ich rufe nur kurz zuhause an, damit sie nicht auf mich warten."
Elisabeth bot sich an, in der Küche Tee zu besorgen. Bevor sie das Zimmer verließ, bückte sie sich zu ihrer Mutter hinab, umarmte sie und flüsterte glücklich: „Oh Mama, das ist heute der schönste Tag seit Jahren! – Musst Du auf die Toilette?"
Ilse wiederholte: „*Muss* ich? Nein – ich gehe einfach, wenn es notwendig ist." Elisabeth lachte laut auf: „Das kann ja ein heiterer Nachmittag werden, wenn wir uns gegenseitig auf den Druck hinweisen, den wir uns unbewusst machen. Wenn uns das Leben ebenso viel Zeit schenkt, dieses falsche Reden zu verlernen, wie wir gebraucht haben, es uns anzugewöhnen, dann – ja, meine lieben Mitschülerinnen, dann dürften wir uralt werden!"
Das Lachen der vier Frauen schallte durch den ganzen Haustrakt.

Die Pflegerin schloss sich Ilses Tochter an und versprach, sofort nach Dienstschluss mitzuhelfen.

Die beiden zurückbleibenden alten Damen schauten sich lange schweigend an. Schließlich fragte Ilse nachdenklich: „Anni, wer bist Du? – Gestern noch wollte ich sterben und heute sitze ich in einem Schnellimbiss und stopfe hungrig Hamburger in mich hinein. Gestern noch sagte ich mir: ‚Ich will nicht mehr leben.' Und heute würde ich, wenn Du es mir nicht eben anders erklärt hättest, am liebsten sagen: ‚Ich *muss* am Leben bleiben, denn ich werde noch gebraucht.' So stelle ich jetzt einfach fest: ‚*Ich lebe – und ich lebe gerne*!' – Anni, bist Du ein ebensolcher Engel für mich wie es damals die Krankenschwester nach Deinem Unfall für Dich war?"

Lektion 6
Wer bin ich?

Annis Gesichtsausdruck war ernst geworden. Sie überlegte kurz, ob sie die Frage mit einem lapidaren Satz beantworten sollte. Doch dann erkannte sie, dass Ilse bereit war für eine tiefere Erklärung.

„Oh Ilse, weißt Du, dass ich damals der Krankenschwester dieselbe Frage stellte? Ich versuche jetzt, mich genau an ihre Sinndeutung zu erinnern, denn sie hat meinem Leben noch einmal eine größere Tiefe geschenkt: ‚Wer bin ich?' – Sind wir nicht versucht, darauf mit unserem Namen zu antworten? Ich könnte Dir jetzt die einfache Antwort geben: ‚Ich bin Anni Nowak.' Doch ebenso gut könnte ich sagen: ‚Ich bin Anne Andresch', denn eine lange Zeit habe ich mich mit diesem Namen identifiziert. Wenn beides stimmt, so ist gleichzeitig beides falsch. Namen sind Schall und Rauch, heißt ein Sprichwort. Ich sage: Namen sind ein Werkzeug, das wir vom Himmel mitbringen. Jeder einzelne Buchstabe symbolisiert eine Eigenschaft, ein Talent, eine Aufgabe, einen Wunsch, den die Seele tief in sich trägt und der danach verlangt, gelebt zu sein. Diese Wahrheit ist in vielen Religionen verankert, auch wenn das Wissen darum aus Angst um die Größe eines jeden Menschen von den Kirchenoberhäuptern geheim gehalten wird. Mein Name sagt zum Beispiel aus, dass ich ein sehr willensstarker Mensch bin, der Ziele, die er sich einmal gesetzt hat, mit seiner ganzen Energie verfolgt. Dazu hat mir der Himmel eine riesengroße Portion Disziplin und Kampfgeist geschenkt, die mich in den Augen anderer zum Vorbild machen. Auch habe ich ein großes Potenzial, anderen Menschen oder der Gemeinschaft zu helfen, zu dienen, heilend tätig zu sein. Siehst Du, seit ich das weiß, kann ich voller Demut dazu stehen, ohne dass mein Verstand die Möglichkeit hätte, mich als hochmütig zu bezeichnen und so meine Seele zu beschneiden. Ich weiß um meine Aufgabe – und stehe zu ihr."

Obwohl sie Ilses skeptischen Blick sah, sprach sie weiter: „Ich bin also nicht mein Name, ich bin nicht Anni Nowak oder Anne Andresch. Das ist nur meine gefüllte Werkzeugkiste. Wer bin ich dann? Solange meine Eltern lebten, war ich *Tochter*. Doch da ich mit dem Moment, in dem ich keine Eltern mehr habe, aufhöre, Tochter zu sein, kann doch auch das nicht meine wahre Identität sein. Denn ich existiere doch weiter. Ebenso kann eine Mutter nicht sagen: *Ich bin ausschließlich Mutter*. Sollte Dir das Leben Dein Kind nehmen, so würdest *Du* doch nicht aufhören zu existieren. Genauso verhält es sich, wenn sich ein Mensch ausschließlich als *Ehepartner, Geschäftsinhaber, Vereinsfunktionär, Beamter, Politiker, Doktor* usw. sieht. Kann ihm das Leben nicht alles nehmen, was er als Rahmen für diese Identifikation benötigt? Ist ein Minister noch ein Minister, wenn seine Partei den Bach hinuntergeht? Was ist ein Geschäftsinhaber, wenn er Konkurs anmelden muss? Nein, Ilse. Das ist es nicht, was das Leben in uns sieht! Wenn Du nun glaubst, die richtige Antwort gefunden zu haben, indem Du mir antwortest: ‚Ich bin dieser Körper', so sage ich Dir: Es kommt der Augenblick, da nimmt Dir das Leben diesen Körper. Er wird in kurzer Zeit zu Asche oder zu Erde werden. Wer bist Du dann? – Als die Krankenschwester mir damals diese Schlussfrage stellte, bekam ich eine Gänsehaut vor Entsetzen, denn ich erkannte: ‚Ich weiß gar nicht, *wer* ich bin.' Das Leben hatte mir kurz zuvor alles genommen, womit ich mich identifiziert hatte. Zwar besaß ich meine Stimme noch, doch hatte ich auf der Intensivstation

Gott, sollte es ihn wirklich geben, geschworen: ‚Wenn Du mich am Leben erhältst, opfere ich Dir mein Talent der schönen Stimme.'"

Ilse schüttelte ungläubig den Kopf: „Anni, das kann doch nicht Dein Ernst sein! Ein Talent hat man doch niemals nur für sich allein. Der Himmel gibt es Dir, damit Du andere damit beglückst."

Erstaunt hielt sie in ihrer Erklärung inne und fügte leise an: „Das hat sich jetzt einfach so gesagt, ohne dass ich groß überlegt hätte. Gestern noch habe ich Gott jegliche Existenz abgestritten. Zu schlecht hat er es in meinem Leben mit mir gemeint. Und heute – ? Du musst wirklich ein Engel sein."

„*Muss* ich?" erinnerte Anni an ihre letzte Lektion.

Ilse gab sich als gute Schülerin zu erkennen und verbesserte sich sofort: „Du *bist* ein Engel. Doch erzähle weiter, ich will doch endlich wissen, *wer* Du bist."

„Meine damalige Lehrerin in weißer Schwesterntracht klärte mich auf: ‚In Dir ist ein Teil, der vor der Zeit schon *ist* und der deshalb unabhängig ist von allen äußeren Identifikationen, die der Vergänglichkeit unterliegen. Dieser Teil, nenne ihn ruhig *Seele*, erkennt in allem Äußeren nur den Rahmen für sein *Sein*. Der Rahmen mag sich im Laufe des zeitlichen Lebens ändern. Er kann manchmal aus Gold und dann wieder aus einfachem Holz bestehen. Aber er ist eben nur Rahmen. Die Seele ist der Inhalt. Und ihre Aufgabe ist es zu wachsen!' – Ich fragte damals: ‚Wie kann die Seele wachsen?' Und sie antwortete: ‚Ihre Nahrung ist Liebe und Vertrauen.' Dann ließ sie mich allein und schenkte mir so die Zeit zu verstehen."

„Liebe und Vertrauen ...", wiederholte Ilse nachdenklich. Anklagend fügte sie an: „Wenn Dir das Leben die Möglichkeit dazu gibt, dann ist es doch ganz leicht, die Seele wachsen zu lassen. Hätte ich liebevolle Eltern, einen lieben Ehemann und eine liebe Tochter besessen, so wäre meine Seele jetzt schon groß. Gott ist ungerecht, denn die Rahmenbedingungen müssten bei allen Menschen gleich sein!"

Anni hielt entgegen: „Du zählst Deine Tochter als Hindernis für Dein seelisches Wachstum auf? Ich habe sie heute kennen und lieben gelernt und ich bin überzeugt, das Zusammensein mit ihr lässt meine Seele weiterwachsen."

Ilse nickte zustimmend: „Ja, heute ist meine Tochter ganz anders als sonst. Wenn sie immer so gewesen wäre ...“

Sie blickte Anni an, und in ihrem Blick lag die Bitte um Zustimmung. Doch was sie in den Augen der anderen las, gefiel ihr zunächst gar nicht. Sie *musste* einfach dem nicht laut ausgesprochenen Vorwurf ihres Gegenübers widersprechen: „Du meinst wohl, es lag an mir? Du glaubst wohl, ich sei mein Leben lang eine ungerechte, undankbare und lieblose Tochter, Frau und Mutter gewesen?“

„*Ich* meine gar nichts, Ilse. Ich habe es mir abgewöhnt, zu denken, was andere wohl denken könnten. Die Gedanken sind frei. Es ist für mich schon Arbeit genug, auf meine eigenen achtzugeben! Doch will ich Deine Frage mit einer Gegenfrage beantworten: Wie bist Du heute auf Deine Tochter zugegangen, als sie dieses Zimmer betreten hat?“

Ilse ging in Erinnerung zurück und sah die Szene noch einmal ganz deutlich vor sich: Ihre innere Begeisterung über das Gebrauchtwerden war so groß gewesen, dass die Freude einfach aus ihr herausgeschwappt war und ihre Tochter mitgerissen hatte! Begeisterung – war sie das Geheimnis? Ja, es schien ihr fast so. Denn, wann hatte sie dieses Gefühl zum letzten Mal erlebt? Sie konnte sich nicht einmal daran erinnern. Weder war sie eine ‚begeisterte' Ehefrau, noch eine ‚begeisterte' Mutter gewesen.

„Anni, ich weiß zwar noch nicht, wer ich bin, doch weiß ich jetzt, wer Du bist: Eine Botin des Himmels, die Begeisterung in ihrem Koffer hat und dieses Geschenk kostenlos an alle verteilt, denen sie begegnet.“

Die so Gelobte wandte lächelnd ein: „Nein, ganz so ist es nicht. Ich biete das Geschenk an, doch ist es jedem überlassen, es anzunehmen oder nicht. – Übrigens: Du bist schon eine der ersten Mitarbeiterinnen, die ich rekrutiert habe. Denn – hast Du heute nicht auch schon mit offenen Händen davon weitergegeben? An Deine Tochter, an die Bedienung im Restaurant, an die Menschen am Nebentisch? Du hast sie zum Lächeln gebracht, und das Lächeln ist der sichtbare Beweis, dass ein Mensch Freude in sich trägt – und verschenkt! Weißt Du,

Begeisterung und Freude sind ansteckend, ansteckender sogar als Schnupfen!“

Über diesen Vergleich lachten die beiden alten Frauen herzhaft und bekamen sofort eine sicht- und hörbare Bestätigung der eben aufgestellten These: Elisabeth und die Pflegekraft Anni, die in diesem Moment gemeinsam das Zimmer betraten, wurden unverzüglich ‚angesteckt'!

Lektion 7
Tue das Werk – um die Früchte daraus kümmere dich nicht

Die neu Hinzugekommenen stellten frohgemut Kaffee und Kuchen auf den kleinen Tisch und traten dann voller Erwartung auf Anni zu.

„Und nun?“ fragten beide wie aus einem Mund.

„Zuerst stärken wir uns, und während wir Kaffee trinken, erkläre ich euch, was zu tun ist“, war Annis Antwort.

Gesagt, getan. Ohne sich um gute Manieren zu kümmern, sprach die Frau, die früher in den feinsten Kreisen verkehrte, wenig später mit vollem Mund: „Also: Jeder von uns übernimmt den Teil der Arbeit, der ihm am besten liegt. Ich biete an: Herzen aufmalen, Herzen ausschneiden, mit Schönschrift darauf schreiben: ‚Grüß Dich. Ich bin', ein Loch hineinstanzen, einen Faden hindurchziehen und verknoten. Fertig!“

Die junge Anni wandte mit skeptischem Blick ein: „Ich glaube, wir brauchen gar nicht so viele Herzen zu basteln. Wie ich die Menschen in diesem Haus kenne, ist es nur eine Minderheit, die sich an der Aktion beteiligen wird.“

Die alte Anni entgegnete: „Ich habe einen Leitspruch: ‚Tue das Werk – um die Früchte daraus kümmere dich nicht.' Stell Dir mal einen Bauern vor, der im Frühjahr die Saat ausbringt. Wenn er schon beim Säen an all die Unwetter, Dürrezeiten, Schädlinge denken würde, die ihm eventuell die Ernte vermiesen, so würde er wahrscheinlich unglücklich in seiner Stube sitzen bleiben und nur sein Schicksal beklagen. Ich denke mal, gerade ein Landwirt hat noch eine ganz ursprüngliche Rückbindung an Gott und die Natur. Er schenkt beiden sein Vertrauen, tut sein Werk und überlässt das Wachsen und Reifen einer höheren Instanz. – Wollen wir nicht auch so handeln? – Die Idee zu dieser Aktion stammt direkt vom Himmel, denn sie kam aus meinem Herzen und nicht aus dem ach so klugen Verstand. – Hier sind Papier, Bleistift, Schere, Locher, Filzschreiber und Band. Wo sind die willigen Hände dazu?"

Als würde der Himmel die Mitarbeiterinnen selbst einteilen, fand jede von ihnen ihre Lieblingsaufgabe. Ilse malte wunderschöne, verschieden große und unterschiedlich geformte Herzen auf die bunten Bögen. Ihre Tochter Elisabeth schnitt sie gewissenhaft aus und freute sich über das Lob ihrer Mutter. Die beiden Frauen warfen sich immer wieder liebevolle Blicke zu, die die beiden Annis zu einem vertraulichen Zwinkern veranlassten. Die ältere Anni überließ es ihrer jungen Namenskollegin, die Worte auf das Papier zu bringen, während sie selbst punktgenau Löcher hineinstanzte und Baumwollbänder daran verknotete. Welch eine Liebe erfüllte den kleinen Raum! Der Himmel selbst war zu Gast!

Nur die feinfühlige Anni bemerkte, dass in Elisabeth trotz der nach außen gezeigten Harmonie etwas arbeitete, das ihr Schmerz und Kummer bereitete. Die alte Frau legte schließlich die Arbeit beiseite und fragte leise: „Elisabeth, was fehlt Dir denn?"

Als würde sich eine Schleuse öffnen, brach die junge Frau in Tränen aus. Bestürzt hielten die beiden anderen Frauen in ihrem Tun inne und blickten auf die Weinende. Elisabeths Mutter legte ihren Arm tröstend um die Schultern der Tochter und wiederholte die Frage.

Es dauerte lange, ehe sie eine Antwort bekamen: „Ich weiß jetzt endlich, warum ich keine Kinder habe. Bis heute schob ich meinen Mann als ‚Schuldigen' vor, denn er nannte immer gewichtige Gegengründe: ‚Als Eltern gibst du deine ganze Freiheit auf. Kinder fressen dir die Haare vom Kopf und im Alter lassen sie dich sowieso alleine.' Anni hat mir vorhin mit ihrem Leitsatz die Augen geöffnet: Ich hatte Angst davor, wie die Ernte aussehen würde, wenn ich mich *für* Kinder entschieden hätte. – Jetzt, da ich zusammen mit meiner Mutter so friedlich und glücklich hier sitze und gemeinsam mit ihr ein gutes

Werk tue, wird mir erst bewusst, um was mich meine Angst vor der Zukunft gebracht hat: Nie wird eine Tochter oder ein Sohn neben mir sein, wenn ich alt bin – und allein. Das ist wohl der Preis, den wir zu zahlen haben für unser ach so freies Leben als kinderloses Ehepaar." Wieder weinte sie Tränen des Selbstmitleids.

Anni ließ ihr ein paar Minuten Zeit, bevor sie zu einer Antwort ansetzte: „Wem nützt es jetzt, wenn Du in Selbstmitleid zerfließt? Wenn Du verpassten Möglichkeiten nachtrauerst? Weder Dir noch deinen ungeborenen Kindern. Das Einzige, was Du damit erreichst, ist, dass Du Dich *jetzt* um eine harmonische Stunde mit Deiner Mutter und uns bringst. Eine Stunde, die unwiederbringlich verloren ist. – Aber ich kann Dich gut verstehen: Ebenso dachte und litt ich eine Zeitlang. Denn auch ich hatte mich in jungen Jahren der Karriere zuliebe für Kinderlosigkeit entschieden. Wie sehr hatte ich insgeheim jede junge Mutter beneidet, die einen Kinderwagen vor sich her schob oder ihr Kind an der Hand führte. Doch niemals hätte ich mir das eingestanden! Mein Leiden dauerte so lange, bis ich den Umstand, alleine zu sein, einfach akzeptierte, denn: Hatte ich denn im Nachhinein die Möglichkeit, etwas zu verändern? Nein. Also begann ich, mich selbst in den Mittelpunkt meines Lebens zu stellen, mich selbst so zu lieben, wie ich in diesem Augenblick war. Es war nicht leicht, glaube mir. Der Richter in mir versuchte immer wieder, Urteile über mich zu fällen. Doch ich gab mich nicht auf. Ich ließ es zu, dass mein Herz mich verteidigte – und freisprach. Und weißt Du, was das Ergebnis war? Ich konnte lächelnd auf andere Menschen zugehen – und sie lächelten zurück. Habt Ihr beiden nicht heute dieselbe Erfahrung beim Stadtbummel gemacht? – Elisabeth, schau: Ich habe auch keine leiblichen Kinder und gerade dadurch unzählige seelische! Denn – ich sehe in Dir eine geliebte Tochter, ebenso wie ich sie in Anni neben mir sehe. Oh ja, ich habe so viele Kinder, sogar Kurt und Karl und Emil und Theresia zähle ich dazu, auch wenn es vom Alter her gar nicht ‚möglich' ist. – So, und nun setzen wir unser gemeinsames Werk fort!"

Die Nachdenklichkeit, die nach Annis langer Erklärung im Raum hing, verwandelte sich langsam in Zustimmung.

So verging der Nachmittag. In einer kleinen Schachtel wurden die fertigen Herzen gesammelt, und als es Zeit für das Abendbrot war, blickte das ‚himmlische Bodenpersonal' zufrieden auf das Ergebnis: 80 bunte Herzen warteten darauf gebraucht zu werden. Der Blick der jungen Pflegerin war nicht mehr skeptisch wie zu Beginn der Arbeit. Sie strahlte, ebenso wie die anderen Frauen, Begeisterung und Vorfreude aus, die einfach ansteckend auf das ganze Haus wirken *mussten!!!*

Elisabeth und die junge Anni verabschiedeten sich von den beiden alten Damen und verließen lachend Arm in Arm das Zimmer.

„Wie Freundinnen ...", ließ Ilse vernehmen.

„Nein, nicht *wie* Freundinnen. *Als* Freundinnen verlassen sie uns", stellte Anni richtig.

„Und *als* Freundinnen machen wir uns jetzt in Richtung Speisesaal auf", ergänzte Ilse.

Was für ein Tag! Durch ein Spalier neugieriger Blicke rollten die beiden erhobenen Hauptes auf ihren kleinen ‚Katzentisch' zu und genossen die dampfenden Pellkartoffeln und den delikaten Quark. Karl und Emil warfen immer wieder schmachtende Blicke in Annis Richtung, die sie mit einem Lächeln beantwortete. Auch die weiblichen Mitglieder des Heimbeirats zeigten offenkundig ihre Sympathie.

Endlich war das Abendessen beendet und Karl, der frühere Finanzbeamte, klopfte gegen sein Teeglas. Die Gespräche verstummten und alle Blicke wandten sich ihm zu.

„Liebe Mitbewohner dieses Hauses, äh ... liebe Freundinnen und Freunde." Verlegen nestelte er an seiner Krawatte, die er sich zur Feier des Tages umgebunden hatte. „Herr Lehmann... äh... Kurt ... hat den Heimbeirat, wie ihr ja wisst, heute früh gebeten, Stellung zum Vorschlag unserer lieben Anni Nowak zu nehmen. Zu eurer Erinnerung: Sie schlug vor, dass sich alle, die unter diesem Dach leben und arbeiten, künftig als Freunde sehen, die sich gegenseitig unter die Arme greifen und dies nach außen hin deutlich machen, indem sie sich duzen. Wir haben lange darüber diskutiert, uns auch noch einmal mit unserer lieben Anni zusammengesetzt und sind zu dem Entschluss gekommen, die ‚Aktion Freundschaft', wie wir es nennen, zu unterstützen, es aber jedem Einzelnen von euch freistellen, ob er sich daran beteiligt oder nicht."

Er seufzte erleichtert auf, und fast konnte man den Stein rollen hören, den sein Herz endlich losgeworden war. Verhaltenes Gemurmel war zu hören, Köpfe wurden zusammengesteckt, andere geschüttelt. Und – viele Blicke wandten sich der verrückten Neuen zu, die eine solche Unruhe ins Haus brachte.

Wie schon beim Frühstück zeigte all dies keinerlei einschüchternde Wirkung auf die Initiatorin. Im Gegenteil: Das Lächeln, das sie reihum verschenkte, war bezaubernd – und ansteckend. Nur wenige konnten sich ihrem Charme entziehen und richteten ihre Blicke verlegen oder ablehnend auf die leeren Teller.

Karl fuhr fort: „Anni hatte eine wunderbare Idee, die sie mit Hilfe fleißiger Hände bereits vorbereitet hat. Morgen früh wird unsere liebe Beirätin Theresia am Eingang zum Speisesaal sitzen und jedem, der sich an der ‚Aktion Freundschaft' beteiligt, ein kleines Namensschildchen mit seinem Vornamen schenken. So sehen wir gegenseitig auf einen Blick, ob uns ein Mensch gegenübersteht, der in uns den Freund, die Freundin sieht – oder ein Hausbewohner, der weiterhin auf Abstand bedacht ist und seine Ruhe haben will."

Unbemerkt von den vielen Menschen im Saal hatte Kurt Lehmann den Raum betreten und die letzten Sätze mit angehört. Nun räusperte er sich hörbar und lenkte so die Aufmerksamkeit auf sich: „Liebe ... äh ... Freunde, liebe Heimbewohner. Ich freue mich über die Entscheidung des Beirats und kann Ihnen allen mitteilen, dass ich mit meinen Vorgesetzten heute Nachmittag zu einem ähnlichen Konsens kommen konnte. Ich will nicht verheimlichen, dass es mich große verbale Anstrengung gekostet hat, die hohen Herren der Diözese zu überzeugen, dass von einer derartigen Aktion alle nur profitieren können. – Wir sind so übereingekommen, dass jeder der Mitarbeiter, angefangen bei mir bis zu den Reinemachefrauen, für sich selbst entscheidet, ob er mitmacht oder nicht. Die Herren sehen ein Exempel darin und geben uns zwei Monate Zeit, Erfahrungen damit zu sammeln. Heute in sechzig Tagen werden sie unserem Haus einen außerplanmäßigen Besuch abstatten, um sich selbst ein Bild davon zu machen. – Ich verbürge mich dafür, dass keiner der Angestellten einen Eigennutz aus dieser Aktion ziehen wird und erbitte dasselbe von jedem von euch." Mit einem leichten Kopfnicken in Annis Richtung verabschiedete er sich: „Und nun wünsche ich euch allen eine gesegnete, erholsame Nacht. Wir sehen uns morgen früh am Eingang des Speisesaales, wo ich gerne mein Namensschildchen in Empfang nehme. Gute Nacht allerseits."

Wie ein gut einstudierter Chor antworteten ihm die Angesprochenen ‚Gute Nacht ...', doch bei der Fortsetzung des Grußes teilten sich die Stimmen auf. ‚... Herr Lehmann' klang wesentlich kräftiger und übertönte das aus wenigen Kehlen gesprochene ‚... Kurt'. Schmunzelnd zog sich der Heimleiter zurück.

Später, als Anni und Ilse zufrieden in ihren Betten lagen, fragte Ilse leise: „Wie war doch gleich der Satz, den Du der Pflegerin Anni gesagt hast? Du weißt schon: Dass man sich keine Gedanken über die Ernte machen soll, wenn man sät."

Anni lächelte vor sich hin und dachte: ‚Gott im Himmel sorgt schon dafür, dass kein Saatkorn vergebens gestreut wird.'

Laut antwortete sie: „Tue das Werk – um die Früchte daraus kümmere Dich nicht."

Ilse fragte weiter: „Kannst Du das wirklich in jedem Fall? Ohne jede Erwartung das zu tun, was Du als richtig erkannt hast?"

„Nein, Ilse, das gelingt mir nicht immer. Es wäre gelogen, wenn ich jetzt sagen würde, dass ich keinerlei Erwartung in die ‚Aktion Freundschaft' setze. Natürlich würde ich mich freuen, wenn sich viele daran beteiligen. Nur: Für mich geht die Welt auch nicht unter, wenn nur wenige dabei sind. Hauptsache, *ich* bin auf der Seite derer, die im Gegenüber den Freund, ja mehr noch, den Bruder oder die Schwester sehen."

Über diesen Satz dachte Ilse noch lange nach. So lange, dass sie ihn mit in die Traumwelt hineinnahm. Dort bewegte sie sich in einem großen, hellen Saal inmitten tausender lächelnder Menschen, die alle ein aus buntem Papier gebasteltes Herz umhängen hatten, auf dem stand: ‚Grüß Dich. Ich bin ...' Sie kam gar nicht nach, all die Namen zu lesen, all die liebevollen Blicke zu erwidern, all die vielen entgegengestreckten Hände zu schütteln. ‚Wie im Himmel!' dachte sie im Traum ...

Lektion 8
Urteile nicht, denn Du kennst nicht die Beweggründe des anderen

Auch der nächste Morgen hatte das trübe Herbstwetter in seinem Gepäck. Das Pflegepersonal ahnte, dass dieser Tag nicht einfach werden würde. Die alten Menschen waren empfindsam und spiegelten oft die trostlose, düstere Schwingung wider, die in der Natur herrschte.

Auf der beschützenden Station bestätigte sich die Vermutung bereits in der Morgendämmerung. Eine der Nachtschwestern holte den Priester, denn sie spürte, dass sich wieder eine Bewohnerin des Hauses für immer verabschieden wollte.

Während Ilse noch vom Himmel träumte, kämpfte ein Stockwerk tiefer eine alte demenzkranke Frau mit dem Dämon der Todesangst. Der Priester und die feinfühlige Pflegerin saßen an ihrem Bett, um ihr den Übertritt in die andere Welt zu erleichtern. Sie hatten versucht, die Kinder der Sterbenden zu benachrichtigen, doch am anderen Ende der Telefonleitungen hatten sich nur die unpersönlichen Stimmen der Anrufbeantworter gemeldet.

Wenngleich es in einem Altenheim zur Normalität gehört, dass die Bewohner in einem Sarg das Haus verlassen, berührte es das Pflegepersonal immer wieder aufs Neue. So verhielt es sich auch in diesem Fall. Obwohl die Verstorbene in den letzten Monaten schwierig geworden war, suchten alle, die fürsorglich für sie tätig gewesen waren, sie ein letztes Mal auf, um sich von ihr zu verabschieden.

Die alten Menschen im Haus merkten am Verhalten der Pflegekräfte, wenn der Tod wieder einmal seine Ernte eingebracht hatte. So war es auch diesmal. Das „Guten Morgen", das die junge Pflegerin

Anni den beiden Damen in Zimmer 27 schenkte, fiel ungewohnt bedrückt aus.

Die sensible Heimbewohnerin Anni stellte ihre nun schon gewohnte Frage: „Anni, was fehlt Dir denn?“

Ilse antwortete aus der Erfahrung des längeren Heimaufenthalts heraus, noch bevor die Angesprochene darauf eingehen konnte: „Das kann ich Dir auch sagen: Gevatter Tod war wieder einmal im Haus und hat sich einen von uns geholt!“ Es sollte forsch klingen, doch die beiden Annis hörten die Angst heraus.

Die Pflegerin nickte traurig: „Ja, Ilse, Du hast Recht. In dieser Nacht war er ein Stockwerk tiefer und hat die verwirrte Frau Gehring von ihrem Leiden erlöst.“

Anni mischte sich ein: „Ich kenne diesen Besucher. Nur – ich nenne ihn anders als ihr. Für mich ist er der *Engel der Ewigkeit.* Er hielt mir damals, als ich meinen schweren Autounfall hatte, eine Hand entgegen und lächelte mich freundlich an. So vertraut war er mir, dass ich auf ihn zuging und ihn fragte: ‚Ist es soweit?’ Er schüttelte leicht den Kopf und antwortete, ohne seinen Mund zu bewegen: ‚Nein, ich halte meine Hand nicht auf, damit Du mir Dein Leben gibst. Heute nehme ich etwas anderes von Dir mit: deine Ignoranz dem Leben gegenüber.’ In diesem Augenblick holte mich ein Notarzt zurück ins Leben. – Ich habe mich später noch einmal mit diesem Engel der Ewigkeit beschäftigt und erkannt, dass es derselbe Engel ist, der mich in dieses Leben hineingetragen hat. Wisst Ihr, er schaut ab und zu nach mir und kontrolliert, ob ich *mein* Leben lebe – oder eines, das mein Ego leben *will.*“

Alles von ihrer Erklärung verstanden die beiden anderen Frauen nicht. Ilse versuchte, das Bild des Sichel schwingenden Todes gegen das eines liebevollen, weiß gekleideten Engels auszutauschen. Ganz wollte es ihr nicht gelingen.

Im Kopf der Pflegerin spielte sich ein anderes Szenario ab. Die weise Anni bemerkte es am Mienenspiel der Jüngeren und stellte ihre ‚Heilungsfrage’ noch einmal: „Was fehlt Dir?“

Die Pflegerin fühlte sich ertappt – und gleichzeitig aufgefordert, darüber zu reden: „Ich habe so eine Wut in mir. Ich kenne die Frau

Gehring seit Jahren. Sie zählt zu den Bewohnern, die einfach von ihren Kindern abgeschoben wurden, weil sie unbequem wurden und nicht mehr in den Lebensplan der Jungen passten. Dabei war sie so eine liebe Frau. Heute Nacht hat meine Kollegin verzweifelt versucht, Frau Gehrings Kinder zu erreichen. Sie wurden gestern Nachmittag bereits davon in Kenntnis gesetzt, dass sich der Zustand ihrer Mutter verschlechtert hat und jeden Tag mit ihrem Ableben gerechnet werden muss. Und trotzdem erreichte die Kollegin nur die Anrufbeantworter. Bis jetzt ist keines der drei Kinder aufgetaucht!"

Ilse sog vor Entrüstung laut den Atem ein und verschaffte sich so Luft für ihren Kommentar: „Ja, so sind sie, die Jungen. Solange sie uns brauchen können, sind wir gut genug. Solange wir mit unserer kleinen Rente ihre Anschaffungen finanzieren, besuchen sie uns." Sie wandte sich ihrer Zimmergenossin zu und fügte an: „Sei nur froh, dass Du keine solchen Kinder hast."

„Ich hätte gerne eine Tochter wie Deine Elisabeth. Hat sie sich nicht gestern extra einen Tag Urlaub genommen, um mit ihrer Mutter zusammen zu sein?" Keinerlei Vorwurf schwang in Annis Stimme. Eben dies verursachte in Ilse ein riesengroßes Schuldgefühl. Ihr Gesicht lief feuerrot an und sie senkte ihren Blick beschämt zu Boden.

Anni dachte für sich: ‚Ein Rückfall ins alte Denken. Der Himmel hat Verständnis und Geduld dafür. Nicht wahr?' Sie wandte ihren Blick nach oben und sah innerlich den Schutzengel ihrer neuen Freundin zustimmend nicken. Gleichzeitig tauchten aber auch Worte aus ihrem Herzen auf, die sie laut aussprach: „Darf ich Dir eine Frage stellen, Ilse?"

Ohne auf das zustimmende Nicken zu warten, fuhr sie fort: „Als Du so alt warst wie Elisabeth jetzt: Konntest Du da mit dem Tod umgehen? Wo warst *Du*, als *Deine* Eltern starben?"

Obwohl es fast nicht möglich schien, verstärkte sich das Rot in Ilses Gesicht um eine weitere Nuance. Ein wenig zu laut antwortete sie: „Ich konnte nicht dabei sein, weil Elisabeth noch klein war und ich sie nicht allein lassen konnte." Noch während sie sprach, wusste sie, dass dies eine Lebenslüge war, an der sie bis heute eisern festgehalten hatte. Ein Blick in Annis Augen zeigte ihr, dass diese um den wahren Sachverhalt wusste.

Die junge Pflegerin war durch das Gespräch nachdenklich geworden. Jetzt mischte sie sich, an Anni gewandt, ein: „Du meinst also, dass es gar nicht mangelnde Liebe sein muss, wenn jemand nicht an das Sterbebett seiner Eltern kommt? Man hat es uns zwar in der Ausbildung erklärt, dass viele Angehörige damit einfach überfordert seien, doch erkenne ich jetzt, dass ich seit längerer Zeit schon Schuldzuweisungen mache, wo sie vielleicht gar nicht gerechtfertigt sind."

Annis Antwort machte die beiden anderen Frauen noch nachdenklicher: „Haben wir denn das Recht, über einen anderen zu urteilen, ohne seine Beweggründe zu kennen? Machen wir uns überhaupt die Mühe zu fragen, weshalb ein Mensch so oder so handelt? Nein, in der Regel ziehen wir uns eine unsichtbare Richterrobe an, setzen uns eine lächerliche, unsichtbare weiße Perücke auf, schlagen unser unsichtbares, selbst geschriebenes Gesetzbuch auf, nehmen den kleinen, unsichtbaren Hammer zur Hand und sprechen unser Urteil."

Die drastische Bildersprache verfehlte ihre Wirkung nicht. Entsetzt schlug die junge Anni die Hand vor den Mund: „So habe ich das noch nie gesehen. Das ist ja furchtbar! Ich will doch kein Richter über andere sein. – Aber genau das bin ich, wenn ich mir ein Urteil über andere erlaube!"

Ilses Stirn war in Falten gelegt, so angestrengt hielt sie das innere Bild fest. Auch ihr gefiel es nicht.

Anni zeigte keine Gnade, sie ließ den Film weiter ablaufen: „Werft doch einmal einen Blick auf euer Gesetzbuch. Es ist nämlich interessant, wie viele unsinnige Gesetze ihr da aufgestellt habt: Unterteilt in verschiedene Rubriken ermächtigen sie euch scheinbar zum Eherichter, Familienrichter, Arbeitsrichter, Umweltrichter, Vereinsrichter – ja sogar zum Weltrichter und Gottrichter."

Die Bestürzung in den Gesichtern der beiden armen Richterinnen war schon fast mitleiderregend. Unbarmherzig fuhr Anni fort: „Wie groß ist eigentlich das Gefängnis, in das ihr alle Verurteilten eingesperrt habt? Oder begnadigt ihr ab und zu jemanden, damit ihr es nicht wegen Überfüllung sperren müsst? – Und wer sitzt im Moment auf der Anklagebank? Die überforderten Kinder von Frau Gehring? Dann schenkt ihnen wenigstens die Möglichkeit, sich zu verteidigen. Sprecht sie auf eure Verurteilung an, wenn sie heute ins Haus kommen – und hört euch *ihre* Wahrheit an."

Betroffen hatten die ‚Gefängniswärterinnen' zugehört. Doch Anni setzte noch eins drauf: „Wahrscheinlich setzt ihr mich jetzt auch gleich auf die Anklagebank. Denn: ‚Was fällt der Alten da eigentlich ein, so mit uns zu reden?' – Doch ich sage euch etwas: Ich betrete euer Gerichtsgebäude einfach nicht! Ich erkenne euer Gesetzbuch einfach nicht als für mich gültig an!" Sie hatte sich direkt in Erregung geredet und schwieg nun erschöpft.

Das war das Signal für die Pflegerin Anni und für Ilse, ihren Blick wieder zu heben. Die junge Frau fasste sich als erste: „Oh Anni, so habe ich das noch nie gesehen! Ich will weder Richter noch Gefängniswärter sein! Es stimmt ja: Keiner von uns hat das Recht, über einen anderen zu urteilen. Danke, dass Du mich zur rechten Zeit daran erinnert hast. Ich werde gleich nachher, wenn ihr beiden versorgt seid, mit meinen Kolleginnen darüber reden und auch sie daran erinnern."

Ilse blieb während der ganzen Morgentoilette still und nachdenklich. Anni konnte der in Falten gelegten Stirn ihrer Freundin förmlich ansehen, wie sehr es dahinter rumorte.

Dann war es an der Zeit, sich zum Frühstück in den Speiseraum zu begeben – und an der Zeit, sich zu entsinnen, was an dessen Eingangstür auf die Hausbewohner wartete: Die Entscheidung für oder gegen die ‚Aktion Freundschaft'!

Lektion 9
Es kommt nur auf Deine eigenen Gedanken, Gefühle, Worte und Taten an

Die Initiatorin der Aktion ließ sich von der jungen Pflegerin Anni den Karton mit den vorbereiteten Namensschildchen und den Filzschreibern auf den Schoß legen. Dann machte sich die kleine Gruppe auf den Weg, um ihr Werk weiter voranzubringen.

Vor der zweiflügeligen Tür zum Speiseraum hatten sich bereits mehrere Menschen eingefunden: Kurt, der Heimleiter, stand neben den erwartungsvoll wartenden Mitgliedern des Heimbeirats. Die frühere Lehrerin Theresia hatte vor Aufregung rote Bäckchen, was ihr ganz ausgezeichnet zu Gesicht stand. Sie ging Anni freudestrahlend ein paar Schritte entgegen und blickte neugierig in den Karton.

„Wie schön ihr das gemacht habt. Ich habe heute Nacht vor Aufregung fast nicht geschlafen und muss gestehen, dass meine Bedenken heute größer sind als gestern. Hoffentlich wirst Du nicht zu sehr enttäuscht und bleibst auf den Herzen sitzen, liebe Anni."

Die Angesprochene zuckte nur leicht mit den Schultern und antwortete mit ruhiger Stimme: „Ach weißt Du, Theresia: Es kommt nur auf mich selber an, auf *meine* Gedanken zu dieser Aktion, auf *meine* Gefühle, auf *meine* Entscheidung – und die stehen fest: *Ich* denke, es ist eine gute Sache, freundschaftlich miteinander umzugehen. *Ich* fühle mich gut dabei. Und *ich* darf Dich nun bitten, mir ein Herz auszusuchen, meinen Namen darauf zu schreiben und es mir umzuhängen. Wie sich die anderen entscheiden, ist ganz allein ihre Sache, die mit *meinen* Gedanken, Gefühlen und Entscheidungen nichts zu tun hat."

Die Umstehenden hatten zugehört und drängten sich nun ebenfalls um Annis Rollstuhl, um einen Blick auf die Herzen zu ergattern. Zustimmende und lobende Ahs und Ohs waren zu vernehmen, als Theresia die kleine Schachtel übernahm, sich an ein vorbereitetes, kleines

Tischchen setzte, ein besonders schönes rotes Herz auswählte und mit Schönschrift den Namen ‚Anni' daraufschrieb. Der charmante Emil bot sich an, den Damen und Herren beim Umhängen der Kärtchen behilflich zu sein, und begann seine Arbeit gleich bei Anni. Karl wollte in nichts nachstehen und stellte sich neben die Schreiberin, um das nächste Herz in Empfang zu nehmen.

Mittlerweile hatte sich gut ein Dutzend weiterer Heimbewohner eingefunden, die sich hinter Ilse anschlossen. Einige Pflegekräfte, die Rollstühle geschoben hatten, standen dazwischen, andere näherten sich aus dem Inneren des Speiseraumes.

Kurt, der die ganze Angelegenheit so zügig wie möglich abwickeln wollte, ergriff das Wort: „Liebe Heimbewohner, liebe Kolleginnen und Kollegen, liebe Freunde." Beim letzten Wort warf er Anni einen besonders lieben Blick zu. „Wie schon gestern Abend angekündigt, bieten der Heimbeirat und ich, als Leiter des Altenheimes, nun jedem, der sich an der ‚Aktion Freundschaft' beteiligen will, an, dies durch das Umhängen eines Herzens mit seinem Namen sichtbar zu machen. Dies soll das äußere Zeichen unserer Verbundenheit sein. Innere Zeichen werden ein besonders herzlicher Umgang miteinander und ein noch größeres Aufeinanderzugehen als bisher sein."

Er trat auf Theresia zu, bat sie um ein Herz mit seinem Namen und bückte sich ein wenig, damit Emil es hinter seinem Nacken verknoten konnte. Ilse war die Nächste, dann die Pflegerin Anni. Emil und Karl hängten sich gegenseitig die Kärtchen um den Hals.

Ohne auf die weitere Entwicklung zu warten, ließ sich Anni von der jungen Pflegerin durch die geöffnete Tür in den Speiseraum schieben. Die junge Frau drehte sich immer wieder neugierig um und sah mit Erstaunen, dass sich ein Großteil des Pflegepersonals anstellte, um das sichtbare Zeichen des Miteinanders in Empfang zu nehmen. Während sie ihren Schützling am Tisch platzierte, beugte sie sich zu Anni hinab und flüsterte ihr überrascht zu: „Schau nur, wie viele sich beteiligen. Das hätte ich gar nicht gedacht! Freust Du Dich auch so wie ich?"

Über die Antwort, die die alte Frau gab, war sie enttäuscht: „Es ist für mich gleichgültig, wie viele mitmachen."

Fast schien es, als würde im Gesicht der jungen Frau ein Licht erlöschen. „Ja, für wen hast Du denn das Ganze in Gang gebracht? Ich dachte, Dir liegt daran, dass Du viele Freunde im Hause findest – und jetzt ist es dir egal?“

„Nicht egal, Anni. Da missverstehst du mich gründlich. Zwischen egal und gleichgültig ist ein gewaltiger Unterschied. Wenn mir etwas egal ist, so ist es mir schnuppe, um mich mal umgangssprachlich auszudrücken. Doch wenn mir etwas gleichgültig ist, so hat es für mich die *gleiche Gültigkeit*, ob sich etwas nun so oder so entwickelt. Natürlich freue ich mich *für* jeden, der sich an der Aktion beteiligt, doch hat dies auf meine eigene Freude, dass *ich* mich beteilige, keinen Einfluss.“

Der Pflegerin blieb keine Zeit, länger darüber nachzudenken, denn Kurt rief sie beim Vornamen. Eine leichte Röte der Verlegenheit überzog ihr Gesicht, doch auch Freude konnten Anni und Ilse, die mittlerweile ebenfalls Platz am Tisch genommen hatte, darin entdecken. Beschwingt ging die junge Frau auf Kurt zu.

Eine Küchenhilfe trat an den Tisch, um nach den Wünschen der beiden Damen zu fragen: „Frau Nowak ... äh ... Anni ... äh ...“

Annis Blick wanderte auf das Herz aus blauem Karton, das auf der Brust der jungen Frau hing: „Biggi, das ist aber lieb von Dir, dass Du Dich um uns kümmerst. Ich hätte gerne einen koffeinfreien Kaffee – und Du, Ilse?“

„Ich sehe schon, ich muss heute Mittag mit der Lesebrille herumfahren, sonst kann ich die Namen meiner neuen Freundinnen gar nicht entziffern“, lachte Ilse und fügte in Richtung der Küchenhilfe an: „Biggi, das ist aber ein schöner Name. Kommt der wohl von Brigitte? Weißt Du, dass der Name Brigitte von der irischen Nationalheiligen Bridged abgeleitet ist?“

Die junge Frau begann zu strahlen: „Nein, Ilse, das wusste ich bisher nicht. Aber Irland ist schon immer ein Traum von mir. Wisst ihr, ich spare schon lange, um mir diesen Traum einmal erfüllen zu können. Jetzt freue ich mich noch mehr darauf! – Was darf ich Dir denn einschenken, Ilse?“

„Zur Feier des Tages einen richtigen Bohnenkaffee, liebe Bridged!" lachte Ilse, griff gleichzeitig in ihre Handtasche, öffnete ihre Geldbörse, entnahm ihr eine silbern glänzende Münze und steckte sie der überraschten Küchenhilfe in die Schürzentasche: „Ein kleiner ‚Baustein' für deinen Traum", flüsterte sie dabei.

Anni hatte schmunzelnd die Szene beobachtet. Die ersten Früchte der ‚Aktion Freundschaft' wurden bereits geerntet.

Während die beiden alten Frauen genüsslich frühstückten, entwickelte sich rings um sie herum eine eigenartige Stimmung. Es schien, als sei der Speisesaal in zwei verschiedene Lager geteilt. Kurt, der sich entschlossen hatte, heute das Frühstück gemeinsam mit seinen Schützlingen einzunehmen, betrachtete es mit Sorge. Genau dies hatten er und seine Vorgesetzten befürchtet: eine Zweiklassen-Gesellschaft!

Seine Blicke überflogen, so unauffällig wie möglich, die einzelnen Tische. Gut zwei Drittel der Heimbewohner hatten Herzen umhängen – und strahlten sich gegenseitig an. Der Rest saß mit griesgrämigen Gesichtern da! Er kannte jeden Einzelnen von ihnen und war sich jetzt schon sicher, dass Schwierigkeiten auftreten mussten. ‚Oh Gott, was hast Du mir da eingebrockt?'

Er warf Anni Nowak einen verunsicherten Blick zu und schaute direkt in ihre altersblauen Augen. Zwinkerte sie ihm wirklich zu oder bildete er es sich nur ein? Sie hob ihren rechten Arm und bat ihn mit einer bittenden Geste zu sich. Als er neben ihr stand und sich zu ihr hinabbeugte, konnte er die Herzlichkeit und Wärme, die von dieser seltsamen Frau ausgingen, fast körperlich spüren.

„Kurt, ich habe erfahren, dass eine Hausbewohnerin heute früh ihren Heimweg ins Vaterhaus angetreten hat. Ist es üblich unter diesem Dach, dass sich ihre Freunde von ihr verabschieden können?"

Der Angesprochene wurde verlegen und es schien Anni, als fiele ihm die Antwort schwer: „Ich habe in den Jahren meiner Verwaltertätigkeit festgestellt, dass die anderen Bewohner lieber einen großen Bogen um Verstorbene machen und am liebsten gar nicht mit dem Tod konfrontiert werden wollen. Wir handhaben es so, dass der

Leichnam vom Beerdigungsinstitut zu einer Zeit abgeholt wird, in der die Bewohner dem Sarg nicht begegnen."

Anni schien überrascht: „In einem Haus, in dem alte Menschen leben, wird der Tod totgeschwiegen? Er sollte uns vertraut sein, denn – er kommt auf uns zu. Für mich gehört er zum Leben, seit meiner Geburt! Ihn als Teil von mir zu sehen, heißt doch nicht, auf ihn zuzugehen, ihn herbeizureden. Für mich bedeutet seine Akzeptanz, mich jeden Augenblick über das Leben zu freuen. Doch ist es mir wichtig, ihm freundlich zu begegnen, wenn er einen meiner Freunde abgeholt hat. Ich habe Frau Gehring zwar nicht gekannt, doch wäre es ein Geschenk für mich, wenn ich sie aufsuchen könnte, bevor sie das Haus verlässt. – Weißt Du, Kurt, der Himmel ist bei zwei Anlässen im Leben eines Menschen besonders weit geöffnet: bei seiner Geburt und bei seinem Heimgang. Und keinen der beiden Schritte muss er allein tun. Jedes Mal ist ein Engel dabei, der ihn begleitet. Bei der Geburt führt er seinen Schützling an der Hand ins Leben. Und die Seele hüpft an seiner Seite vor lauter Vorfreude auf die Möglichkeit, wachsen zu können. Beim Heimgang ist die Seele meistens müde und lässt sich vom Engel auf seinen liebevollen Armen das letzte Stück zurück ins Vaterhaus tragen. – Ich freue mich schon heute darauf und würde gerne einen kleinen Blick in den bestimmt noch einen Spalt weit geöffneten Himmel werfen, der im Zimmer von Frau Gehring zu finden ist."

Der Heimleiter hatte bewegt zugehört. Bei jeder anderen Frau hätte er vermutet, dass ein verwirrter Geist phantasiert. Doch bei Anni Nowak hörte sich die Geschichte glaubhaft an. ‚Woran dies wohl liegen mag?' dachte er. Die Antwort tauchte unvermittelt auf: ‚Weil ihre Worte aus dem Herzen kommen und nicht einem altersverwirrten Verstand entspringen!'

Ohne länger zu überlegen, sprach er: „Anni, das ist eine ungewöhnliche Bitte, die vor Dir noch niemand an mich gerichtet hat. Und mein Verstand stellt sich die Frage: Wem gehört der Leichnam? Wer kann Dir die Genehmigung dazu geben? Die Kinder der Verstorbenen, die wir bis jetzt noch nicht einmal benachrichtigen konnten? Je länger ich darüber nachdenke, umso klarer erscheint mir die Antwort:

Als Frau Gehring, die übrigens mit Vornamen Mathilde hieß, noch lebte, freute sie sich über jeden Menschen, der ihr einen Besuch abstattete. Ja, sie bat sogar früher oft darum, dass man die Tür zu ihrem Zimmer geöffnet ließ, und rief jeden, der auf dem Gang vorbeiging, zu sich hinein. Warum sollte dies jetzt nicht mehr gelten? – Wenn Du es wirklich möchtest, schiebe ich Dich zu ihr, damit Du den Himmel sehen kannst.“ Seine Stimme klang ernst, obwohl er bei den letzten Worten lächelte.

Anni schien noch nicht ganz zufrieden: „Willst Du nicht den anderen im Raum sagen, dass Mathildes Seele sich aufgemacht hat, das Haus zu verlassen?“

„Das ist eine ungewöhnliche Umschreibung, und ich glaube nicht, dass die Mehrzahl der Bewohner sie so verstehen wird. Du verlangst mir einiges ab, liebe Anni.“ Seine Stirn war in Sorgenfalten gelegt – oder waren es Denkerfalten?

Ilse kam ihrer neuen Freundin zu Hilfe. Bis jetzt hatte sie nur zugehört und war anfangs gar nicht erbaut bei dem Gedanken, beim Frühstück über den Tod einer Heimbewohnerin zu sprechen. Doch auch sie konnte sich dem Zauber der Vorstellung eines geöffneten Himmels nicht verschließen: „Herr ... äh ... Kurt, ich gebe zu, Annis Gedanken sind ungewöhnlich, und ich selbst gehörte bis vorhin zu denen, die lieber wegschauen, wenn der Leichenwagen vorfährt. Doch auch ich war eine von denen, die Frau Gehring in ihr Zimmer bat, solange sie noch auf der ‚normalen’ Abteilung lag. Sie war eine liebenswerte Frau und ich glaube, dass dies viele in diesem Raum so empfinden. Ja, ich stimme Anni zu: Wir alle haben das Recht, jetzt von ihrem Tod, den Anni Heimgang nennt, zu erfahren. Wie jeder Einzelne dann damit umgeht, soll nicht Ihre ... äh ... Deine Sache sein. Ich habe heute etwas gelernt: Es kommt nur auf Deine eigenen Gedanken, Gefühle, Worte und Taten an. Und wenn es für Dich stimmig ist, uns über den Tod von Mathilde in Kenntnis zu setzen, so tue es. – Ich für mich habe entschieden, dass ich gerne zusammen mit Anni die Frau, die sich mit Sicherheit an der ‚Aktion Freundschaft’ beteiligt hätte, ein letztes Mal besuchen und mich von ihr verabschieden möchte.“

Damit waren Kurts letzte Zweifel beseitigt. Er räusperte sich kurz, begab sich an die Stirnseite des Speiseraumes und begann zu sprechen: „Liebe Heimbewohner, liebe Freunde. Ich habe eine traurige ...“ Hier stockte er und warf einen unsicheren Blick auf Anni, die ihm aufmunternd zunickte. Noch einmal räusperte er sich und fuhr mit sicherer Stimme fort: „Nein, keine traurige, sondern eher eine freudige Nachricht: Heute früh hat eine liebe Freundin von uns den Heimweg angetreten. Unserer Mathilde Gehring, die sich in den letzten Tagen so sehr danach gesehnt hat, Ruhe und Frieden zu finden, ist dieser Wunsch erfüllt worden. – Ich weiß, dass es ungewöhnlich ist, dies beim Frühstück bekannt zu geben. Doch ab heute wird sich einiges in diesem Haus ändern: Viele von uns haben sich entschlossen, dem anderen ‚Freund' zu sein, und ihr wisst, dass Mathilde, hätte sie die Möglichkeit dazu gehabt, mit Freude mitgemacht hätte. Anni, die Initiatorin der ‚Aktion Freundschaft', hat mich gebeten, allen, die Mathildes Freunde waren, die Möglichkeit zu geben, sich von ihr zu verabschieden. Ich bin einverstanden damit und werde veranlassen, dass die Tür zu ihrem Zimmer für eine Stunde geöffnet bleibt. Sollten sich in dieser Zeit die Kinder der Verstorbenen einfinden, werde ich die Verantwortung dafür übernehmen.“

Noch während er gesprochen hatte, war die frühere Lehrerin Theresia aufgestanden, zu ihrem ‚Arbeitsplatz' am Eingang des Speisesaals zurückgekehrt und hatte auf ein besonders gelungenes, gelbes Herz in ihrer schönsten Schrift den Namen *Mathilde* geschrieben. Sie trug es mit Tränen in den Augen zu Kurt und übergab es ihm.

Viele Taschentücher wurden hervorgeholt und ein allgemeines Schnäuzen und Räuspern begann. Der Heimleiter, der genau wusste, dass sein Verstand die getroffene Entscheidung sehr bald in Frage stellen würde, ging zu Anni zurück, umfasste die Griffe ihres Rollstuhls und schob sie langsam aus dem Speiseraum. Er war sich sicher: Ab heute würde nichts mehr so sein, wie es gestern noch war. Sein Verstand versuchte, ihm Angst vor den möglichen Folgen zu machen, doch die Nähe der seltsamen Frau im Rollstuhl ließ das nicht zu.

Als er hinter sich eine ungewöhnliche Unruhe bemerkte, wandte er sich um und nahm erstaunt wahr, dass sich ihnen nicht nur Ilse, sondern bestimmt zwanzig andere alte Menschen, überwiegend Frauen, angeschlossen hatten.

Anni wandte sich halb zu ihm um und flüsterte ihm zu: „Oh Kurt, ist es nicht schön? Wir beide konnten dem Engel der Ewigkeit die Horrormaske vom Gesicht nehmen, die ihm die Menschen aufsetzen. Jetzt hat er die Möglichkeit, seine Schönheit zu zeigen."

‚Was für eine seltsame Frau!' ging es Kurt erneut durch den Sinn.

Als die ungewöhnliche Prozession, bestehend aus dem Heimleiter, mehreren Rollstuhlfahrerinnen und einer größeren Anzahl alter Menschen, ein Stockwerk tiefer den Aufzug verließ, herrschte unter ihnen eine fast ehrfürchtige Stimmung. Es war kein Trauerzug, der sich langsam auf das Zimmer zubewegte, in dem die Verstorbene lag; in den Gesichtern der ‚Freunde' waren ein innerer Frieden und eine große Andächtigkeit zu erkennen.

Kurt öffnete die Zimmertür weit und schob als Erste Anni hinein. Langsam füllte sich der Raum mit Menschen, die sich schweigend der Frau näherten, die ihren Frieden gefunden hatte. Ehrfürchtig standen die Besucher um das Bett herum und betrachteten die Verstorbene. Nein, der Tod hatte keine hässliche Fratze auf! Das Lächeln des Engels der Ewigkeit spiegelte sich im Gesicht der Frau, die ihnen allen noch ebenso lieb und vertraut war wie im Leben.

Kurt beugte sich über Mathilde und legte ihr das Freundschaftsherz in die Hände. Diese Hände, die ein Leben lang voller Liebe für die Familie gesorgt hatten und die in den letzten Monaten nichts weiter tun konnten, als in ständiger zitternder Bewegung zu sein, waren nicht wie üblich zum Gebet gefaltet, sondern zur Schale geformt und nach oben geöffnet.

Kurt bekam eine Gänsehaut, denn er konnte sich nicht erklären, weshalb die Pflegekraft, die bis zuletzt bei der Sterbenden ausgeharrt hatte, diese Handhaltung geformt hatte. Sein Herz glaubte den Grund zu wissen: Die Verstorbene wartete darauf, das Herz mit ihrem Namen in Empfang nehmen zu dürfen! ‚Verrückt', schalt sein Verstand.

Er trat einen Schritt beiseite und schob Anni ganz nah an das Kopfende des Bettes heran. Die zartgliedrige Frau richtete sich ein wenig im Rollstuhl auf, beugte sich über den Leichnam und malte mit ihrem rechten Zeigefinger ein Kreuzzeichen auf die Stirn. Um dieses Zeichen der Erlösung malte sie ein unsichtbares Herz und sprach dazu leise: „Liebe Mathilde: Mögest Du in Dir einer unendlichen Liebe zu Dir selbst begegnen. Und mögest Du in dieser Liebe den finden, auf den Du ein Leben lang zugegangen bist."

Dann bat sie Kurt mit einer bittenden Geste, sie aus dem Zimmer zu schieben. Ohne sich umzudrehen und zu warten, wie sich die anderen von ihrer ‚Freundin' verabschieden würden, ließ sie sich vom Heimleiter auf ihr Zimmer bringen. ‚Es kommt nur auf meine eigenen Gedanken, Gefühle, Worte und Taten an.'

Lektion 10
Es gibt nur eine einzige Zeit und einen einzigen Ort, um zu leben: Hier und Jetzt

Es dauerte eine ganze Weile, bis auch Ilse in das Zimmer rollte. Ihre Augen waren rot geweint und das Gesicht durch geschwollene Tränensäcke verunstaltet. Sie blieb neben dem Rollstuhl ihrer Freundin stehen, stellte die Bremse fest und nahm ihr nasses Taschentuch zur Hand, um sich zu schnäuzen.

„Ilse, was fehlt Dir denn?" Annis Frage klang mitfühlend.

„Wie kannst Du nur so fragen und so völlig unbeteiligt sein, wenn Du eben einer Freundin das letzte Lebewohl gesagt hast?"

Annis Hand legte sich sanft auf die unruhigen Hände der anderen. „Oh Ilse. Du tust gerade so, als wäre Mathilde ein schreckliches Unheil zugestoßen. Sie hat ihr Lebensziel erreicht! Du solltest Dich mit ihr freuen. – Ich weiß nicht, welche Vorstellung *Du* vom Sterben und vom Zustand des körperlichen *Tot-Seins* hast. Doch kann ich es mir schon denken, denn meine Denkweise war früher auch anders. Wie oft hören wir den Satz: ‚Niemand weiß, was danach kommt, denn es ist noch niemals ein Verstorbener zurückgekommen, um es uns sagen zu können.' – Das stimmt – und stimmt doch wieder nicht! Mein Engel stellte mir einmal die Frage: ‚Gibt es ein Leben nach dem Tod?' Voller Überzeugung antwortete ich: ‚Natürlich!' Doch er widersprach mir: ‚Nein, denn es gibt keinen Tod!'"

Ilse riss ihre verweinten Augen weit auf: „Es ist ja schön, wenn Du das glaubst, was Du Dir da innerlich einbildest. Nur: Es ist nach meiner Überzeugung eben nur eine Einbildung."

Annis Beipflichtung versetzte sie in Erstaunen: „Du hast Recht, liebe Freundin: Es ist eine Ein-Bild-ung. Es ist *ein Bild*, das ich mir mache. Ebenso wie es *ein Bild*, also Ein-Bild-ung, von Dir ist, dass der Tod das endgültige Ende des Lebens sei. Nur, sei ehrlich: Welches der beiden inneren Bilder schenkt Frieden? Und welches der beiden Bilder verursacht nur Angst? Eine Angst, die dem Menschen die Freude am Leben nimmt? Wessen Ein-Bild-ung am Ende die richtige ist, werden wir beide erst erfahren, wenn wir so weit sind wie Mathilde. Sollte *ich* Recht haben, so habe ich von der Stunde an, in der ich zu dieser Erkenntnis gekommen bin, voll inneren Friedens und ohne jede Angst vor dem letzten Atemzug gelebt. Solltest *Du* Recht behalten, so habe *ich* trotzdem bis zu diesem letzten Atemzug in Frieden und ohne Angst gelebt. Du siehst: Ich kann nur gewinnen mit meiner Ein-Bild-ung!"

Dieser logischen Schlussfolgerung *musste* Ilse einfach zustimmen, auch wenn ihr Verstand krampfhaft nach einer Möglichkeit der Widerrede suchte.

Längere Zeit war es ganz still im Raum, nur der unterschiedliche Atem der beiden alten Frauen war zu hören. Anni atmete langsam und bewusst, und freute sich darüber. Ilse dagegen füllte ihre Lungen voller Hektik, hatte dabei die rechte Hand auf ihr Herz gelegt und die Augen geschlossen. Die weise Anni lächelte, denn die Mimik der anderen war wie ein offenes Buch: Als Ilses Herz allmählich den Verstand besiegte und in die Ecke stellte, entspannte sich auch ihr Gesicht und ihre Atemzüge wurden ruhiger und gleichmäßiger. Schließlich öffnete sie ihre Augen wieder, lächelte nun ebenfalls und meinte: „Du hast Recht! Was habe ich eigentlich zu verlieren, wenn ich das Angst machende Denken vom Sterben und vom Tod austausche gegen das Frieden schenkende Denken von einem Leben, in dem es den Tod nicht gibt? – Ob Mathilde wohl ebenso dachte wie Du?“

Noch während sie die Frage stellte, war ihr die Antwort selbst bekannt. Und das Augenzwinkern ihrer Freundin bestätigte es. So sprach sie es selbst laut aus: „Ja, ich weiß schon: Es kommt nur auf mein eigenes Denken an – und das werde ich ab jetzt bewusster tun!“

Das Telefon läutete, und Ilse rollte zum Tisch, um den Anruf entgegenzunehmen. Es war ihre Tochter Elisabeth, die sich neugierig nach der Beteiligung bei der ‚Aktion Freundschaft‘ erkundigte. Ilse ging nur mit einer kurz gehaltenen Antwort auf die Frage ein. Viel wichtiger schien ihr die Erkenntnis, die sie eben erlangt hatte. Doch wie sollte sie ihrer Tochter das alles erklären? Sie besaß nicht Annis Gabe, mit wenigen Worten Wichtiges verständlich zu machen.

So druckste sie nur herum und gab, da Elisabeth sie absolut nicht verstand, nach wenigen Sätzen mutlos auf. Ihre Tochter schien verunsichert und bat ihre Mutter, ein kurzes Gespräch mit Anni führen zu dürfen.

Als diese den Hörer am Ohr hielt und die besorgte Frage nach dem Zustand der Mutter hörte, antwortete sie lächelnd: „Weißt Du, Elisabeth: Deine Mutter hat etwas ganz Wichtiges verstanden: ‚Es gibt nur eine einzige Zeit und einen einzigen Ort, um zu leben: Hier und Jetzt!‘ Und hier und jetzt kann ich Dir sagen: Es geht uns gut, es fehlt uns an nichts und wir sind Gott von Herzen dankbar, dass das Leben in uns atmet, unser Herz schlägt und alle wichtigen Körperfunktionen ausführt. – Wie geht es Dir?“

Sie hörte ein paar Sätze lang zu, um sich mit einem Segenswunsch zu verabschieden: „Mögest Du heute beim Anblick dessen, was Du zu tun hast, nicht über Deine eigenen Füße stolpern.“

Sogar Ilse hörte das laute Lachen ihrer Tochter und stimmte fröhlich mit ein.

Anni fügte an: „Das ist ein alter irischer Segen. Ich selbst brauche ihn ja nicht mehr, da ich über meine Füße nicht mehr stolpern kann. Das Leben hat mir einen fahrbaren Untersatz geschenkt!“

Das Lachen am anderen Ende der Leitung brach abrupt ab ...

„Elisabeth?“ fragte Anni in den Telefonhörer. „Es gibt keinen Grund für Dich, betroffen zu sein. Es ist *meine* Sache, mit den Folgen meines Unfalles umzugehen. Lade Dir um Himmels willen nicht die Aufgaben eines anderen Menschen auf. Du kannst ihm dadurch nichts abnehmen, sondern machst Dir, bildhaft gesprochen, nur eine Kopie davon, was Du als sein Leiden bezeichnest. Du verdoppelst es nur. Wem ist damit geholfen? – *Du* hast einen gesunden Körper und Füße, die Dich tragen. Also – sei dankbar dafür und pass auf, dass Du nicht darüber stolperst.“

Elisabeth verabschiedete sich mit leiser Stimme und wünschte den beiden Frauen einen schönen Tag.

Anni gab den Wunsch an Ilse weiter. Diese überlegte kurz und antwortete nachdenklich: „Ein schöner Tag ...? Er beginnt damit, dass wir vom Tod einer Freundin erfahren, beschenkt uns mit dem Erfolg Deiner ‚Aktion Freundschaft‘, ermöglicht uns die Begegnung mit dem Engel der Ewigkeit, wie Du ihn nennst, und beschert mir ein neues Denken. Was er wohl noch im Gepäck hat?“

„Hier und Jetzt: Die Gelegenheit zu einem lehrreichen Spiel“, war Annis Antwort. Ohne auf die überraschte Miene der anderen zu achten, griff sie in ihre Handtasche und zauberte ein kleines Schächtelchen heraus. Ein Dominospiel in Kleinausgabe!

Ilses Verstand konnte es nicht fassen: ‚Das darf ja wohl nicht wahr sein! So ein unnützes Kinderspiel! Damit verplempere ich meine Zeit bestimmt nicht!‘

Anni ignorierte die ablehnende Haltung der Zimmergenossin und schüttete die einzelnen Steinchen auf den kleinen Tisch. Ilse erinnerte sich noch gut an dieses Spiel. Als Elisabeth noch klein war, hatten sie es gemeinsam stundenlang gespielt: Das Steinchen, das der Spieler an das zuletzt liegende anfügte, musste auf der Anschlussseite dieselbe Anzahl an Punkten besitzen wie das vorherige. Durch einen Strich getrennt zeigte sich eine andere Punktzahl, die den weiteren Verlauf des Spiels vorgab. Damals hatte das Spiel einen Sinn gehabt! Elisabeth konnte so das Zählen erlernen. Aber heute???

Die betagte Spielerin hielt sich zu Ilses Erstaunen überhaupt nicht an die Spielregeln. Sie stellte die Dominosteine senkrecht auf und ließ zwischen den Teilchen jeweils einen kleinen Abstand. Sogar eine Kurve baute sie mit ein. Langsam setzte sie Stein für Stein, achtsam darauf bedacht, durch keine unvorsichtige Bewegung ihr Werk vorzeitig zu beenden.

‚Was sie wohl damit bezwecken will?' fragte sich Ilse.

Endlich war auch das letzte Steinchen aufgestellt. In Annis Gesicht spiegelte sich eine stille Zufriedenheit mit dem gelungenen Werk. Sie schien völlig die Anwesenheit ihrer Freundin vergessen zu haben, so versunken wirkte sie.

Ilse räusperte sich, langsam wurde ihr langweilig. Überrascht erkannte sie, dass sie es sich gar nicht mehr vorstellen konnte, allein in diesem Zimmer zu sein.

„Was machst Du denn da?“ fragte sie schließlich, und in ihrer Stimme kämpfte der Unmut über die Ignoranz der anderen gegen die Neugier.

„Das wirst Du gleich sehen“, antwortete Anni.

In diesem Augenblick öffnete sich die Tür und die junge Pflegerin gleichen Namens steckte ihren Kopf herein.

„Ist alles in Ordnung?“ fragte sie. Die beiden alten Frauen bemerkten im Gesicht der Pflegerin Spuren des trauernden Abschiednehmens.

„Komm doch einen kurzen Moment herein“, bat die verrückte, beglückte Alte, „ich will Dir etwas zeigen.“

Sie merkten der Pflegerin die innere Hetze an und sahen es auch am Stirnrunzeln, dass sie eigentlich keine Zeit dafür hatte. Dennoch trat sie schnell an den Tisch und blickte fragend auf die aufgebauten Steine.

Mit der Stimme einer Moderatorin, die ein die Welt veränderndes Schauspiel ankündigt, sprach Anni: „Und nun, meine Damen, leider sind keine Herren der Schöpfung anwesend, werden Sie Zeuge einer umwerfenden Aktion mit weitreichenden Folgen!“ Mit theatralischer Geste berührte ihr rechter Zeigefinger den ersten Dominostein in der Reihe. Wie in Zeitlupe neigte er sich – und setzte eine Kettenreaktion in Gang! Steinchen für Steinchen wurde umgeschubst und beteiligte sich an einem harmonischen Umwandlungsprozess.

Anni kleidete es wieder vortrefflich in Worte: „Seht ihr? Vorher stand jedes Steinchen für sich, ohne den anderen zu berühren. Viele einzelne, die zwar in eine Richtung zeigten, aber eben doch allein standen. Nun habe ich einen einzigen berührt, und dieser eine genügt, damit aus den vielen einzelnen ein Ganzes wird! Nun berührt jeder den nächsten und so ist der Erste mit dem Letzten verbunden!"

Zunächst verstanden die beiden Frauen das Bild nicht in seiner ganzen Tragweite. Ilse dämmerte es zuerst: „Du meinst mit dem ersten Steinchen Dich, stimmt's?" Als sie die Freundin schmunzeln sah, spann sie ihren Gedanken weiter: „Bis zu Deiner Ankunft waren wir so wie die Dominosteinchen, die Du aufgestellt hast. Wir sind zwar alle in eine Richtung unterwegs – Du weißt schon: Richtung Heimgang –, doch wir berührten uns dabei recht wenig. Mathilde, die wir vorhin verabschiedeten, versuchte immer wieder, engeren Kontakt mit uns, den anderen Steinchen, herzustellen. Doch spielten die meisten nicht mit. Dann kamst Du – und hast mit einer Gewaltaktion die anderen zum Umfallen gebracht!" Sie lachte laut auf, denn in Gedanken sah sie es bildlich vor sich: Die charmante Anni schubste den früheren Geschäftsinhaber Karl an, dieser brachte Emil, den Finanzbeamten a.D., zum Umfallen, der wiederum die vor ihm stehende Beirätin ins Wanken brachte ...

Annis sanfte Stimme unterbrach sie: „Nein, Ilse, ganz so ist es nicht. Ich schmücke mich ungern mit Lorbeeren, die mir nicht zustehen. In einem hast Du Recht: Ich war das erste Steinchen, doch nicht der Anschubser – das war Gott! Es war *sein* Zeigefinger, der mir den Anstoß gab." Und mit ihrer klaren, wohlklingenden Stimme begann sie zu singen: „Confitemini domino, quoniam bonus. Confitemini domino, halleluja!"

Ilse versuchte angestrengt, sich an die Bedeutung der Worte zu erinnern. Sie hatte das Lied schon einmal gehört, kurz nach der Einlieferung ihrer ‚verrückten' Freundin. Doch da hatte anscheinend der Verstand noch zu sehr abgeblockt. So blieb ihr jetzt nichts anderes übrig, als zu warten, bis Anni die sich ständig wiederholende Melodie beenden würde. Und das dauerte ...

Stattdessen stimmte die junge Pflegerin in den Cantus ein. Was blieb Ilse da übrig, als schließlich auch mitzusingen? Sie kannte sich selbst nicht mehr! Als die früher so berühmte Sängerin Anni sich sicher war, dass die beiden die Melodie beherrschten, erklang aus ihrem Mund die zweite Stimme und trug die Schwingung des Vertrauens durch die einen Spalt weit geöffnete Tür über den Raum hinaus in das ganze Haus.

Wie lange die drei Frauen sangen? Sie verloren völlig das Zeitgefühl, ebenso wie die Zuhörerinnen und Zuhörer, die sich nach und nach im Gang versammelten. Immer mehr Menschen ließen sich von der Melodie anstecken, stimmten ein, verstärkten den Chor, der mit einer einzigen Stimme begonnen hatte.

Als Anni schließlich mit einer weit ausholenden Dirigentengeste den Schluss ankündigte, hatten die meisten Chorteilnehmer Tränen in den Augen.

Annis Herz glühte vor Begeisterung und Freude: Ein weiteres Mal hatte Gott sie mit seinem liebenden Zeigefinger berührt und eine Kettenreaktion in Gang gesetzt, die zutiefst heilsam war ...

Von ganz hinten, aus der letzten Reihe des soeben gegründeten Chores, bahnte sich der Heimleiter Kurt einen Weg nach vorn. Anni glaubte, eine leichte Verlegenheit in seiner Miene zu erkennen. Er räusperte sich kurz, bevor er sich an die ‚Dirigentin' wandte: „Liebe Anni, was hast Du nur noch alles mit uns vor? Als ich vorhin den Gesang hörte und beim Näherkommen sah, dass einige meiner Angestellten dabei standen, offensichtlich ihre Arbeit vernachlässigten und mitsangen, wollte ich sie deshalb rügen. Doch Deine Melodie hatte etwas Magisches, ich kann es nicht anders ausdrücken. Es war dermaßen ansteckend, dass ich mich einfach dazustellen musste! Wie lange schon habe ich nicht mehr gesungen!? Dabei war ich als Schüler einer der besten Sänger! – Jetzt eben ist mir ein Gedanke gekommen."

Er drehte sich zu den anderen um und sprach alle an: „Was haltet ihr davon, wenn wir übermorgen, am Samstag, in der Vorabendmesse in unserer kleinen Kapelle einen Gedenkgottesdienst für Mathilde feiern und dabei dieses wunderschöne Lied gemeinsam singen? Unter Annis Leitung?“

Eine allgemeine, freudige Zustimmung war die Antwort auf seine Idee. Mit schwungvoller Bewegung wandte er sich Anni zu – und sah bestürzt, dass diese die Begeisterung der anderen nicht teilte. Im Gegenteil! Ihr Gesicht war vor Erschrecken und offen gezeigter Ablehnung ganz blass.

„Aber Anni, was ist denn mit Dir?“ fragte Kurt betreten. „Freust Du Dich denn nicht über diese Möglichkeit?“

Die Angesprochene rang mit Worten: „Ich habe Dich bei der Anmeldung in Deinem Haus gebeten, meine Vergangenheit nicht publik zu machen.“

Der Heimleiter wurde noch bestürzter: „Das habe ich doch gar nicht. Aus meinem Mund hat niemand erfahren, wer Du bist.“ Kaum hatte er diese Worte ausgesprochen, schlug er sich die Hand vor den Mund. Schnell blickte er auf die Menschen, die immer noch in der offenen Tür und auf dem Gang dahinter standen und ihre Ohren spitzten, um ja nichts von dieser interessanten Unterhaltung zu versäumen.

Er überlegte krampfhaft, wie er sich aus der Affäre ziehen konnte. Schließlich wandte er sich wieder Anni zu, beugte sich vertraulich zu ihr hinab und flüsterte ihr ins Ohr: „Musstest Du nicht damit rechnen, dass Du mit Deiner wunderschönen Stimme früher oder später erkannt wirst? Auch ein Laie hört beim ersten Ton aus Deiner Kehle, dass Du eine Gesangsausbildung hast und ein Profi bist! Was ist daran so schlimm?“

Als er ihren hilflosen Gesichtsausdruck wahrnahm, bat er die Umstehenden, ihn mit Anni allein zu lassen. Nur widerwillig zogen sich die alten und jungen Freunde der seltsamen Neuen zurück. Auch Ilse wollte sich anschließen, doch Anni bat: „Ilse, bitte bleib hier. Vor Dir habe ich keine Geheimnisse.“

Ilses Herz begann vor Freude und Stolz zu hüpfen! Welch ein Vertrauensbeweis! Von diesem Augenblick an war Ilse bereit, für Anni durch jedes Feuer zu gehen!

Die Tür wurde von außen geschlossen und die drei Menschen blickten sich minutenlang schweigend und verlegen an. Kurt bedauerte, durch seinen spontanen Vorschlag die Harmonie und Liebe vertrieben zu haben, die wenige Minuten zuvor noch hier geherrscht hatten. Er setzte sich auf eines der Betten und ließ den Kopf hängen. Ratlos wie ein kleiner Junge, der nicht genau weiß, für welche Missetat die Mutter ihm ihre Liebe entzogen hat, schaute er Anni von unten her ins Gesicht.

Langsam entspannte sich deren Miene. Sie bekam Mitleid mit dem Mann, der es doch nur gut gemeint hatte und nicht wissen konnte, in welch alte Wunde er da mit seinem Vorschlag Salz gestreut hatte. Salz? Nein, das war für Anni schon scharfer Pfeffer! Ihre innere Ruhe und Gelassenheit kehrten langsam zurück und gaben ihr die Kraft für eine Erklärung: „Lieber Kurt, liebe Ilse. Ihr wisst beide, dass ich nach meinem schweren Autounfall auf der Schwelle zur Anderwelt stand. Der Engel der Ewigkeit hielt mir damals seine Hand entgegen und ich glaubte, er wolle mein Leben. Doch das war nicht sein Begehren. Er forderte von mir die Ignoranz dem Leben gegenüber ein! Damals schwor ich ihm und mir, dass ich niemals mehr öffentlich als Sängerin auftreten würde. Das schien mir als Preis für mein Leben hoch genug. Bis heute hielt ich mich daran. Ich weiß wirklich nicht, was mich dazu veranlasst hat, so laut zu singen."

Ilse wusste es! „Aber Anni, Du hast es doch vorhin selbst gesagt: Gott schubst Dich an, damit Du andere in Bewegung bringst!"

Die einst so berühmte Frau schloss betroffen die Augen. Wie hatte ihr Verstand nur so die Wahrheit ignorieren können, die Ilse mit einem einzigen Satz benennen konnte?

Doch so leicht gab sich ihr Ego nicht zufrieden: „Schwur ist Schwur. Ich habe es nun einmal so mit Gott ausgehandelt: Mein Leben gegen meine Berühmtheit."

Nun war Kurt an der Reihe: „Erinnere Dich einmal genau an diesen Moment: Hat Gott diesen Verzicht, diesen Preis von Dir wirklich verlangt?"

Gequält schloss Anni ihre Augen. Sie ging in Gedanken noch einmal in die schlimme Szene hinein, ging durch sie hindurch und erkannte: Nicht Gott hatte es von ihr gefordert, *sie* hatte ihm diesen Handel angeboten! Aber war er nicht darauf eingegangen? Wie oft hatte sie mit ihm und sich gehadert, als sie aus dem Koma erwacht war und der Arzt ihr so schonend wie möglich beigebracht hatte, dass sie fortan querschnittsgelähmt sei und ihr weiteres Leben im Rollstuhl verbringen müsse. Dafür schien ihr der Preis zu hoch. Der Arzt meinte damals: ‚Aber Sie können dem Himmel dankbar sein, denn sie haben Ihre wunderbare Stimme behalten! Die Menschen verehren sie deswegen und kommen mit Sicherheit auch in ihre Konzerte, wenn sie sitzend singen.'

Die Vorstellung war für sie unerträglich. ‚Ich werde niemals mehr singen', dachte sie trotzig und sprach tagelang kein Wort mehr.

All dies sah sie noch einmal vor ihrem inneren Auge, während ihr Herz schon ein wenig lauter versuchte, Ilse und Kurt Recht zu geben. Allein – ihr Verstand beharrte auf der einmal getroffenen Entscheidung: „Wer A sagt, muss auch B sagen. Schwur ist Schwur!" erklang mit bemühter Entschlossenheit ihre Stimme.

Wie aus der Pistole geschossen kam Ilses Widerrede: „Wer A sagt, muss eben nicht B sagen. Wenn er nämlich erkennt, dass A falsch war, hat er die Pflicht, umzudrehen und den eingeschlagenen falschen Weg zu verlassen. Basta!"

Anni zuckte erschrocken zusammen. In diesem resoluten, ja schon autoritären Ton hatte sie ihre Zimmergenossin noch nicht reden hören. Sie blickte der Frau, die ihr eben diese seelische Kopfwäsche verpasst hatte, irritiert in die Augen. Doch was sie darin las, war nur *Liebe*! Und dies war der Moment, in dem sich Annis Verstand geschlagen gab. Nach fast vierzig Jahren!

Langsam entspannten sich ihre Gesichtszüge, die Zuneigung, die von den beiden Menschen, die ihr gegenübersaßen, ausging, zauberte ein Lächeln um ihren Mund und ihre blauen Augen. Mit leiser Stimme wandte sie sich an Ilse: „Meine liebe Ilse. Weißt Du eigentlich, dass Gott *Dich* eben mit seinem Zeigefinger angeschubst hat, und das nicht eben wenig? Es war ein großer Anstoß nötig, um in mir das alte, überholte Denken über den Haufen zu werfen. – Ja, ihr habt beide Recht und jetzt erkenne ich es genau: Ich fiel von einer Ignoranz dem Leben gegenüber in die nächste! Gott gab mir eine wunderschöne Stimme, eine Stimme, die andere Menschen verzaubert, die ihre Herzen öffnet, damit Gott leichter Eingang findet. Und was tat ich? Ich machte viel Geld damit! Ich spielte mit Herzen, die meine Lieder geöffnet hatten, nahm sie ein und warf sie weg. – Doch anstatt nach dem Unfall diese Gabe, dieses Talent, richtig einzusetzen, zum Wohle der Menschen und zur Ehre dessen, der es mir gab, versteckte ich es. Nur für mich allein, und seit ich in diesem Haus bin, nur für Ilse und eine Pflegerin, nutzte ich es."

Sie wandte ihren Blick nach oben, und Kurt und Ilse erkannten darin einen so großen Schmerz, dass ihnen das Herz wehtat. Aber – hatte Ilse nicht heute schon mehrmals bewiesen, dass sie seit neuestem einen guten Draht nach oben besaß?

„Hast Du diese Einsicht schon lange, dass Deine damalige Entscheidung falsch war?"

Irritiert schüttelte Anni den Kopf.

„Also! Wo liegt dann Deine Schuld? Würdest Du mit Deinem jetzigen Wissen noch einmal so handeln wie damals?"

Wieder schüttelte die Angesprochene den Kopf.

„Also! Du hast damals nach Deinem besten Wissen und Erkennen eine Entscheidung getroffen, die bis vorhin für Dich Gültigkeit besaß. Dann kam der Herzschlag, in dem Dir bewusst wurde, dass es *jetzt* an der Zeit war, die alte Entscheidung in Frage zu stellen und eine neue zu treffen. Wo, bitte, liegt Dein Problem?"

Jetzt fiel alle Anspannung von Anni ab. Ja, wo lag da noch ein Problem? Nur in diesem beschränkten Verstand, den ihr Engel einmal als ‚zehn Kubikzentimeter verderbliche Ware' bezeichnet hatte.

‚Und von diesen lächerlichen zehn Kubikzentimetern Gehirnmasse habe ich mich so lange Zeit unterdrücken lassen?' Doch lagen in diesem Gedanken, der aus dem Herzen aufstieg, weder Wut noch Zorn, sondern eine stille Dankbarkeit für die Erkenntnis. Und dafür, dass Gott ihr mit Ilse eine Freundin zur Seite gestellt hatte, die sein Wort hörte, verstand und ohne großes Hinterfragen weitergab.

Mit fester Stimme verkündete sie nun: „Was für Wunder heute geschehen! Erinnerst Du Dich, Kurt, dass ich davon sprach, dass beim

Heimgang eines Menschen der Himmel weit geöffnet ist? Das Geschenk des Singens für andere fiel in Mathildes Zimmer von oben herab direkt in meine Hände! Ihr beide seid glücklicherweise so dicht danebengestanden und habt so viel davon abbekommen, dass ihr mir beim Auspacken der Gabe helfen konntet. Ich danke euch aus ganzer Seele! – Kurt, es ist eine wunderbare Idee von Dir, den ‚Freundschaftschor des Hauses' am Samstag singen zu lassen. Wir werden jeden Tag ein wenig üben, denn – blamieren will ich mich ja nicht bei meinem Comeback!" Obwohl ihre Stimme ernst klang, sahen Ilse und Kurt an den Lachfältchen um Augen und Mund, dass kein eingebildetes Ego aus ihr sprach, sondern ein liebevolles Herz.

Kurt atmete hörbar auf und bat Anni im nächsten Atemzug: „Würdest Du bitte die Leitung des Chores übernehmen und die Lieder auswählen, die zur Darbietung gebracht werden sollen? Wenn das Programm bis zum Mittagessen steht, werde ich an Deiner Seite das Vorhaben im Speisesaal verkünden. In Ordnung?"

Annis Vertrauen in die Fügung des Himmels stellte sich wieder ein. Mit einem huldvollen Kopfnicken, fast so, als wäre sie eben zum Ritter geschlagen worden, nahm sie die Berufung an.

Kurt verabschiedete sich mit einer schnellen, und wie Anni schien, ein wenig verlegenen Umarmung bei ihr und wollte eilig den Raum verlassen. Da überlegte er es sich noch einmal, wandte sich zu der anderen alten Frau um, neigte sich auch zu ihr hinab und schenkte ihr einen ebenso vertrauten Abschied. Ilse errötete wie ein junges Mädchen, das soeben eine völlig unerwartete Liebeserklärung erhalten hatte. Oh, welch ein Tag!!!

Im Hinaus*schweben* dachte der Heimleiter: ‚Und diese Ilse habe ich bis gestern als schwieriges Sorgenkind gesehen? Was für ein Tag!!!'

Anni betrachtete amüsiert die plötzlich um Jahre jünger wirkende Freundin. Ihr Taktgefühl hinderte sie daran, eine spaßige Bemerkung zu machen. Lieber lenkte sie ihre Zimmergenossin aus der Sackgasse der Verlegenheit heraus: „Würdest Du mir bei meiner neuen Aufgabe bitte behilflich sein? Allein schaffe ich das nie, und ich weiß ja gar nicht, welche Lieder in euren Gottesdiensten gesungen werden. In zwei Tagen können wir nicht viel Neues einstudieren. Das kommt nach und nach. Ich habe da schon meine Ideen. Es gibt so schöne Taizé-Gesänge, die ebenso leicht zu singen sind wie das Lied von eben – und die denselben Effekt haben: Wenige fangen an und hören nicht auf, bis alle mitsingen! Das ist so richtig nach dem Geschmack des Himmels, glaub' mir!"

Ihre Wangen begannen vor Begeisterung und Vorfreude zu glühen, dass es Ilse fast bange wurde. So versuchte sie schnell, Anni ein wenig zu bremsen: „Mute Dir und uns nur nicht zuviel zu! Langsam, langsam mit den alten Pferden! Wir wollen doch nicht schon vor der Zielgeraden zusammenbrechen! – Als Erstes brauchst Du einmal das Gesangsbuch, das in der Kapelle benutzt wird. Warte, ich hole es Dir."

Mit einer erstaunlichen Energie und Wendigkeit rollte die alte Frau aus dem Zimmer.

Anni war für ein paar lange Minuten allein. So viel war heute schon geschehen: Wunder über Wunder! Die alte Frau schloss ihre Augen und schenkte sich die Zeit, bis die Aufregung sich langsam gelegt und der Herzschlag sich wieder normalisiert hatte.

Lächelnd ließ sie die Gedanken zu, die in ihr auftauchten: ‚Da bin ich also zum Sterben hierhergekommen – und was passiert? Das Leben packt mich noch einmal mit voller Wucht!' Sie warf einen verschmitzten Blick zur Zimmerdecke und fügte an: ‚Wenn Du da oben meinst, ich hätte hier noch eine Aufgabe zu erfüllen, und Du mir die Zeit und Kraft dazu schenkst: Nur zu! Ich bin da!'

Voller Dankbarkeit fühlte sie, wie leicht und frei ihr Herz war, nachdem sie die alte Fessel des belastenden Schwurs gelöst hatte. Ja, der Herrgott hatte ihr ein Talent gegeben, damit sie davon Gebrauch machte, und nicht, damit sie es versteckte. Wie hatte sie nur so lange in dieser Sackgasse ausharren können? Bei anderen Menschen erkannte sie Fesseln ums Herz und Bretter vor dem Kopf sofort. Warum war es nur so schwierig, eigene Fesseln und Bretter zu sehen?

Sie erinnerte sich an den Bibelspruch: ‚Ihr seht den Splitter im Auge des Anderen, doch den Balken in eurem eigenen Auge seht ihr nicht.' Heute verstand sie ihn erst richtig!

Ihre Überlegungen wurden durch Ilses Rückkehr unterbrochen. Auf deren Schoß lagen zwei Gesangsbücher und einige lose Notenblätter. Anni brachte sich schnell in die Gegenwart: Es gibt nur eine einzige Zeit und einen einzigen Ort, um zu leben: Hier und Jetzt!

Bis zum Mittagessen hatten sie es geschafft, fünf einfache, eingängige Lieder auszusuchen. Als Kurt neugierig seinen Kopf zur Tür hereinsteckte, lachte er über die vor Eifer glühenden Köpfe der beiden alten Damen. Er war mit der Auswahl einverstanden und bot sich an, Anni in den Speisesaal zu schieben. Dort wolle er die Neugründung des Freundschaftschores sowie den ersten Auftritt bekannt geben.

Vor der zweiflügeligen Eingangstüre hatten sich mehrere Menschen versammelt, die aufgeregt auf den Heimbeirat Karl einredeten. Dieser atmete erleichtert auf, als er den Heimleiter zusammen mit Anni und Ilse näherkommen sah. Schnell ging er der kleinen Gruppe ein paar Schritte entgegen und wandte sich hilfesuchend an Kurt: „Die beschweren sich, dass sie jetzt ausgegrenzt würden. Sie wollen, dass der Heimbeirat Beschwerde gegen die ‚Aktion Freundschaft' einlegt. Sollten wir dies nicht tun, wollen sie sich direkt beim Träger des Heimes beschweren. – Auch über Dich, Kurt!" fügte er hilflos hinzu.

Der Heimleiter seufzte gequält auf. Dann war es also heute schon vorbei mit dem neuen, lauen Lüftchen, das seit Annis Ankunft durch das Haus wehte? Er suchte krampfhaft nach Worten, um die sechs alten Männer, die sich ihm kampflustig entgegenstellten, zu besänftigen. Da schaltete sich der Himmel ein ...

Eine ältere Pflegerin kam den Gang entlanggestürmt und rief laut: „Herr Lehmann, bitte kommen Sie schnell, Frau Nielsen von der beschützenden Abteilung dreht durch!"

Kurt wandte sich auf dem Absatz um und rannte der Pflegerin hinterher. Betreten schlugen die sechs alten Männer, die eben noch auf Konfrontationskurs gewesen waren, die Augen nieder. Auch Karl wusste nicht, wie es weitergehen sollte. Da übernahm Anni den Kurs: „Meine lieben Freunde, heute früh haben wir uns von Mathilde verabschiedet und ich spüre noch den Frieden, der von ihr ausging. Soll dieser Friede wirklich so schnell aus unserem Haus vertrieben sein? Denn es ist nicht möglich, dass Unfrieden und Frieden unter demselben Dach wohnen. Wenn meine Vermutung stimmt, dass ihr mir die Schuld am Unfrieden gebt, so bitte ich euch, mir zu sagen, was ich in euren Augen falsch gemacht habe."

Betreten traten ihre ‚Gegner' von einem Fuß auf den anderen. Schließlich fasste einer von ihnen Mut: „Sie kommen einfach daher und bringen unsere ganze Ordnung durcheinander!"

Anni ging auf den Vorwurf ein: „Wie sah denn die Ordnung aus?"

Der Sprecher der Gruppe fuhr aufgebracht fort: „Wir hatten Achtung voreinander – und auch das Personal ging respektvoll mit uns um."

Ilse mischte sich ein: „Und das ist seit heute früh nicht mehr der Fall?"

Fast bekam Anni Mitleid mit ihrem Widersacher, denn er wand sich wie ein Wurm um die Antwort, die sie schon kannte: „Nicht direkt ... ich meine ... wir haben die Befürchtung ..." Er wandte sich ärgerlich zu seinen Mitstreitern um, die immer mehr in sich zusammensanken. Als er erkannte, dass von ihrer Seite keine Unterstützung zu erwarten war, beschloss er, einen Waffenstillstand zu schließen: „Also ... bis jetzt hat sich nicht viel geändert. Wir werden aber kritisch beobachten, ob sich die Aktion zum Nachteil der Bewohner oder des Personals auswirkt." Er machte eine knappe Verbeugung in Richtung der beiden Damen und ging in den Speisesaal hinein. Drei der Herren schlossen sich ihm an, zwei von ihnen blieben unsicher und verlegen stehen.

Anni machte ihnen Mut: „Was fehlt euch denn?"

Der mutigere der beiden trat einen Schritt näher und sagte leise: „Ich wollte fragen, ob noch eines von den Herzen übrig ist. So schlecht finde ich die Aktion gar nicht." Der andere nickte zustimmend.

Anni sah Ilse an, dass sie nahe daran war, eine scharfe Bemerkung zu machen. Deshalb kam sie ihrer Freundin schnell zuvor: „Natürlich. Wir haben so viele Herzen gebastelt wie Menschen unter diesem Dach leben und arbeiten. Geht ruhig zu Theresia, sie weiß Bescheid und ist auf Nachzügler vorbereitet."

Karl, der immer noch hinter ihnen stand, erklärte sich bereit, Anni in den großen Saal zu schieben. Doch sie fühlte sich zu einer anderen Aufgabe berufen: „Mein lieber Freund. Ich spüre, dass mich jemand im Moment dringend braucht. Wärest Du bitte so gut, und würdest mich in das Zimmer von Frau Nielsen schieben?“

Der Angesprochene wurde blass um die Nase. Nein, dieses Stockwerk wollte er lieber nicht aufsuchen ... Und überhaupt, dem Heimleiter und dem Pflegepersonal wäre es bestimmt nicht recht.

Anni ließ nicht locker: „Du brauchst mich nur bis zur Eingangstür zu schieben und zu läuten. Das Weitere ist meine Angelegenheit.“

Nun konnte er schlecht ablehnen. Ilse sah ihm den Widerwillen deutlich an und nickte ihm Mut machend zu. Sie wusste zwar auch nicht, was Anni dort wollte, doch war ihr Vertrauen zu der ungewöhnlichen Frau mittlerweile schon ziemlich groß. Sie selbst setzte ihren Rollstuhl Richtung Mittagessen in Gang.

Kurze Zeit später befand sich Anni vor der verschlossenen Tür zur beschützenden Abteilung. Karl läutete mit einem flauen Gefühl im Magen. Bis hier heraus konnte man die demenzkranke Frau um Hilfe schreien hören. Eine Gänsehaut überzog seinen Rücken. Nein, mit dieser Abteilung wollte er nichts zu tun haben!

Erschrocken zuckte er zusammen, als die Tür von innen aufgerissen wurde. Die Pflegerin, die den Heimleiter zu Hilfe geholt hatte, stand völlig aufgelöst vor ihnen und starrte sie an, als seien sie Gespenster. Karl versuchte eine Erklärung, eine Rechtfertigung, aber Anni unterbrach ihn bei den ersten Worten: „Ich bitte, um des Himmels willen, dass Du mich zu Frau Nielsen lässt. Ich kann helfen.“

Noch während sie die Worte aussprach, stellte sie das Gesagte selbst in Frage. Wie, um des Himmels willen, sollte *sie* helfen können? Im gleichen Augenblick überschwemmte sie eine Welle der Ruhe und Kraft. ‚*Ich?* Der Himmel wird helfen.‘

War es diese Gelassenheit, die von ihr ausging? Jedenfalls öffnete die Pflegerin die Tür ganz und forderte Karl mit einer einladenden Geste auf, Anni hineinzuschieben. Das war jedoch zuviel von ihm verlangt. Entsetzt schüttelte er den Kopf und stürmte, so schnell ihn seine alten Beine tragen konnten, davon.

So trat die junge Frau hinter den Rollstuhl und schob Anni weiter in den Bereich, der unter den Heimbewohnern, die nicht auf diesem Stockwerk lebten, am liebsten ignoriert wurde.

Anni hörte wieder die verzweifelten Hilferufe der Frau: „Hilfe! Polizei! Die bringen mich um!!! Hilfe!“ Die Stimme des Heimleiters ertönte dazwischen. Doch da er, um das Gekreische der hysterischen Frau zu übertönen, ebenfalls schreien musste, waren seine Bemühungen von Anfang an zum Scheitern verurteilt: „Frau Nielsen. Beruhigen Sie sich doch. Niemand will Ihnen etwas zuleide tun. Der Arzt ist schon unterwegs.“

Die Frau schrie umso verzweifelter: „Ja, umbringen tut ihr mich. Hilfe! Wo ist mein Sohn! Joachim? Hilfe!!!“

Annis innere Ruhe bekam erste Risse. Sie fühlte sich wie in einem Irrenhaus. Eine solch ungute Schwingung hatte sie lange nicht mehr gefühlt. Am liebsten wäre sie umgekehrt, doch das war nicht mehr möglich. Die Pflegekraft schob den Rollstuhl bereits in das Zimmer.

Kurt wandte sich um, sein Gesicht war mit Schweiß überzogen und deutlich stand Hilflosigkeit darin geschrieben. Als er Anni sah, wollte Ärger in ihm aufsteigen, aber etwas in ihrer Erscheinung verhinderte es.

Anni wandte den Blick der immer noch schreienden Greisin zu. Sie war im Bett fixiert und Todesangst verzerrte ihr Gesicht zu einer schrecklichen Fratze. Eine Gänsehaut kroch über Annis Rücken und versuchte, ihre innere Ruhe weiter zu zermürben.

Aber der Himmel ließ es nicht zu! Ihr schien es, als würde ihr Verstand außer Kraft gesetzt, denn das, was gleich folgen würde, hätte er nie in Erwägung gezogen. Ihr Mund öffnete sich und sie begann, mit feiner, leiser Stimme zu singen: „Guten Abend, gut Nacht, mit Rosen bedacht, mit Nelken besteckt, schlüpf' unter die Deck'.“

Die ersten Töne waren noch vom Gekreische der alten Frau überdeckt. Dann, in einer kleinen Atempause der Verwirrten, klang Annis wunderschöne Stimme: „Morgen früh, wenn Gott will, wirst Du wieder geweckt. Morgen früh, wenn Gott will, wirst Du wieder geweckt.“

Die Schreie setzten nicht wieder ein! Die alte Frau, die zu ihrer eigenen Sicherheit an das Bett gebunden war, lag erschöpft und mit geschlossenen Augen da und hörte zu!

„Weiter, Anni, bitte sing weiter“, flüsterte ihr Kurt zu, der fassungslos die ungewöhnliche Beruhigungsmethode beobachtete.

„Schlaf, Kindlein, schlaf. Die Mutter ist ein Schaf. Der Vater ist ein Trampeltier, was kann das arme Kind dafür. Schlaf, Kindlein, schlaf.“

Sie warf einen entschuldigenden Blick auf den Heimleiter und die Pflegerin und sagte leise: „Tut mir leid, ich kenne nur diesen Text.“

Zu ihrer aller Überraschung begann die Greisin im Bett laut zu lachen. Mit kindlicher Stimme sagte sie, an Anni gerichtet: „Ja, Mama, sing weiter. Mein Lieblingslied!“

Kurt war hinter Anni getreten, hatte ihr beide Hände auf die Schultern gelegt und beugte sich nun zu ihr hinab, um ihr einen Kuss auf die Wange zu drücken. „Danke, Du hast schon wieder ein Wunder gewirkt. Ich glaube langsam, Du bist ein richtiger Engel, der vom Himmel gefallen ist.“

Die so Gelobte schmunzelte, legte ihre Hand sanft auf die Hand der Frau, die in ihr die Mutter sah, und sang das Schlaflied wieder ... und immer wieder ... Solange, bis der ruhige Atem der alten Frau einen erholsamen Schlaf ankündigte.

Wenig später betrat der zu Hilfe gerufene Arzt das Zimmer und wurde von Kurt darüber in Kenntnis gesetzt, dass seine Tätigkeit nicht mehr gebraucht würde: „Unsere Anni hat mit ihrem Gesang dasselbe bewirkt wie Ihre Beruhigungsspritzen, Herr Doktor Schleifer! Und das ganz ohne Nebenwirkungen.“ Den kleinen Seitenhieb auf die Schulmedizin konnte er sich nicht verkneifen.

Der Arzt überhörte die Bemerkung, trat leise an das Bett und fühlte den Puls der Patientin. Mit dem Ergebnis zufrieden nickte er und schloss sich den anderen an, die im Begriff waren, das Zimmer zu verlassen.

Lektion 11
Jeder Mensch lebt in seiner eigenen Welt

Der Heimleiter ließ es sich nicht nehmen, Anni höchstpersönlich in den Speiseraum zu schieben. Der Weg an Ilses Tisch kam Kurt vor wie ein Spießrutenlaufen. Anni dagegen schien die allgemeine Aufmerksamkeit nicht zu stören. Sie war noch ganz erfüllt von ihrem Erfolg als Ersatzmama, die ihr vor Angst schreiendes Kind durch ein einfaches Lied beruhigt hatte. Eine Idee keimte in ihr auf. Sie schmunzelte, denn heute meinte Gott es besonders gut mit ihr. Schon wieder machte er seinen Zeigefinger bereit, um sie anzustupsen. Doch jetzt war die Zeit noch nicht reif. Diese Sache gehörte gut überlegt ...

Die Küchenkraft stellte einen Teller Suppe vor die Nachzüglerin, die unverzüglich mit großem Appetit zu essen begann. Als sie sah, dass der Heimleiter unschlüssig neben dem Tisch stehen geblieben war, ermunterte sie ihn, mit seiner Ankündigung von der Gründung des Freundschaftschores nicht länger zu warten.

Er beugte sich unentschlossen zu ihr hinab und flüsterte: „Ich hätte gerne, dass Du ein paar Worte dazu sagst. Es ist schließlich Deine Idee.“

Anni blickte auf ihren fast noch vollen Teller, dann in die Runde – und dort in unzählige fragende und neugierige Augen. Das gab den Ausschlag. Sie wischte mit der Eleganz einer Dame von Welt mit ihrer Serviette über den Mund, faltete das Stofftuch sorgfältig zusammen und war bereit.

Ilse gefiel das gar nicht. Ihre Fürsorge der Freundin gegenüber ließ sie aufbegehren: „Also Kurt, ich finde, das geht zu weit. Lass doch Anni die Zeit zum Essen. Die Anderen können doch warten.“

Mit leichtem Vorwurf in der Stimme widersprach Anni: „Es ist allein meine Sache, liebe Ilse, wenn ich mich entschließe, den Chor wichtiger zu nehmen als meinen hungrigen Magen. Das hat nichts mit Kurt zu tun. *Ich* bin der Mittelpunkt meiner Welt – und so entscheide nur ich, was für mich wichtig ist."

Ilse zog eine beleidigte Schnute. Sie hatte es doch nur gut gemeint und was war der Lohn? Anni kanzelte sie ab wie ein vorlautes Schulmädchen!

Nun fühlte sich Kurt in der Pflicht, die aufkommende Spannung zu entladen: „Wir wollen doch keinen Unfrieden aufkommen lassen. Dazu ist der Moment zu bedeutsam. Ich sehe ja ein, dass es ein ungünstiger Zeitpunkt ist, nur – auf der einen Seite sitzt die hungrige Chorleiterin und auf der anderen Seite ungeduldige Choranwärter, die es kaum erwarten können, Mitglied zu werden."

Am Schmunzeln der Chorleiterin und an Ilses sich langsam entspannenden Gesichtszügen erkannte er, dass er die richtigen Worte gefunden hatte. Um allen gerecht zu werden, ordnete er der eilig hinzukommenden Küchenhilfe an, später das Mittagessen aufgewärmt auf Annis Zimmer zu bringen. Dann wandte er sich an die Anwesenden, räusperte sich kurz und sprach: „Meine lieben Damen und Herren, liebe Freunde. Ich hatte mir die Worte, die ich jetzt sagen wollte, heute Vormittag schon zurechtgelegt – doch wieder einmal hat der Himmel alles durcheinander gebracht. Ich wurde vorhin Zeuge eines kleinen Wunders. Eines Wunders, das unsere Anni wirkte. Durch ein einfaches Kinderlied ist es ihr gelungen, Frau Nielsen zu beruhigen, so dass der Arzt nicht mehr gebraucht wurde. Hatte ich vorher noch einen kleinen Zweifel, ob das neue Projekt ‚Freundschaftschor' nur eine bunte Seifenblase würde, die sehr schnell platzt, so bin ich mir jetzt sicher: Wenn der Gesang eines einzelnen Menschen solch ein Wunder bewirken kann, was ist dann erst möglich, wenn sich viele Menschen zusammentun, um gemeinsam zu singen?! – Anni und ich setzen eine Idee in die Tat um, die heute früh geboren wurde: Wir gründen einen Chor, bestehend aus Heimbewohnern, Personal des Hauses – und meiner Wenigkeit. Als Chorleiterin und Dirigentin konnte ich unsere liebe Anni gewinnen. Wer Mitglied sein will, kann sich jetzt gleich melden, denn – die Zeit drängt! Unser erster Auftritt wird übermorgen sein. Wir gestalten den Gedenkgottesdienst für Frau Gehring und werden bereits heute Nachmittag die erste Chorprobe abhalten. Ich stelle hierzu den Aufenthaltsraum zur Verfügung. Anni und ihre rechte Hand Ilse haben einige einfache Lieder ausgesucht. – Bevor ich jetzt das Wort an Anni weitergebe, bitte ich unsere Schriftführerin Theresia, die ja heute früh ihr Talent schon unter Beweis gestellt hat, in dieser Liste hier die Mitglieder einzutragen."

Seine Rede hatte zwei knallrote Köpfe zur Folge: Sowohl Ilse als auch Theresia fühlten sich auf eine Weise geehrt, die unwahrscheinlich gut tat! Mit schnellen, kleinen Schritten trippelte die Schriftführerin herbei und nahm die Liste in Empfang. Die rechte Hand Ilse reichte Anni das Gesangsbuch und ermunterte sie mit einem Kopfnicken zur Antrittsrede, die unerwartet kurz ausfiel: „Liebe Freunde", sprach die Chorleiterin, „ich danke für euer Vertrauen und für euer Mitmachen. Ich brauche jede Stimme, egal ob Sopran, Alt, Tenor oder Bass. Wir halten nach der Kaffeestunde die erste Probe, denn die Zeit ist knapp und wir wollen uns nicht blamieren." An Kurt gewandt fügte sie mit freundlicher Stimme an: „Ich brauche ein Klavier."

Dem Heimleiter klappte das Kinn nach unten. Völlig verständnislos starrte er Anni an. Noch bevor er erklären konnte, dass dazu absolut kein Budget vorhanden sei, meldete sich der Anführer der Aktionsgegner zu Wort: „Da kann ich helfen." Alle Gesichter wandten sich ihm zu. „Ich besitze ein Klavier, das seit der Auflösung meines Haushalts bei meiner Tochter untergestellt ist." Mit verbitterter Stimme fügte er an: „Sie braucht es nicht und hat erst vor kurzem geklagt, dass es nur Platz wegnimmt. Gut, dass ich ihrem Rat, es zu verkaufen, nicht gefolgt bin. – Liebe Anni, wenn Du mit einem älteren Klavier, das nicht optimal gestimmt ist, zufrieden bist, kannst Du es gerne haben. – Ich stelle es Dir zur Verfügung."

Anni schenkte ihm im Gegenzug ihr bezauberndstes Lächeln und mutmaßte: „Das heißt ja wohl, dass Du dieses Instrument beherrscht! Es wäre natürlich für mich ideal, nicht selbst spielen zu müssen, sondern einen Partner an der Seite zu haben, der das übernimmt. So könnte ich mich ganz auf die Sängerinnen und Sänger konzentrieren."

Konnte es auf der ganzen Welt einen Menschen geben, der in der Lage war, ihrem Charme zu widerstehen? Der Rebell von vorhin jedenfalls nicht! Ein wenig zierte er sich noch: „Na ja, ein Profi bin ich nicht, und es ist schon einige Monate her, seit ich das letzte Mal in die Tasten gegriffen habe. – Ich will mich aber auch nicht kleiner machen als ich bin, denn in früheren Zeiten habe ich sogar kleine Konzerte gegeben.“ Der Stolz ließ seine Brust schwellen und seine Augen aufleuchten. „Ich rufe gleich meine Tochter an, damit sie das Instrument sofort herschaffen lässt. Heute Nachmittag zur ersten Probe steht es im Aufenthaltsraum!“

Kurt schlug ein inneres Kreuzzeichen. Mit dieser Entwicklung hatte der Himmel gleich zwei Fliegen mit einer Klappe geschlagen. Das Haus war um ein Klavier reicher und um einen Widersacher ärmer. Ein guter Tausch! Er fühlte Annis Blick auf sich ruhen, und als er in ihre blitzenden Augen sah, konnte er darin einen kleinen Teufel tanzen sehen. Einen Teufel? Nein, er verbesserte den Gedanken sofort: Einen Engel!!!

Das eilige Hinausgehen des Klavierspielers gab das Signal zum allgemeinen Aufbruch. Einige Heimbewohner blieben unschlüssig neben den Tischen stehen und warteten auf den ersten Mutigen, der sich bei der Schriftführerin Theresia eintragen würde. Kurt erlöste schmunzelnd die Schüchternen, nannte laut seinen Namen und bat um Aufnahme in den ‚Freundschaftschor des Altenheimes Drei Linden'. Mit vor Eifer roten Wangen schrieb Theresia in Schönschrift nach und nach die Namen derer ein, die dabei sein wollten.

Anni bekam davon nichts mehr mit. Sie nahm dankbar Kurts Angebot an und ließ sich von ihm auf ihr Zimmer schieben. Kurze Zeit später brachte eine freundliche junge Küchenhilfe das aufgewärmte Mittagessen. Anni blickte kurz auf das um ihren Hals hängende Herz mit dem darauf geschriebenen Namen und bedankte sich bei ‚Heike' herzlich. Beim Verlassen des Zimmers wandte sich diese noch einmal um und sagte traurig: „Ich würde so gerne mitsingen, aber ich kann nicht singen.“

„Quatsch, jeder Mensch, der reden kann, kann auch singen“, war Annis resolute Antwort.

„Da hättest Du mal meine Lehrer hören sollen: ‚Heike, du singst so falsch, dass Deine einzelne Stimme den ganzen Chor umschmeißt.' Da hab' ich halt den Mund gehalten und nur noch daheim in der Badewanne gesungen."

Anni machte der jungen Frau Mut: „Sing mir mal was vor."

Heike ließ es sich nicht zweimal sagen. Mit ebenso kraftvoller wie falscher Stimme trällerte sie einen aktuellen Schlager. Annis geschulte Ohren schrien vor Schmerz laut auf. Doch sie ließ sich nichts anmerken. Mit stoischer Ruhe ließ sie das Lied bis zum bitteren Ende über sich ergehen. Ihr Verstand begehrte auf: ‚Die kann unmöglich mitsingen. Es stimmt: Ihre falschen Töne übertönen den ganzen Chor.' Ihr Herz sprach eine andere Sprache: ‚Sie singt so gerne und leidenschaftlich. Du kannst sie nicht vor den Kopf stoßen. Wie sagtest Du vorhin? *Jeder Mensch kann singen.* Jetzt gibt es kein Zurück!' Ratlosigkeit machte sich in Anni breit. Der Verstand zog in die eine Richtung, das Herz in die andere. Und keine der beiden Richtungen versprach inneren Frieden.

Doch wozu hatte Anni einen inneren Ratgeber? Mit geschlossenen Augen saß sie da, hörte die letzten Töne verklingen und bat ihren Engel um einen Ausweg. Wie so oft wurde ihr die Bitte nicht versagt. Die Antwort tauchte so klar aus ihrem Inneren auf, dass sie sie sofort laut aussprechen konnte: „Du hast eine klare, laute Stimme, Heike. Und in der Welt, in der Du lebst, stimmt jeder Ton, der Deine Kehle verlässt. Es ist nur so, dass jeder Mensch in seiner eigenen Welt lebt, und somit andere Wahrnehmungen hat und andere Kriterien aufstellt, was richtig und falsch ist. Du würdest gerne in unserem Chor dabei sein? Ich stehe zu meinem Wort, dass jeder aufgenommen wird, der Interesse hat. Bei der ersten Chorprobe werde ich mir die einzelnen Stimmen anhören und dann einteilen. Es kann sein, dass in der Welt, in der ich lebe, in dem einen oder anderen Lied eine Stimme nicht so gut mit den anderen harmoniert. Ich werde dann dieses Chormitglied bitten, einen rhythmischen Part zu übernehmen. Wärest Du gegebenenfalls dazu bereit? Weißt Du, das kann ich wiederum auch nicht jedem anvertrauen."

Die tiefen Sorgenfalten in der Stirn des jungen Mädchens verrieten Anni, wie sehr es in ihrem Verstand rumorte. Sollte sie nun beleidigt sein oder stolz? Der Stolz siegte! Mit leuchtenden Augen erklärte sich Heike bereit, im Bedarfsfalle ein Mitglied des Orchesters zu sein.

Anni hatte noch eine Frage: „Wie ist es eigentlich zeitlich bei euch möglich? Ich würde gerne die Proben so legen, dass auch das Küchenpersonal dabei sein kann.“

Heike dachte kurz nach: „Oh, so kurz nach dem Kaffee ist es in Ordnung. Kurt sagte vorhin, dass wir mitmachen könnten, wenn die Arbeit trotzdem erledigt wird. Meine Kollegin und ich hängen dann einfach an diesem Tag eine halbe Stunde an – oder spülen im Akkord das Kaffeegeschirr.“

Anni lachte laut auf: „Im Akkord spülen – und dazu die Lieder singen, die in Deiner Welt so wunderbar klingen. Da geht die Arbeit gleich noch einmal so schnell von der Hand.“

Heikes Verstand war vollends zufrieden gestellt. Im Chor Rhythmus machen und anschließend in der Küche singen: Was wollte sie noch mehr? Und so gab das junge Mädchen schon auf dem Rückweg zur Küche eine laute Kostprobe ihres musikalischen Talents.

Anni war nicht lange allein im Zimmer. Ilse kam hereingerollt und berichtete stolz, dass sich bereits einundzwanzig Frauen und Männer als Chormitglieder eingetragen hätten.

„Einundzwanzig“, wiederholte Anni leise und versonnen. „Einundzwanzig.“

„Was passt Dir daran nicht? Bei der Zahl dreizehn hätte ich ja vielleicht gestutzt, aber einundzwanzig ist doch eine wunderbare Zahl!“ ereiferte sich Ilse.

„Oh Ilse, Du weißt nicht, wie viele Erfahrungen ich in meinem Leben schon mit gerade dieser Zahl gemacht habe. Das Autokennzeichen des Unfallfahrzeugs hatte diese Nummer. An meiner Zimmertür in der Unfallklinik stand sie. Mit einundzwanzig habe ich das erste Mal geheiratet, um mich nach nur einundzwanzig Monaten wieder scheiden zu lassen. Diese Zahl zieht sich durch mein ganzes Leben. – Erinnerst Du dich an den Hinweis der Pflegerin Anni an meinem ersten Morgen in diesem Haus? Dass das, was ich in der ersten Nacht hier geträumt hätte, in Erfüllung ginge? Ja, ich habe etwas geträumt, etwas Wunderschönes, auf das ich zugehe. Und es hat etwas mit der Zahl einundzwanzig zu tun."

„Siehst Du, Du hast es schon im Traum gesehen, wie viele Mitglieder unser Chor haben wird."

„Ilse, es sind mittlerweile zweiundzwanzig, denn Heike aus der Küche hat mich um Aufnahme gebeten."

In Ilses Gesicht machte sich eine Unruhe breit. Nicht wegen Heike, obwohl sie schon mehrfach in den Genuss der lauten, schräg klingenden Singstimme der jungen Frau gekommen war. Nein, etwas an Annis verklärter Art, beim Sprechen über den Traum nach oben zum Himmel zu schauen, machte ihr Angst.

„Willst Du mir nicht Deinen Traum erzählen?" fragte sie schließlich leise, und wusste nicht, ob sie ihn wirklich hören wollte.

Anni schüttelte verneinend den Kopf: „Weißt Du, in meiner Welt ist er schön. Es könnte sein, dass er in Deiner Welt anders verstanden wird."

„Meine Welt, Deine Welt ... Was soll das?" Ilses Stimme klang ärgerlich.

Anni überhörte den aggressiven Ton und antwortete freundlich mit einer Gegenfrage: „Glaubst Du denn, alle Menschen leben in derselben Welt? Ich für mich habe die Erkenntnis gewonnen, dass jeder Mensch in einer anderen Welt lebt, in der er gleichzeitig Gesetzgeber, Ausführender, Überwachender und Richter ist. Wenn sich nun die Gesetze zwischen den einzelnen Welten unterscheiden – und das tun sie sehr oft – so muss es zu Konflikten kommen. Denn, was der eine als sein Recht ansieht, ist für den anderen ein Unrecht. So entstehen aus Meinungsverschiedenheiten Kriege in Ehen, Familien, zwischen Nachbarn, Gemeinden, Ländern. Auch ich fiel früher in diese Fallgrube, denn ich dachte lange, meine Gesetze müssten auch für andere Menschen Gültigkeit haben. Erst als ich erkannte, dass jeder in seiner eigenen Welt lebt, hörte ich damit auf, anderen meine Wahrheit aufdrücken zu wollen oder darunter zu leiden, dass dies mein Gegenüber mit mir machen wollte."

„Da bist Du aber eine ganz schöne Egoistin, wenn Du ohne Rücksicht auf die Rechte anderer deine Meinung durchsetzt", warf Ilse ein und war sich gar nicht mehr so sicher, ob ihre Entscheidung, Anni zur Freundin zu ernennen, nicht voreilig gewesen war. Wenn sie das eben Gesagte richtig verstanden hatte, so bekam das, was diese Frau in den letzten Tagen im Haus erreicht hatte, einen schalen Beigeschmack. Alles, was sich diese Anni in den Kopf gesetzt hatte, hatte sie auch durchgesetzt!

Die Vorverurteilte beobachtete Ilses Mienenspiel genau. Leise fragte sie: „Habe ich wohl gegen Deine Gesetze verstoßen? Hast Du meinen Ideen und Vorschlägen gegen Deine Wahrheit zugestimmt? Habe ich Dich oder einen anderen im Haus zu etwas gezwungen, was er gar nicht wollte?"

Ilse zuckte unter den Fragen zusammen. Wieder kam ihr der Verdacht, Anni könne Gedanken lesen. Nein, gezwungen wurde weder sie noch ein anderer. Im Gegenteil: Anni war immer darauf bedacht gewesen, jedem die freie Entscheidung zu überlassen. Wo war ihr Denkfehler?

Die weise alte Frau erlöste Ilse aus ihrer Sackgasse: „Weißt Du, Ilse: Wenn ein Mensch in seiner eigenen Welt aus dem Herzen heraus handelt, wird er oft von einem anderen Menschen, der in seiner Welt vom Verstand gesteuert wird, nicht verstanden. Dieser muss die Wahrheit des Herzensmenschen erst einmal ablehnen. Sein Herz wird sich trotzdem früher oder später zu Wort melden. So wie heute bei unserem Klavierspieler. Weißt Du: Die Liebe ist immer stärker als die Angst! Du wirst es selbst sehen! Denn, sehnt sich nicht jeder Mensch nach Liebe, nach Achtung, nach Vertrauen? Egal, welche Gesetze er in seiner Welt aufgestellt hat: Die Sehnsucht nach Liebe wirft alle Gesetze, die ihr im Wege stehen, über Bord – bei dem einen früher, bei dem anderen später. – So, und jetzt ist mein Essen wieder kalt geworden!"

Ilse fühlte sich schuldig. Das, wofür sie im Speisesaal Kurt verurteilt hatte, hatte sie nun selbst getan: Anni vom Essen abgehalten!

Während Anni nur den Nachtisch verspeiste, sank ihre Freundin immer tiefer in das Schlammloch der Schuld. Anni bemerkte es wohl, doch hielt sie es für notwendig, die andere diese Erfahrung ein Weilchen machen zu lassen. Erst als sie den letzten Löffel des Schokoladenpuddings genossen und sich übertrieben langsam mit der Serviette den Mund abgetupft hatte, unternahm sie den Versuch, Ilse ein Rettungsseil zuzuwerfen: „Was fehlt Dir denn diesmal? Du wirst Dich doch nicht selbst auf die Anklagebank gesetzt haben und Dir Dein eigener Richter sein?“

Ilse erschrak. Anni hatte eine solch bildhafte Ausdrucksweise, dass sie das Geschilderte deutlich vor sich sah! Ja, es stimmte tatsächlich: Sie war ihr eigener Gesetzgeber, war Polizist, der die Gesetze überwachte und sie des Übertritts überführte, sie war Anklägerin, Richterin und – Angeklagte! Nur eines war sie nicht: Verteidigerin!

Diesen Part übernahm Anni, von ihrer Welt aus. Und sie tat es mit liebevollem und verständnisvollem Herzen: „Ist es denn Deine Schuld, wenn mir ein Gespräch mit Heike oder mit Dir wichtiger ist als ein warmes Mittagessen? Überdenke Dein Gesetz noch einmal. Es heißt ja wohl: ‚Ich bin schuld, wenn es einem anderen Menschen durch meine Handlungsweise schlecht geht.’ – Wie verrückt! Dein Gegenüber ist doch ein freier Mensch, der selbst entscheidet, ob es ihm gut oder schlecht geht. In gewisser Weise bist Du ein illusionistischer Weltenhüpfer, der glaubt, er könne mit seinen Gesetzen und mit seiner Handlungsweise in die Welt eines anderen eindringen und dort Schaden anrichten. Das ist ganz unmöglich! Ebenso unmöglich, wie Du Glück, Zufriedenheit oder Liebe in die Welt eines anderen transportieren kannst. Diese Gaben bleiben immer in Deiner Welt! Du kannst höchstens Hilfe zur Selbsthilfe leisten, indem Du dem anderen zeigst, wie gut und glücklich Du mit Deiner Wahrheit auf Deinem Planeten lebst. Vielleicht versucht er dann, es Dir auf seinem gleichzutun.“

Ilse schwirrte der Kopf vor so viel Wahrheit. ‚Ich bin ihr einfach nicht gewachsen. Sie kann sich viel besser ausdrücken als ich – und redet mich an die Wand’, versuchte der Verstand ihrem Herzen weiszumachen. Doch das war seit Annis Ankunft schon so weit aus seinem Dornröschenschlaf erwacht, dass es Kontra gab: ‚Vielleicht sollte ich Annis Wahrheit einmal ausprobieren? Was habe ich denn zu verlieren? Also: Ich lasse die Anklage, Anni vom Essen abgehalten zu haben, fallen, denn sie hat sich aus freien Stücken dazu entschlossen.'

Sie konnte es kaum glauben: Unverzüglich fiel die Fessel der Schuld von ihr ab! Unglaublich! So einfach war das? Konnte man diese Denkweise auf alles anwenden? Ihr fiel ein weiteres Beispiel ein, das zwar seit gestern kein Thema mehr war, sie aber in den letzten Monaten sehr bedrückt hatte: Das Gejammer ihrer Tochter! Elisabeth hatte bei jedem Besuch betont, wie überlastet und überfordert sie mit den täglichen Besuchen im Altenheim sei. Und flugs hatte Ilse sich selbst angeklagt, verhaftet, verurteilt und bestraft!

In der Welt ihrer Tochter herrschten eindeutige Gesetze: Ein alter Mensch, der nicht mehr für sich selbst sorgen konnte, gehörte in ein Altenheim. Punkt. Er sollte dann dankbar und zufrieden sein, wenn er dort gut versorgt wurde. Punkt. Eine alte Frau, die nur nörgelte, war undankbar und sollte gar nicht mehr besucht werden. Punkt.

In Ilses Denkweise sah das Ganze anders aus: Sie hatte das Recht, ihre Unzufriedenheit über den Aufenthalt im Altenheim auszudrücken. Punkt. In ihrer Welt hatte auch ein alter Mensch das Recht, seine eigenen Entscheidungen zu treffen. Punkt. Und er durfte in seiner Wohnung bleiben, solange dies vertretbar war. Punkt.

War es ein Wunder gewesen, dass diese beiden Wahrheiten aufeinander prallten und ein Kleinkrieg entstand, bei dem beide nur verlieren konnten? Gott sei Dank war Anni rechtzeitig als Friedensstifterin aufgetaucht.

Gegen dieses Beispiel konnte auch Ilses Verstand keine Einwände mehr bringen. Es war zu offensichtlich, dass Annis Erklärung von den verschiedenen Welten richtig war. Erst als beide Kontrahenten, Ilse und Elisabeth, in ihren unterschiedlichen Welten von der Herzensebene aus agierten, sprachen sie dieselbe Sprache – und konnten sich verstehen.

Lag darin Annis Geheimnis? Ilse betrachtete die andere prüfend und sah denselben kleinen Engel in Annis Augen leuchten wie zuvor Kurt. „Du bist mir eine!“ resümierte sie kopfschüttelnd.

Lektion 12
Du bist der Mittelpunkt Deiner Welt

Gerade in diesem Augenblick des Erkennens betrat die Pflegerin Anni das Zimmer der beiden alten Damen. Sie räumte vorwurfsvoll dreinblickend die fast vollen Teller ab und wollte wortlos den Raum verlassen. Etwas an ihrem Verhalten machte Anni stutzig.

„Was ist denn Dir über die Leber gelaufen?“ fragte sie mitfühlend.

„Ach weißt Du, mir wächst einfach alles über den Kopf“, war die resignierte Antwort der jungen Pflegerin.

„Erzähl“, bat die alte Frau.

„Ich habe keine Zeit zum Erzählen. Ich habe keine Zeit, bei den alten Menschen, die sich so sehr nach Ansprache sehnen, auch nur ein paar Minuten zu verweilen. Ich habe keine Zeit, mich in Ruhe neben die zu setzen, die vergessen haben, wie man isst. Ich habe keine Zeit, den alten Frauen nach der flüchtigen Haarwäsche eine Frisur zu machen, mit der sie sich wohlfühlen. – Ach Anni, ich habe diesen Beruf ergriffen, weil ich dachte, es sei meine Berufung, alte Menschen zu pflegen und sie das letzte Stück ihres Weges auf Erden zu begleiten. Doch in den letzten Jahren wird das immer schwieriger. Wir sind viel zu wenige, um für die vielen Menschen genügend Zeit zu haben. Die Grundpflege ist gesichert, sagt Kurt. Die Grundpflege ja, aber die Grundbedürfnisse der alten Menschen sind eben nicht gesichert. Und zu den Grundbedürfnissen gehört einfach, dass die Zeit da ist für ein Gespräch, fürs Zuhören, für eine Körperpflege, die über das dringend Notwendige hinausgeht. – Früher bin ich am Ende meiner Schicht zufrieden nach Hause gegangen. Das ist schon lange nicht mehr der Fall. Sogar nachts im Schlaf verfolgen mich die traurigen und vorwurfsvollen Augen meiner Schützlinge und ich höre ihre Rufe: ‚Anni, bleib doch noch ein bisschen bei mir.‘ ‚Anni, ich hätte so gerne wieder einmal einen hochgesteckten Dutt.‘ ‚Anni, ich habe Angst, bleib da.‘ – Ich weiß nicht, wie lange ich das noch durchhalte.“

Sie begann laut zu weinen. Betroffen hatten Anni und Ilse zugehört. Ilse setzte sich sofort wieder auf die Anklagebank ihrer Welt und hörte ihrem inneren Richter zu, der ihr vorwarf, diese junge Frau für ihre beständige Hetze verurteilt zu haben. Die Freundin neben ihr legte ihr die Hand auf den Arm und schüttelte langsam den Kopf.

‚Ach ja, die kann ja Gedanken lesen', warnte Ilses Verstand. Doch ihr Herz war froh über die Erinnerung daran, auch einen Verteidiger für vergangene Schuld in ihrer Welt zuzulassen. Und dieser Verteidiger, der seine Kanzlei in Ilses Herz hatte, sprach: ‚Du hast aus Unwissenheit geurteilt. Unterlasse es künftig. Ich sehe keine Schuld in Dir.' Die Miene der Freigesprochenen hellte sich wieder auf.

Die ältere der beiden Annis nahm sich der verzweifelten jüngeren an: „Hast Du denn Einfluss auf die Umstände?"

„Nein, und genau das macht mich ja so hilflos. – Wir haben zwar schon öfter mit Kurt darüber gesprochen, doch ihm sind ebenso die Hände gebunden wie uns. Es ist einfach nicht genügend Geld da, um mehr Pflegepersonal einzustellen. Er machte einmal die Andeutung, dass er sich selbst schon überlegt hat, wo denn das viele Geld, das von und für jeden Heimbewohner bezahlt wird, bleibt. – Behaltet diese Aussage bitte für euch, er könnte sonst Schwierigkeiten bekommen. Ich habe schon in mehreren Pflegeheimen gearbeitet und weiß, dass Kurt viel mehr tut, als er müsste. Er schaut nie nach seiner Stundenzahl, sondern ist viel länger da und sitzt oft bei den alten Leuten, um sich ihre Sorgen anzuhören. Ich glaube, auch er nimmt die Rufe seiner Schützlinge mit in den Schlaf."

Anni ließ sich bei ihrer Antwort ganz von der inneren Stimme leiten: „Ich habe eben Ilse erklärt, dass jeder Mensch in seiner eigenen Welt lebt, dort seine eigenen Gesetze macht und erwartet, dass diese auch in den Welten der anderen Menschen anerkannt und beachtet werden. Dass dies nicht der Fall ist, erlebst nicht nur Du. Ich habe ebenfalls lange darunter gelitten, dass die Menschen so unterschiedliche Rechte und Pflichten für sich einfordern, die für ihr Gegenüber oft nicht annehmbar sind, ja, den anderen sogar krank machen. Bis ich erkannt habe, dass ich nur dann in meinem inneren Frieden bleiben kann, wenn ich mit beiden Beinen, und das heißt, mit meinem ganzen Selbstbewusstsein, in meiner Welt stehen bleibe. – In Deinem konkreten Fall bedeutet dies, dass Du nach Deinen besten Möglichkeiten, so wie es die äußeren Umstände erlauben, nach *Deinen* Rechten und Pflichten handelst. Weißt Du, es kommt gar nicht so sehr auf den Faktor ‚Zeit' an, wenn Du mit den alten Menschen umgehst. Es kommt mehr auf den Faktor ‚Liebe' an. Überleg' mal: Wenn es den ganzen Tag regnet und die Sonne für eine kurze Minute mit aller Kraft und Helligkeit durch die Wolken dringt, so blickt alles nach oben und freut sich darüber. Auch wenn sich danach die Wolkendecke wieder schließt, bleibt dennoch das Lächeln auf den Gesichtern der Menschen – und eine Wärme und Zuversicht in ihren Herzen. Eine Weile zumindest ..."

Am zustimmenden Kopfnicken der jungen Pflegerin erkannte Anni, dass diese ihrem Gedankengang folgen konnte. So fuhr sie fort: „Nach Deinem Gesetz haben alte Menschen das Recht, vom betreuenden Pflegepersonal liebevoll behandelt zu werden. Nach Deinem Gesetz bedeutet dies, dass ausreichend Zeit da ist für ein Gespräch, ein Zuhören, intensive Körperpflege, verständnisvolle Unterstützung bei der Nahrungsaufnahme. Würdest Du in Deiner eigenen Welt ein Alten- oder Pflegeheim gründen, so wären alle diese Kriterien Voraussetzung für Dich und Du würdest sie umsetzen. – Ich habe einen Leitspruch: ‚Diene da, wo Gott Dich hinstellt.' Schau, Gott stellt Dich mit deiner Berufung zum Dienen in eine Welt hinein, in der das Geld, aus welchem Grund auch immer, zu knapp ist, als dass Du die Gesetze, die für Dich Gültigkeit haben, erfüllen könntest. Doch Gott will, dass Du genau an diesem Ort und zu dieser Zeit Deinen Dienst tust. Also weiß er doch, dass Du an diese Grenze stoßen wirst. Er kalkuliert das ein, denn er weiß auch um Deine Kraft, *Dein* Bestes und Möglichstes zu tun! Im Klartext heißt das: *Du* bist wie die Sonne! Du hast ihre Leuchtkraft und Wärme! Und du verströmst Dein Licht, auch wenn dicke Wolken Dir die meiste Zeit den Zugang zu den Menschen verwehren, die in einer Welt der Bürokratie leben. Ein kurzer Augenblick Deiner Wärme, hineingetragen in das Zimmer eines alten Menschen, ein kurzer Augenblick Deiner Liebe, einem einsamen Herz zugeworfen, ein kurzer Augenblick Deines Verständnisses, in die bittenden Hände eines Pflegebedürftigen gelegt – das ist Deine Aufgabe: Sonne, die in meiner Welt Anni heißt!"

Die beiden Frauen, die diesen wunderbaren Worten gelauscht hatten, waren zutiefst ergriffen. Die junge Anni sprach mit Tränen in den Augen: „So habe ich das noch nie gesehen. Ja, Du hast Recht: Ich kann als einzelner Mensch die Umstände nicht ändern, ebenso wie die Sonne keinen Einfluss darauf hat, Wolken auf der Erde zu vertreiben, damit sie bis auf den Boden scheinen kann."

Die kluge Anni widersprach: „Das stimmt nicht ganz. Wenn Du Dir überlegst, wie Wolken entstehen, so wirst Du mir zustimmen: Es ist die Sonne selbst, die durch ihre Kraft die Wolken bildet. Sie zieht das Wasser in die Höhe und schafft so die Voraussetzung dafür, dass es dahin kommt, wo es gebraucht wird. Sogar hinter diesem Tun steckt der EINE. – Wenn ich diesen Gedanken jetzt weiterspinne, so wird der Missstand, dass zuwenig Geld und Zeit für die berechtigten Bedürfnisse alter und behinderter Menschen da ist, erst durch die vielen Sonnenstrahlen sichtbar – Sonnenstrahlen wie Du und die unzähligen Menschen, die ähnlich denken. Und es wird euch gelingen, wenn auch nicht heute oder morgen, dass der Missstand den Menschen einleuchtet, die ein Wörtchen mitzureden haben, und dass er schließlich beseitigt wird. – Hast Du verstanden? Bis es so weit ist, sei Sonne! Nicht mehr und nicht weniger. Leide nicht länger darunter, dass Du nicht mehr Zeit bekommst, um Deine Wärme und Liebe zu verströmen. *Über* den Wolken scheint immer die Sonne! Und diese Gewissheit wird in den Herzen der Menschen, die einen kurzen Strahl abbekommen, für Zufriedenheit und Zuversicht sorgen."

Die alte Anni hatte sich in einen Zustand seliger Aufregung geredet. Ihre Bäckchen glühten und ihre Augen funkelten. An den Gesichtern der beiden Zuhörerinnen konnte sie dieselbe Begeisterung ablesen.

Da erschallte vom Gang her ein lauter Ruf nach der jungen Pflegerin. Sie zuckte zusammen, und schon wollte sich die Sonne wieder aus ihrem Gesicht verziehen und hinter einer düsteren Wolkenwand verschwinden. Doch die bildliche Erzählweise der alten Frau ließ dies nicht zu. Die junge Anni gab sich einen energischen Ruck und sprach mit fester Stimme: „Ich bin die Sonne!" Mit diesen Worten schwebte sie aus dem Zimmer.

Es blieb eine Weile still. Anni war noch ganz versunken in ihre helle, warme Welt. Ilse betrachtete das selige Lächeln im Gesicht ihrer Freundin. ‚Ach, wenn ich doch auch so denken könnte wie sie.'

Anni öffnete die Augen, schüttelte ein wenig vorwurfsvoll den Kopf und antwortete auf die Worte, die Ilse gar nicht laut ausgesprochen hatte: „Du kannst so denken, Ilse. Wenn Du jetzt anfängst, Deinem Verstand zu sagen, dass *Du* der Herr in Deinem Leben bist, und nicht *er*! *Du* bist der Mittelpunkt *Deiner* Welt! Weißt Du, man hat uns Jahrzehnte lang weisgemacht, wir seien dazu da, es allen anderen recht zu machen. Die Eltern, die Lehrer, die Vorgesetzten, der Partner, die Kinder: Sie alle forderten ihr Recht ein, auf unsere Kosten zufrieden sein zu können. Ist es da ein Wunder, wenn der Verstand glaubt, das sei der Sinn des Lebens? Ich bin dem Himmel von Herzen dankbar, dass ich diesen Irrtum rechtzeitig erkennen durfte. Heute weiß ich: *Ich* bin der Mittelpunkt *meiner* Welt. Wie soll es denn in meiner Welt Frieden geben, wenn er nicht vom Mittelpunkt ausgeht? Wie soll es denn in meiner Welt Liebe geben, wenn sie nicht vom Mittelpunkt ausgeht? Wie soll es denn in meiner Welt Vertrauen geben, wenn es nicht vom Mittelpunkt ausgeht? *Ich* bin der Mittelpunkt *meiner* Welt! – Und aus diesem Grunde werde ich heute in meiner Welt ein neues Gesetz schaffen: ‚Ich kümmere mich im Rahmen meiner Möglichkeiten darum, dass es alten Menschen gut geht.' – Ilse, wäre das nicht auch ein Gesetzesentwurf für Deine Welt?"

Der Angesprochenen ging das alles viel zu schnell. Sie brauchte noch Zeit, um das Gehörte verarbeiten und verstehen zu können. Ihr Herz brachte sie dennoch dazu zu nicken.

Die Zimmertür öffnete sich erneut und die Küchenhilfe Heike stellte fröhlich, und in *ihrer* Welt richtig singend, dampfenden Kaffee und Kuchenteller auf den Tisch. In Ilses Welt hörten sich die Töne aus der Kehle der jungen Frau furchtbar falsch an. In Annis Welt strahlte die Sonne angesichts der Unbekümmertheit und des Selbstbewusstseins der jungen Sängerin, die sich rasch wieder entfernte, um bis zur Chorprobe mit ihrer Arbeit fertig zu sein.

Ach ja, die Chorprobe. Sie fand ja in einer halben Stunde im Aufenthaltsraum statt. Ob dort das Klavier schon stand? Die Frage erübrigte sich, denn genau in diesem Augenblick schwebten leichte Pianoklänge durch das Haus. Zuerst zögerlich, dann mit immer größer werdender Sicherheit wurde eine anspruchsvolle Bach-Sonate vorgetragen. Anni schmunzelte: Noch wusste sie den Vornamen des Mannes nicht, doch sie war sicher, dass er mittlerweile ein papiernes Herz mit seinem Namen trug. Er war ein Könner an diesem Instrument! Zwar zeigten ein paar Unsicherheiten und Unregelmäßigkeiten im Tempo, dass er ein wenig aus der Übung war, doch ließe sich dies durch regelmäßiges Üben in kurzer Zeit beheben. Und Anni war sich sicher: Er würde üben, täglich!

Sie warf einen dankbaren Blick nach oben zu ihrem Chef, wie sie Gott ab und zu respektvoll nannte. Wie wunderbar, dass sie auch in diesem Fall so virtuose Unterstützung bekam. Ein kleiner Gedanke, der aus ihrem Herz auftauchte, ließ sie schmunzeln: ‚Aus dem Saulus ist ein Paulus geworden!'

Neugierig fragte sie ihre Zimmergenossin: „Ilse, weißt Du eigentlich, wie unser Klavierspieler und Orchesterleiter heißt?" Dabei war sie sich sicher, die Antwort bereits zu kennen – und sie täuschte sich nicht.

„Paul Neumann", lautete die Antwort. Ilse konnte nicht verstehen, warum Anni so herzhaft lachte.

„Paulus, ich werde ihn Paulus nennen", erklärte diese zwischen zwei Lachsalven.

Wiederholung und Vertiefung der zweiten Lektion: Lass alle Deine Erwartungen los

Dann war es soweit: Kurt höchstpersönlich holte die frischgebackene Chorleiterin ab, um sie zur ersten Probe zu schieben. Die rechte Hand Ilse beeilte sich, mit dem Tempo des Heimleiters Schritt, beziehungsweise Reifen, zu halten. Die Klaviermusik, die immer lauter zu hören war, je näher sie dem Probenraum kamen, lockte von allen Seiten Menschen an: Alte Frauen und Männer, Küchenpersonal, Büroangestellte, Reinigungsfrauen – sie alle strömten in dieselbe Richtung.

‚Wie meine Dominosteine', dachte Anni.

„Wie Deine Dominosteine", hörte sie Ilses Stimme hinter sich. „Freust Du Dich, sie anzuschubsen?"

„Du weißt doch, dass nicht ich es bin, der anschubst. Ich bin nur das erste Steinchen", erinnerte sie Anni.

Kurt mischte sich neugierig ein: „Darüber musst Du mich bei Gelegenheit mal aufklären. Das scheint eine interessante Geschichte zu sein."

Paul Neumann alias Paulus ließ sich durch die eintretenden Menschen nicht stören. Ohne Noten saß er an seinem Klavier und spielte mit geschlossenen Augen ein leicht und fröhlich dahinplätscherndes Mozartstück. Andächtig lauschten die Zuhörer bis zum Ende, um dem Künstler mit einem donnernden Applaus zu danken. Er riss erschrocken die Augen auf und errötete wie ein ertapptes Schulkind. Dann gewann der berechtigte Stolz seines Egos die Oberhand. Er verneigte sich nonchalant vor dem Publikum und genoss die stehenden Ovationen.

Anni bat Kurt, sie zu Paul zu schieben. Als sie vor ihm stand, lächelte sie: Er trug tatsächlich ein blaues Papierherz an der Brust, auf dem sein Name stand: Paul.

Die Chorleiterin hielt ihm ihre beiden Hände entgegen: „Paulus", sagte sie mit Begeisterung in ihrer Stimme, „Du bist ja ein virtuoser Klavierspieler!"

Der so Gelobte errötete noch mehr. In seiner Miene war eine unaussprechliche Überraschung zu lesen. „Du nennst mich Paulus? Weißt Du, diesen Namen gab mir vor Jahrzehnten mein alter Klavierlehrer. Ich mutierte nämlich vom Saulus zum Paulus!"

Anni fragte verschmitzt: „Damals auch schon?"

Er verstand ihre Anspielung erst nach längerem Überlegen, dann schmunzelte er ebenso wie sie: „Du hast Recht, liebe Anni. Ich bin halt so: Zuerst einmal *gegen* alles Neue, doch dann mit aller Kraft *da-*

für! Nenn mich ruhig weiterhin Paulus, es passt zu mir. Du hast mich voll durchschaut!“

Anni hielt noch immer seine Hand. Da beugte er sich galant zu ihr hinab, um ihr einen Handkuss zu geben. Nun war es an ihr zu erröten. Sie räusperte sich verlegen, bevor sie Kurt, der die ganze Szene mit zunehmender Erheiterung verfolgt hatte, bat, sie in Front zur Stuhlreihe zu platzieren.

Der Raum hatte sich mittlerweile mit weit über zwanzig Menschen gefüllt, die unschlüssig herumstanden oder in ihren Rollstühlen saßen. Anni bat die Anwesenden mit fester Stimme, sich einen Platz zu suchen: „Angesichts des Durchschnittsalters unseres Chores erlaube ich, dass wir im Sitzen üben. – Wir beginnen sofort, allerdings nicht mit einem Lied, sondern mit einem Ton: Mit *Deinem* Ton! Jedes Lebewesen hat seinen eigenen Ton. Ich verbessere mich: Nicht nur jedes Lebewesen, sondern jedes Ding. Ihr schaut mich so zweifelnd an. Ich werde es euch beweisen. Ich singe jetzt einen Ton. Es ist der Ton eines Gegenstandes hier im Raum, und dieser Gegenstand wird in diesen Ton mit einstimmen.“

Nach dieser Einleitung begann sie, mit ihrer wohlklingenden, ausgebildeten Singstimme einen Ton zu summen. Zuerst leise, dann immer lauter werdend schwebte er durch den Raum – und vollbrachte ein Wunder! Das Klavier begann zu klingen, ohne dass Paulus mit seinen Fingern die Tasten berührte! Genau der Ton, den Anni anstimmte, schwang im Instrument mit. Der hörbare Beweis bewirkte in den Herzen der Anwesenden mehr, als es kluge Erklärungen vermocht hätten. Anni konnte fortfahren ...

„So wie dieses Klavier *seinen* Ton hat, in dem es schwingt, sobald es denselben Ton *hört*, so hat jeder von uns *seinen* Ton. Er hat ihn mitgebracht in dieses Leben. Und der Ton wartet nur darauf, zum Leben erweckt zu werden. Es ist ein Himmelston, der jeden Menschen daran erinnert, woher er kommt und wohin er geht. Wenn jeder Mensch seinen Ton wiedergefunden hat, ihn anstimmt und mit diesem Ton andere Dinge der Schöpfung ebenfalls zum Schwingen bringt, so wie ich eben dieses Klavier, dann haben wir den Himmel auf die Erde geholt. – Lasst uns beginnen.“

Ohne weitere Erklärungen stimmte sie einen Ton an. Sie blickte in verständnislose Gesichter, und als nach einer Minute ihr Ton immer noch allein durch den Raum schwebte, versuchte ihr Verstand, Enttäuschung in ihr aufkommen zu lassen. Ihr Herz aber ließ es nicht zu! Zu oft schon hatte sie diese Lektion des Lebens geübt: ‚Lass alle Deine Erwartungen los. Es kommt nur auf Deine eigenen Gedanken, Gefühle, Worte und Taten an. – *Ich* habe meinen Ton gefunden und werde versuchen, mit ihm die anderen zum Schwingen zu bringen.'

Da summte eine erste Männerstimme mit. Kurt! Sein tiefer Bass klang fast wie das Blasinstrument der australischen Ureinwohner. Anni schickte ein stilles Dankgebet zum Himmel – und zu ihm. Ilse summte mit, Karl stimmte seinen Ton an, immer mehr Menschen summten, sangen, brummten. Und als aus den vielen unterschiedlichen Tönen ein wunderbarer Klangteppich entstanden war, stimmte Paulus mit leisen, unaufdringlichen Tönen seines Klaviers mit ein.

Ja, das war der Himmel ...

An den verklärten Gesichtern aller Anwesenden erkannte die Initiatorin, dass durch dieses Zusammenklingen das Paradies ein Stück weit ins Altenheim Einzug gehalten hatte. ‚Wie die Dominosteine: der erste berührt den letzten', dachte sie. Obwohl alle Beteiligten bestimmt noch stundenlang dieses noch nie gespürte Einssein ausgekostet hätten, beendete Anni mit weit ausholender Armbewegung den Himmelsgesang.

Sie blickte in die Gesichter der Menschen, die ihr gegenübersaßen oder -standen. Viele hielten die Augen geschlossen, lauschten dem letzten Ton nach. Andere wischten sich verstohlen Tränen aus den Augen. Dann spendete der Erste Applaus, und binnen Sekunden brandete eine Woge der geklatschten Begeisterung durch den Raum. Es schien Anni, als hätte sich eine Schleuse geöffnet, durch die nun eine Energie floss, die imstande war, Wunder zu wirken.

‚Also dann, packen wir's an!'

Mit ruhiger Stimme sprach sie zu den Chormitgliedern: „Ein wunderbarer Chor. Zu besonderen Anlässen werden wir unseren Ton singen. Nun wollen wir uns an die drei Lieder wagen, die wir für den Gottesdienst am kommenden Samstag ausgewählt haben. Es sind genügend Liederbücher da. Darf ich euch bitten, sie zur Hand zu nehmen?“

Willig wurde ihre Bitte erfüllt. Kurze Zeit später improvisierte Paulus rein nach seinem geschulten Gehör die Begleitung des ausgewählten Liedes am Klavier. Die Chorleiterin nahm ihre Aufgabe ernst. Schon nach den ersten Tönen winkte sie ab: „Liebe Freunde. Wir singen zwar zum Gedenken unserer lieben heimgegangenen Freundin, doch klingt das eher nach einem Trauerlied. Sie ist an ihr Lebensziel gekommen! Das sagt doch das Lied klar aus: ‚Wer Gott vertraut, hat wohl gebaut im Himmel und auf Erden.' Stellt euch ruhig vor, sie ist dabei und hört uns zu. Was sie da wohl sagen würde, wenn sie eure Trauermienen sähe? Sie hat auf Gott vertraut, ihr Lebenskunstwerk auf Erden vollendet und ist auf dem Weg in ihre Himmelswohnung. Das glauben wir und das soll aus unserem Gesang auch herausklingen. – Also, noch einmal, und diesmal mit mehr Freude!“

Zaghaft wurde ein zweites Mal angestimmt. Annis klare, geschulte Stimme übernahm das Tempo und den Ausdruck. Und siehe da: Ein weiteres Mal steckte sie die anderen an. Nie zuvor war das Lied mit solch einer Freude und Begeisterung erklungen. Und nie zuvor war den Sängerinnen und Sängern der Sinn des Liedes klarer gewesen. Eine Zuversicht und ein Frieden erfüllten den Raum – und die Herzen derer, die in ihm sangen.

Ein weiteres Mal in Annis Leben hatte es sich bestätigt: Solange sie eine bestimmte Erwartung an andere Menschen oder an Umstände hatte, versagte ihr das Leben die Erfüllung. Erst wenn sie ihre Hände öffnete und bereit war, ohne jede Erwartung ihr Gegenüber oder die Situation anzunehmen, erkannte sie, welches Geschenk der Himmel hineingelegt hatte. ‚Wenn mir doch Gott noch die Zeit und die Möglichkeit schenken würde, dass ich diese Erkenntnis den anderen vermitteln kann', dachte sie. Und wurde im gleichen Herzschlag mit sanftem Nachdruck von ihrer inneren Stimme darauf hingewiesen, dass sie schon wieder im Begriff war, eine Erwartungshaltung einzunehmen. ‚Oje, immer wieder diese Gratwanderung – ein kleiner Fehltritt zur Seite und es geht bergab', lautete ihre Selbsterkenntnis.

Zu weiteren Überlegungen dieser Art blieb ihr keine Zeit. Die erwartungsvollen Blicke der Chormitglieder waren auf sie gerichtet. Schnell sagte sie das nächste Lied an.

Nach vierzig Minuten intensiven Übens ließ die Konzentration der alten Menschen merklich nach und Anni entschloss sich, die erste Probenstunde zu beenden. Sie war vollauf zufrieden und sprach dies auch aus. Ein besonderes Dankeschön schenkte sie Paulus, der das Lob strahlend entgegennahm. Als ihm die anderen Applaus spendeten, erhob er sich wie zu seinen besten Zeiten und verbeugte sich vor den Zuhörern. An der oft geübten Geste, die Anni wohl vertraut war, erkannte sie, dass er sein Licht jahrelang unter den Scheffel gestellt hatte: Die Handbewegung, die heute einen unsichtbaren Frackschoß zurückwarf, zeigte ihr deutlich, dass er sehr wohl ein Profi gewesen war – und immer noch war. Der Himmel meinte es wahrlich gut mit ihr. ‚Und mit ihm', fügte die innere Stimme an.

„Meine lieben Freunde, morgen sehen wir uns um die gleiche Zeit am gleichen Ort zur Generalprobe", waren Annis Schlussworte.

Paulus ließ es sich nicht nehmen, für Anni Schubdienst am Rollstuhl zu leisten. Kurt verabschiedete sich schmunzelnd und augenzwinkernd. Die Chorleiterin ärgerte sich über ihr Erröten und schüttelte ein wenig unwillig den Kopf. Schnell beugte sich der Heimleiter zu ihr hinab, um ihr einen kleinen Kuss auf die Wange zu drücken.

Aus der Runde der Heimbewohner, die sich ebenfalls auf den Rückweg in ihre Zimmer machten, war ein amüsiertes ‚Na, Na' zu hören. Kurt überhörte es geflissentlich und wünschte seinen Schützlingen einen schönen Nachmittag.

Der Klavierspieler beeilte sich, mit Anni außer Hörweite der anderen zu kommen. Er schaffte es, mit ihr allein den Aufzug zu betreten, obwohl Ilse eilig hinter ihnen herrollte. Ihre verärgerte Miene wegen der Aufzugstür, die sich vor ihrer Nase schloss, rief in Anni ein leichtes Unwohlsein hervor.

Doch Paulus hatte einen Grund für den Wunsch nach einer kurzen, ungestörten Unterhaltung: „Liebe Anni, darf ich Dir sagen, dass ich immer noch von Deiner Sangeskunst überwältigt bin? Ich will nicht verschweigen, dass ich Dich bereits beim ersten Frühstück erkannt habe: Anne Andresch, die einst so berühmte Sängerin. Wir kennen uns von früher. Ich durfte Dich auf einem Deiner Konzerte begleiten."

Es war Anni sehr peinlich, dass sie sich an diesen außergewöhnlichen Mann nicht erinnern konnte. Aber – es waren so viele gewesen. Nicht nur als Klavierbegleiter ... Ein altes, schon lange überwunden geglaubtes Schuldbewusstsein wollte tief aus der Vergangenheit auftauchen. Ihr Verstand strengte sich gewaltig an, sich diesen alten Mann vierzig Jahre jünger vorzustellen.

Paulus beobachtete sie belustigt. Er konnte doch wohl keine Gedanken lesen? Wieder errötete sie. Er erlöste sie von ihren inneren Qualen: „Du kannst Dich unmöglich an mich erinnern. Wir sahen uns nur ein einziges Mal, denn ich sprang kurzfristig für einen von Dir engagierten Klavierspieler ein. Nicht einmal eine Probe war uns vergönnt. Ich erinnere mich gut, dass Du sehr skeptisch warst und wohl nicht ganz zufrieden mit mir, denn Du hast Dich nach dem Konzert, als Du mit stehenden Ovationen gefeiert wurdest, nicht nach mir umgedreht, um den Applaus mit mir zu teilen. Das war auch der Grund, dass ich Dir heute Mittag so ablehnend gegenübergestanden bin. – Verzeih mir. Du warst bestimmt bessere Begleitung gewöhnt und hast mir durch Dein damaliges Verhalten klar meinen Hochmut und meine Selbstüberschätzung gezeigt. Dafür bin ich Dir heute dankbar, denn ich schlug nach dem Konzert einen anderen Weg ein. Erst viel später erkannte ich, dass mich die Bühne auf Dauer nicht zufriedengestellt hätte. So übte ich das Klavierspiel als Hobby aus, bis ich ins Altenheim einzog und dafür kein Platz mehr war. Bis heute ..."

Er beugte sich zu ihr hinab, nahm ihre rechte Hand und drückte ihr einen sanften Handkuss auf. „Ich verspreche Dir, so oft es geht – und so oft Kurt es erlaubt – zu üben. Es ist ein Geschenk des Himmels, dass wir die Möglichkeit für ein gemeinsames Konzert noch einmal bekommen."

Anni entzog ihm schnell ihre Hand und widersprach leise: „Nein, Paulus. Ein großes Konzert mit mir wird es nicht mehr geben. Ich bin nicht mehr Anne Andresch. Ich bin Anni Nowak, die bereit ist, solange sie noch hier ist, Chorleiterin für einen kleinen Altenheimchor zu sein, doch nicht Solistin vor großem Publikum."

Sie merkte Paulus die Enttäuschung an, doch in seinen Augen blitzte es kurz darauf schelmisch auf. Was hatte er vor?

Die Aufzugstür öffnete sich und der Weg ging weiter. Anni suchte nach den rechten Worten, um sich für ihr damaliges Verhalten, an das sie absolut keine Erinnerung mehr besaß, zu entschuldigen. Paulus unterbrach sie bereits beim ersten Satz: „Nein, Anni, es ist nicht nötig, dass Du Dich entschuldigst. Du bist Dir damals treu geblieben und hast mir dadurch meinen Weg gezeigt. Doch wenn es Dich tröstet: Dein Applaus für mich am heutigen Tag hat dies alles hundertfach aufgewogen. Ich bin so glücklich wie seit Jahrzehnten nicht mehr. Ich danke Dir."

Sie waren in Annis Zimmer angekommen. Eine Frage beschäftigte die alte Frau noch: „Wie hast Du es nur geschafft, das Klavier so schnell hierher zu bringen?"

„Beziehungen, liebe Anni, Beziehungen."

„Und Deine Tochter?"

Der Mann lächelte ein wenig bitter: „Sie war natürlich überrascht, aber ich bin sicher, sie ist heilfroh, dass das ‚Monstrum', wie sie es nennt, endlich aus ihrem Wohnzimmer verschwunden ist."

„Willst Du sie nicht zum Gottesdienst am Samstag einladen?"

Eine tiefe Falte grub sich um seinen Mund ein: „Ich habe es getan. Sie hat schon etwas anderes vor. – Weißt Du, sie zahlt mir jetzt etwas zurück. Du verstehst: ‚Saat und Ernte.' Ich habe mich einmal geweigert, zu einem Auftritt in ihrer Schule zu gehen. Da durfte sie in einem Krippenspiel einen Engel geben. Ich hatte keine Zeit. Nein, ich will ehrlich sein: Ich hatte keine Lust, mir dieses dilettantische Spiel anzuschauen. Damals ist, so weiß ich jetzt, etwas zwischen uns kaputt gegangen."

Anni hatte betroffen zugehört. Wie beiläufig fragte sie nun: „Ich mache seit Jahren Namensanalysen und da würde es mich interessieren, wie Deine Tochter heißt. Ich kann mir dann, allein vom Klang ihres Namens, ein Bild von ihr machen."

„Sie hat ihren Mädchennamen auch nach der Heirat behalten. Ich war stolz darauf, als ich es erfuhr und sprach sie darauf an. Da bekam ich von ihr wieder eine emotionale Ohrfeige: ‚Nicht dass Du glaubst, der Name gefiele mir so oder ich sei stolz darauf, Neumann zu heißen. Ich bin es einfach nur leid, alle Verträge ändern zu müssen. Und mein Mann hat nichts dagegen', sagte sie damals. Meine Tochter Barbara. Einen Dickschädel hatte sie schon immer."

Sein liebevolles Lächeln verriet die große Liebe, die Paulus zu seiner Tochter, von der er sich so abgelehnt fühlte, immer noch hegte.

In Annis Kopf nahm langsam ein Plan seine Form an ...

Die Tür öffnete sich und eine beleidigte Ilse fuhr herein. Sie rollte wortlos direkt in die Toilette und verschaffte ihrem Unmut auf sehr undamenhafte Weise Luft. Anni schmunzelte, während sich Paulus verlegen verabschiedete.

Ilse hatte sich anscheinend entschlossen beleidigt zu sein. Demonstrativ kehrte sie anschließend ihrer Zimmergenossin den Rücken zu. Anni ließ ihr die Zeit, die sie brauchte, um sich zu beruhigen. Doch das dauerte ...

Das Läuten des Telefons erlöste beide Frauen aus dem Schweigen. Da Ilse keinerlei Anstalten machte, den Hörer abzunehmen, griff Anni danach.

„Oh, Elisabeth. Wie schön, Deine Stimme zu hören. Deine Mutter? Moment, ich gebe sie Dir."

Ohne sich umzudrehen, schüttelte Ilse wortlos den Kopf.

„Elisabeth, Deine Mutter ist im Moment nicht gewillt, ans Telefon zu gehen. – Nein, mach' Dir keine Sorgen. Ich bin ja bei ihr. Natürlich wird sie Verständnis dafür haben, dass Du heute nicht kommen kannst. So ein Termin auf dem Amt ist natürlich wichtiger. – Bis morgen dann. Und schenke dem Beamten ein Lächeln. Ich denke, er braucht es."

Sie legte den Hörer auf und schwieg erneut. Eine verständnisvolle und mitfühlende Schwingung ging in der Stille von ihr aus. Ganz im Gegensatz zu Ilses Ausstrahlung: Ein dunkles, unsichtbares Etwas waberte um sie herum. Wenn Anni ihre Augen schloss, konnte sie es sogar sehen.

‚Der Dämon der Enttäuschung', nannte die weise Frau den ungebetenen Zimmergenossen, der sich seit Ilses Rückkehr hier eingenistet hatte.

‚Dir werd ich helfen', begann Anni den Kampf, den sie mit den Waffen der Liebe führen wollte.

Mit leiser Stimme führte sie den ersten ‚Schlag' aus: „Ilse, was fehlt Dir denn?"

„Lass mich in Ruhe. Du brauchst mich ja gar nicht. Du hast ja jetzt einen gebildeten Verehrer, der viel besser zu Dir passt als so eine primitive, ungebildete Frau wie ich."

Aha, zum Dämon der Enttäuschung hatte sich noch der kleine Teufel der Minderwertigkeit gesellt. Der Kampf schien interessant zu werden, wenn auch nicht einfach. Aber Anni hatte ja den Himmel auf ihrer Seite.

„Ilse, Du nennst Dich ungebildet? Du bist meine rechte Hand! Glaub' nur nicht, dass ich mir dazu jemanden aussuchen würde, dem ich es nicht zutraue. In meiner Glanzzeit hatte ich eine Managerin, die mir zur Seite stand. Heute bist Du das! – Ich kann Dir zwar kein großes Gehalt zahlen, dafür aber mein Vertrauen und meine Liebe schenken!"

Ilse griff mit einer Hand nach dem Rad ihres Rollstuhls und drehte sich halb um.

Anni holte zum zweiten Liebes-‚Schlag' aus: „Ich werde Noten brauchen, denn wir wollen doch unser Repertoire erweitern. Deshalb wollte ich Dich bitten, zusammen mit Elisabeth demnächst in die Stadt zu fahren und in einem Musikgeschäft die Partituren abzuholen. Auch das ist Aufgabe einer Managerin."

Die Schlacht war gewonnen. Am Rad des Rollstuhles wurde ein weiteres Mal gedreht, bis Ilse der Freundin direkt gegenübersaß.

„Aber Du hast doch eben gesagt, dass Elisabeth heute nicht kommen wird. Wahrscheinlich hat sie jetzt jeden Tag eine andere Ausrede, weil sie glaubt, ich bräuchte sie nicht mehr. Jetzt, wo ich nicht mehr allein bin."

Anni widersprach: „Abgesehen davon, dass es stimmt, dass Du jetzt nicht mehr allein bist, glaube ich nicht, dass Du Recht hast. Ich habe

Deine Tochter kennengelernt und euch beobachtet. Da ist eine große Liebe zwischen euch, die sich darauf freut gelebt zu werden. Heute hat sie einen wichtigen Termin beim Finanzamt. Glaubst Du nicht auch, dass sie lieber die Zeit mit uns verbringen würde als mit einem verknöcherten Beamten?"

Heimlich leistete sie dem armen, unbekannten Mann Abbitte. Es gab ja auch liebenswerte Beamte! Sie dachte dabei an die Liebe auf den zweiten Blick zum Oberinspektor a. D. Karl Müller.

Ilse war vollends versöhnt. Sie wurde geachtet, ja – sogar als Managerin bezeichnet! Das Teufelchen der Minderwertigkeit schrumpfte und verpuffte schließlich in ein Nichts. Ebenso erging es dem Dämon der Enttäuschung. Auch er verabschiedete sich sang- und klanglos. Sie nahm voller Freude den neu erteilten Auftrag an und wollte sofort ihre Tochter anrufen, um mit ihr einen Termin für den Einkauf der Noten zu vereinbaren.

Anni bremste sie lächelnd: „Langsam, langsam. Zuerst mache ich mir Gedanken über das Liedgut, das am besten zu unserem Chor passt. Ich schlafe noch einmal darüber, denn im Schlaf kommen mir die vortrefflichsten Ideen. Da bin ich nämlich meinem Engel am nächsten."

Ilse glaubte, als Managerin ihrem Schützling etwas berichten zu müssen: „Du hast ja gesehen, wer in der Chorprobe neben mir gesessen hat: die Küchenhilfe Heike. Natürlich hat sie wieder falsch gesungen und ich fühlte mich veranlasst, sie darauf aufmerksam zu machen. Und weißt Du, was sie mir darauf geantwortet hat? ‚In Deiner Welt mag es vielleicht falsch klingen. In *meiner* Welt singe ich richtig. Im Chor jedoch kommt es nur darauf an, wie es in Annis Welt klingt.' Zuerst dachte ich: ‚So ein freches Luder.' Dann warf ich einen Blick zu Dir und sah, dass Du uns beiden aufmunternd zugenickt hast. Da hab ich mir gedacht: ‚Wenn Anni es nicht hört oder sich nicht daran stört, dann drück' ich auch ein Ohr zu.' Und – ob Du es glaubst oder nicht: Von diesem Moment an sang Heike wesentlich leiser, und ich glaube, auch richtiger."

Anni konnte sich an den besagten Blick überhaupt nicht erinnern. Ja, sie hatte während der Probe kein einziges Mal an Heikes gewöhnungsbedürftige Stimme gedacht. Wenn sie sich jetzt zurückerinnerte, so konnte sie keinen falschen Ton ausmachen. In ihrem Inneren hörte sie eine leise, sanfte Stimme: ‚Hast Du denn nicht gemerkt, dass nur Engel im Raum waren? Können Engel denn überhaupt einen falschen Ton von sich geben?'

An Ilses belustigtem Auflachen merkte sie erst, dass sie selbst diese Worte laut ausgesprochen hatte.

„Nur Engel ...", wiederholte Ilse, „Wenn mir das jemand vor drei Tagen erzählt hätte, ich hätte ihn als reif für das Irrenhaus bezeichnet. Beziehungsweise gleich das ganze Haus für ein Irrenhaus gehalten. Und nun gehöre ich selbst zu den Verrückten! – Und soll ich Dir was gestehen: Es fühlt sich gut an!"

Beide Frauen lachten vergnügt. Ein Blick auf die Uhr zeigte, dass bis zum Abendessen noch Zeit war. Zeit wofür? Ilse hatte eine Idee: „Können wir nicht ein bisschen Domino spielen? Diesmal aber richtig und nach den Spielregeln!"

Und genau das taten die beiden Verrückten.

Was sie nicht wussten, war, dass sich auch in den anderen Zimmern des Hauses einiges abspielte, das vor wenigen Tagen noch undenkbar gewesen war. Die Türen einiger Zimmer blieben auf Wunsch der Bewohner geöffnet, Menschen gingen aufeinander zu, die bisher nur wenig Interesse füreinander gezeigt hatten und die nur ein Gesprächsthema kannten: die verrückte Anni mit ihren verrückten, liebenswerten Ideen. Seltsamerweise wurde nur ganz wenig gelästert, dafür umso mehr gelacht. Und während der Spätnachmittagsstunden erklang Paulus' Klavierspiel durch das Haus.

Der Heimleiter Kurt überlegte, ob er dem Üben Einhalt gebieten oder zeitliche Grenzen setzen sollte, entschied dann aber, auf erste Beschwerden von Seiten seiner Schützlinge zu warten. Er wartete vergebens. Dafür erhielt er einen Anruf seines obersten Vorgesetzten, der sich nach der Entwicklung im Hause erkundigte. Kurt stellte sich lebhaft vor, wie dem Mann am anderen Ende der Leitung das Kinn nach unten klappte, als er von der Neugründung des Altenheimchores berichtete. Es blieb eine Weile still, dann hörte er die

Antwort des Bürokraten: „Wir werden die Sache ganz genau beobachten. Sobald Beschwerden bei uns eingehen, sind wir gezwungen einzugreifen. Sagen Sie Bescheid, wenn Ihnen die Sache über den Kopf wächst."

Bei den Schreibarbeiten, die Kurt später erledigte, ertappte er sich plötzlich dabei, *seinen* Ton zu brummen. Und als seine Schreibkraft einmal sein Büro betrat, glaubte er auch bei ihr ein leises Summen zu vernehmen. Als er in ihr lächelndes, ja fast verklärtes Gesicht blickte, dachte er bei sich: ‚Die Sache über den Kopf wachsen? Ich habe das Gefühl, die Sache wächst immer tiefer in unsere Herzen hinein.'

Lektion 13
Alles hat seine Zeit

Verglichen mit den aufregenden Erlebnissen des zurückliegenden Tages verliefen das Abendessen und die Vorbereitungen für die Nachtruhe für Ilse und Anni eher ruhig und mit einer gewissen Routine. Das Dominospiel hatte beiden zu einer inneren Ausgeglichenheit verholfen, die ihnen eine erholsame Nachtruhe schenkte. In Annis Kopf keimten zwar mehrere neue Pläne auf, die sie aber, wie jeden Abend, vor dem Einschlafen in die Hände eines Größeren legte.

Der nächste Morgen brachte Sonnenschein! Durch das große Fenster konnten die beiden alten Damen das immer noch leuchtende Laub der Bäume sehen, die dem Altenheim seinen Namen gaben.

Versonnen blickte Anni hinaus und flüsterte abwesend: „Noch achtzehn Tage, eine lange, kurze Zeit."

Ilse fragte zum Bett der anderen hinüber: „Was sagst Du? Was ist soweit?"

Anni zuckte ertappt zusammen und stotterte: „Ich meine, wir haben nur noch kurze Zeit, um für den Gottesdienst morgen zu üben."

Etwas in ihrem Ton ließ Ilse aufhorchen. Ihre Freundin sprach, als wolle sie etwas verheimlichen. Sie richtete sich in ihrem Bett auf und warf einen prüfenden Blick zur anderen hinüber. Wie am ersten Morgen lag Anni mit zur Schale geformten Händen da und hielt sie sogar ein Stück in die Höhe, als erwarte sie, dass jeden Moment ein Geschenk vom Himmel herunterfiele, das sie unbedingt auffangen wolle.

In diesem Moment wandte die Beobachtete ihren Kopf zur Seite und blickte Ilse an. Diese fühlte sich ertappt und versuchte, ihre Verlegenheit mit einem saloppen Spruch zu überspielen: „Du wartest wohl darauf, dass ein Engel vom Himmel plumpst, den Du mit beiden Händen auffangen willst?"

Anni antwortete ernst: „Engel fallen nicht vom Himmel herunter. Sie tauchen aus dem Inneren auf."

Eine ihr noch nicht bekannte Pflegerin mittleren Alters betrat das Zimmer. Sie machte einen mürrischen Eindruck und brummte einen unverständlichen Morgengruß vor sich hin. Ilse fühlte einen mittelgroßen Ärger in sich aufsteigen, wie so oft bei dieser unfreundlichen Person. Sie blickte, ebenso wie Anni, auf die Brust der Frau, konnte dort aber kein Papierherz entdecken. ‚Dachte ich es mir doch', fühlte sich Ilse bestätigt. Gleichzeitig wurde ihr bewusst, dass sie bis heute den Namen der Frau nicht wusste. ‚Anni wüsste ihn', war sie sich sicher – und bekam sofort die Bestätigung.

„Guten Morgen, meine Liebe. Wir haben uns ja noch gar nicht bekannt gemacht. Ich bin Anni Nowak und danke Dir, dass Du Dich so fürsorglich um uns bemühst."

Die Angesprochene antwortete verdrießlich: „Ich bitte doch sehr darum, dass Sie mich mit meinem Familiennamen ansprechen. Ich heiße Brotschneider."

Ilse konnte sich ein lautes Auflachen nicht verkneifen. Das heizte die gereizte Stimmung der Pflegerin nur noch mehr an: „Ich wüsste nicht, was daran so lustig ist. Meinen Namen habe ich mir schließlich nicht ausgesucht."

Ilse sprang sehr schnell auf den Zug der Griesgrämigkeit auf: „Aber den Mann ja wohl, der Ihnen diesen Namen aufgedrückt hat, oder?"

„Aber, aber", versuchte Anni zu beschwichtigen, „ich finde diesen Namen sehr aussagekräftig. Ich interessiere mich nämlich sehr für Namen und ihre Bedeutung. Einer der Vorfahren Ihres Mannes hat ja wohl etwas mit diesem Grundnahrungsmittel zu tun gehabt. Oder er war bekannt dafür, dass er das Brot besonders schön und gleichmäßig schneiden konnte. Wenn sich solche Namen über Jahrhunderte halten, hat das schon etwas Faszinierendes. Findet ihr nicht auch?"

Durch ihre Überlegungen gelang es ihr, die beiden Streithühner auf andere Gedanken zu bringen. Frau Brotschneider veränderte sogar ihre Miene und erklärte, an Anni gewandt: „Das ist ja ein interessanter Gedanke, denn der Großvater meines Mannes war Bäcker. Und auch in meinem Gatten schlummert dieses Talent. Ich muss gleich heute Abend mit ihm darüber reden. Wissen Sie, Frau Nowak, wenn man einen Namen so lange trägt, wird er irgendwie zur Selbstverständlichkeit, und man macht sich gar keine Gedanken mehr darüber. Höchstens, man wird deswegen ausgelacht." Sie warf dabei einen vorwurfsvollen Blick in Ilses Richtung.

Anni ließ keine Disharmonie mehr aufkommen. Sie erklärte mit ruhiger Stimme: „Liebe Frau Brotschneider. Ich respektiere natürlich Ihre Bitte, beim Familiennamen benannt zu werden. Obwohl es mir schwer fallen wird, denn bei Menschen, die ich sympathisch finde, rutscht mir immer mal wieder das vertrauliche Du heraus. Darf ich Sie trotzdem bitten, mich beim Vornamen zu nennen? Vorausgesetzt natürlich, Sie finden *mich* einigermaßen sympathisch."

Frau Brotschneider errötete. „Sie dürfen mich nicht missverstehen, Frau Nowak. Ich finde Sie sehr nett, aber ich bin eben so erzogen, dass ich fremde Menschen mit Sie anrede. Das kann ich nicht von jetzt auf gleich ablegen. – Ich bin schon etwas verwirrt, denn Sie sind nicht die einzige, die mir das Du heute schon angeboten hat. Irgendetwas hat sich seit meinem letzten Dienst verändert. Herr Lehmann hat meine Kollegin, die auch einige Tage frei hatte, nachher zu einem erklärenden Gespräch gebeten. Ich hoffe, ich verstehe dann besser, was überhaupt los ist in diesem Haus."

Während sie Anni bei der Morgentoilette behilflich war, hörte sie sich die Erläuterungen ihres Pfleglings zu den Veränderungen der letzten Tage an. Ihre Miene wurde immer nachdenklicher. Schließlich fragte sie: „Und von wem kann ich das Papierherz bekommen?"

Ilse übernahm die Antwort, diesmal mit freundlicher Stimme: „Von der früheren Lehrerin Theresia. Sie hat noch ein paar übrig, aber beeil Dich. Und wenn Du bei unserem Chor ebenfalls dabei sein willst, so melde Dich am besten gleich bei Anni an. Wir können noch Verstärkung gebrauchen.“

Frau Brotschneider, die ab sofort mit ‚Marianne’ angesprochen werden wollte, kam der Anregung unverzüglich nach und beeilte sich dann, aus dem Zimmer zu kommen.

„Und wer schiebt mich nun in den Speisesaal?“ fragte Anni lächelnd. Die Frage wurde im selben Moment beantwortet, denn Kurt betrat den Raum.

„Einen wunderschönen Tag euch beiden“, begrüßte er das Duo und erhielt einen fröhlichen Morgengruß zurück. „Wir haben ein kleines Problem“, fügte er ein wenig bedrückt an.

„Es gibt keine Probleme, Kurt, nur Herausforderungen des Lebens. Vielleicht können wir Dir helfen, sie zu bewältigen?“ ließ Anni verlauten.

„Ich glaube nicht. Eben hatte ich ein Telefongespräch mit der Tochter unseres Klavierspielers. Ein sehr unerfreuliches, muss ich sagen. Sie mutmaßt, dass ihr Vater unter Demenz leidet und hat angedeutet, dass sie die Betreuung für ihn beantragen will.“

Von Ilse war ein entrüstetes Lufthölen zu hören. Auch in Anni wollte ein kleiner Unmut aufkommen. Dann versetzte sie sich schnell in die Lage von Paulus’ Tochter. Nun konnte sie deren Reaktion verstehen. Er musste wirklich großen Druck ausgeübt haben, damit das Klavier innerhalb so kurzer Zeit ins Altenheim geschafft worden war. Dass dies auf die Tochter recht verrückt gewirkt hatte, war kein Wunder.

Anni wandte sich an Kurt: „Könntest Du mir bitte die Telefonnummer dieser Frau geben? Ich würde sehr gern mit ihr sprechen.“

Kurt schüttelte bedauernd den Kopf: „Das darf ich leider nicht.“

„Bitte, ich habe da einen Plan.“

Der Heimleiter blickte forschend und ein wenig skeptisch in Annis Gesicht: „Deine Pläne sind oft ein wenig ungewöhnlich, liebe Anni“, gab er zu bedenken. Doch er nahm einen Kugelschreiber aus der Jackentasche, ergriff ein Papiertaschentuch, das auf dem Tisch lag und sagte leise, als würde er mit sich selbst sprechen: „Damit ich nicht vergesse, diese Frau noch einmal anzurufen, muss ich mir doch gleich die Telefonnummer notieren." Zugleich kritzelte er etwas auf das Tüchlein. „Könntest Du es bitte für mich ein Weilchen halten, während ich Dich zum Frühstück schiebe?" bat er Anni. „Aber nicht lesen!" fügte er mit gespielt ernster Miene an.

Ilse konnte sich ein Schmunzeln nicht verkneifen und auch Anni beherrschte sich, ihre Stimme entrüstet klingen zu lassen, als sie das wichtige Schriftstück entgegennahm: „Was denkst Du denn von mir?" Sie legte es auf ihren Schoß und prägte sich auf dem Weg zum Speiseraum die vierstellige Nummer gut ein. ‚Keine Vorwahl', dachte sie. ‚Also wohnt sie im Ort. Wunderbar ...'

Vor der Eingangstür zum großen Raum nahm ihr Kurt das Papiertaschentuch dankend wieder ab und schob es in seine Jackentasche. „Verrat mich nicht, es könnte mich den Job kosten", bat er und wusste im gleichen Augenblick, dass dieser Satz völlig überflüssig gewesen war. Er war dankbar, dass ihn Anni überhörte und nicht darauf reagierte.

Die alten Menschen, die bereits an ihren Tischen Platz genommen hatten, begrüßten Anni, Ilse und Kurt mit lächelnden und fröhlichen Mienen. Der Heimleiter suchte vergebens nach griesgrämigen Gesichtern. Was ihm dagegen auffiel war, dass einige der ‚Freundschaftsverweigerer' heute plötzlich ein Papierherz umhängen hatten. Die Stühle der restlichen Widersacher waren dagegen noch unbesetzt. ‚Was hat das wieder zu bedeuten?' fragte sich Kurt besorgt.

Seine beiden Begleiterinnen genossen das Frühstück ebenso wie die anderen Anwesenden. Es wurde viel gelacht und geredet, es wurden aber auch fragende Blicke auf die leeren Stühle geworfen. Anni dachte nach ...

Als sie später wieder auf ihrem Zimmer war, schloss sie für einige Minuten ihre Augen und schien innere Zwiesprache zu halten. Ilse beobachtete sie genau, wagte aber nicht, sie zu stören.

Schließlich nahm Anni den Telefonhörer zur Hand und wählte eine vierstellige Nummer. Es klingelte am anderen Ende der Leitung nur wenige Male, dann meldete sich eine Frauenstimme.

Anni sprach mit ungewohnt bedeckter Stimme: „Hier ist das Altenheim ‚Drei Linden'. Spreche ich mit Frau Barbara Neumann, der Tochter von Herrn Paul Neumann?"

Die Frage wurde mit einem knappen ‚Ja' beantwortet. Anni fuhr fort und schlug diesmal einen todernsten Ton an: „Es tut mir sehr leid, aber ich muss Ihnen leider mitteilen, dass Ihr Herr Vater ganz überraschend ... und für uns alle unerwartet ..." Sie legte eine Pause ein, als suche sie nach den richtigen Worten.

Ilse, die betroffen zuhörte, verstand nicht, worauf Anni hinauswollte. Man konnte ja dem Gesagten fast entnehmen, dass Paul ...

Genau das bezweckte die raffinierte alte Dame. Und erreichte es! Barbara Neumann stieß erschrocken aus: „Oh nein, das gibt's doch gar nicht. Ich habe doch gestern noch mit ihm telefoniert. Da ging es ihm gut. Was ist denn passiert?"

Wie gut, dass sie das triumphierende Aufblitzen in den Augen ihrer Gesprächspartnerin nicht sehen konnte.

„Wie geht es Ihnen denn?" fragte Anni mitfühlend.

Das vermeintliche Vollwaisenkind antwortete weinend: „Und ich kann nicht einmal mehr Frieden mit ihm schließen. Im Bösen sind wir auseinandergegangen. – Das sieht ihm wieder ähnlich!"

Anni schien es an der Zeit, das Missverständnis aufzuklären: „Ich glaube, Sie sind einem Irrtum verfallen. Denken Sie etwa, Ihr Vater sei verstorben? Sie haben mich den Satz ja gar nicht vollenden lassen."

Barbara Neumann war völlig perplex: „Was ist denn nun passiert? Ist er tot oder lebt er noch?"

Anni erklärte: „Er lebt und es geht ihm gut. Ich wiederhole meinen Satz noch einmal und vollende ihn. Also: Ihr Vater ist für uns alle ganz überraschend und unerwartet zu dem Entschluss gekommen, im Hause sein Talent als Pianist auszuüben."

Entrüstetes Ausatmen war zu hören, dann die verärgerte Frage: „Mit wem spreche ich überhaupt? Ist das wohl ein schlechter Scherz?"

Nun gab sich Anni zu erkennen: „Oh nein, liebe Barbara, kein Scherz. Dafür ist mir die Angelegenheit viel zu ernst. Ich bin Anni

Nowak, Dein Vater kennt mich von früher unter meinem Künstlernamen Anne Andresch. Er begleitete mich einmal auf einem meiner Konzerte. Nun schließt sich für uns beide ein Kreis und ich bin dem Leben sehr dankbar, dass es mir die Möglichkeit schenkt, eine Ungerechtigkeit, die ich damals ihm gegenüber begangen habe, wieder gut zu machen. Weißt Du, es gibt nichts Schlimmeres, als zu erfahren, dass eine alte Schuld nicht mehr beglichen werden kann, weil der Tod eines Beteiligten dies nicht mehr zulässt."

Am anderen Ende blieb es lange still. Dann war ein Schluchzen zu hören: „Ich dachte wirklich ..."

Anni hakte sofort ein, die Gelegenheit schien günstig: „Wäre es für Dich denn schlimm gewesen, wenn Dein Vater gestorben wäre?"

„Ich kenne Sie zwar nicht, Frau Nowak, äh ... Frau Andresch ..."

Anni unterbrach sie: „Nenn mich doch bitte ‚Anni'."

„Gut ... Anni. Sie haben da in eine schmerzende Wunde gestoßen. Und ich finde seit Jahrzehnten keine Möglichkeit, sie zu heilen. Denn mein Vater streut immer wieder Pfeffer hinein. Zuletzt gestern ..."

Anni war nicht daran interessiert, sich die ganze lange, schmerzvolle Geschichte zwischen Vater und Tochter anzuhören. So schnitt sie die aller Wahrscheinlichkeit nach auf sie zukommende Beichte beziehungsweise Schuldzuweisung mit einem Satz ab: „Liebe Barbara, alles, was Du mir jetzt erzählen würdest, ist Vergangenheit. Weder Du noch Dein Vater können irgendetwas daran verändern. Alles hat seine Zeit. Die Verletzungen hatten ihre Zeit, aber heute ist eine andere Zeit. Wer hindert Dich denn daran, selbst ein Heilpflaster auf die alte Wunde zu kleben und nicht länger zu warten, bis Dein Vater es für Dich tut? Könnte es nicht sein, dass er eine ebenso große Wunde von den alten Kämpfen davongetragen hat und den gleichen Schmerz spürt wie Du?"

Wieder führten Annis Worte zu einem langen Schweigen.

Anni ließ nicht locker: „Heute ist heute. Und heute lebt Dein Vater noch. Dein Gedanke, er könnte gestorben sein, könnte jeden Augenblick wahr werden. Und dann? – Das Erschrecken, das Du vorhin in Dir gefühlt hast: Willst Du Dich wirklich daran klammern, bis es reell wird? Es liegt an Dir, *jetzt* Frieden zu machen."

Barbara wandte ein: „Zum Frieden-Machen gehören zwei. Und mein Vater ist dazu nicht bereit."

Anni widersprach: „*War* dazu nicht bereit. Du mutmaßt einfach und nimmst damit den heutigen Tag in Sippenhaft für etwas, das er gar nicht getan hat. Da tust Du dem heutigen Tag aber wirklich Unrecht! Jeder Augenblick ist neu, und alles, was in diesem Augenblick gedacht, gesagt, getan wird, verändert jeden der daran Beteiligten. Du bist nicht mehr dieselbe wie vor unserem Gespräch. Auch mich hat es verändert. Und ebenso ist Dein Vater ein anderer, als er gestern war. Trotzdem: Mache Deinen Friedensschluss mit der Vergangenheit nicht davon abhängig, ob Dein Gegenüber mitmacht oder nicht. Es kommt nur auf *Deinen* inneren Frieden an. Du hast doch all die Jahre gemerkt, wie belastend Unfriede ist, wie sehr er Dich davon abhält, glücklich zu sein. Glaubst Du nicht, es wäre an der Zeit, *jetzt* Frieden zu schließen, mit Dir selbst? Mit Deinem Unfrieden? Dass daran Dein Vater beteiligt ist, ist für Dich nur nebensächlich. Dein Vater hat seinen eigenen inneren Unfrieden, auf den Du gar keinen Einfluss hast. Versteh doch: Es kommt für Dich nur auf eines an: Dass Du rechtzeitig, und damit meine ich *jetzt*, Frieden mit Deinem Unfrieden schließt! Wer hindert Dich daran? Dein Stolz? Der ist genauso überflüssig wie ein Kropf!"

Am anderen Ende der Leitung war ein Lachen zu hören. Ebenso wie im Zimmer, denn Ilse stellte sich den inneren Unfrieden, den sie selbst so lange mit sich herumgeschleppt hatte, bildhaft als Kropf vor. Wie froh war sie, diese Geschwulst endlich losgeworden zu sein, die ihr oft genug die Luft zum Atmen genommen und das Herz abgeschnürt hatte. Sie hoffte von ganzem Herzen, Pauls Tochter möge dasselbe gelingen.

Annis Appell verfehlte seine Wirkung nicht. Denn ebenso wie Ilse bewegten die eindringlich gesprochenen Worte die junge Frau und brachten sie dazu, ein Loch in den dicken Eispanzer zu schlagen, der durch all die Geschehnisse der vergangenen Jahrzehnte um ihr Herz gewachsen war. So rang sie sich zu einem Eingeständnis durch: „Sie haben Recht, Anni. So habe ich die Sache noch nie sehen können. Ich dachte immer, mein Vater sei schuld daran, dass wir uns nicht vertragen können. In Wirklichkeit ist es mein eigenes inneres Unvermögen, ihn einfach so sein zu lassen, wie er ist. Ich erwartete bis heute, dass *er* sich verändert. Sie meinen, *ich* muss es tun? Ich werde darüber nachdenken, mehr kann ich im Augenblick nicht dazu sagen."

Nach kurzer Pause fügte sie an: „Sie haben mir eine Falle gestellt, nicht wahr, Anni?"

„Nicht Dir, Barbara. Der Sturheit Deines Verstandes. Er hat Dir vor langer Zeit eine Falle gestellt, in die Dein Herz hineingefallen ist. Ich durfte Dir eine Strickleiter hinunterlassen. Jetzt liegt es allein an Dir, ob Du sie benutzt oder nicht. – Ich wünsche Dir die Kraft dazu."

Wieder blieb es lange still. Dann verabschiedete sich die junge Frau: „Ich kann nichts versprechen. Doch ich denke über unser Gespräch nach. Danke, Anni. – Ach ja: Wann beginnt der Gottesdienst morgen?"

‚Gewonnen! Die Schlacht ist gewonnen!' dachten die beiden alten Frauen gleichzeitig. Die eine las es an der Miene der anderen ab. In Ilse tauchte nicht einmal ein schlechtes Gewissen darüber auf, beide Ohren so sehr gespitzt zu haben, dass sie beinahe jedes Wort gehört hatte, das am anderen Ende der Leitung gesprochen worden war.

Anni dachte für sich: ‚Oh Ilse, merkst Du gar nicht, dass ich alles auch für Dich gesagt habe?' Laut sprach sie in den Hörer: „Um 18.00 Uhr beginnt der Gottesdienst. Ich freue mich, Dich kennenzulernen, Barbara, irgendwann. Bis dann."

„Ich verspreche nichts, Anni!" bekräftigte Barbaras Verstand, während ihr Herz sich schon auf den morgigen Abend freute ...

Die nächste Stunde hatte Ilse relativ wenig von ihrer klugen Freundin. Diese führte schier endlos lange Gespräche mit alten Bekannten, holte sich Ratschläge für ihre neue Aufgabe als Chorleiterin ein und schrieb emsig empfohlene Lieder auf.

Ilse fühlte sich ausgeschlossen. Ihre innere Zufriedenheit schrumpfte von Minute zu Minute mehr und machte einer Enttäuschung Platz, die sich zu einer mittelgroßen Wut aufplusterte. Anni schien davon überhaupt nichts zu merken. Ihre Augen glänzten, ihre Wangen glühten vor Begeisterung!

Endlich, es ging schon auf das Mittagessen zu, legte sie den Hörer auf die Gabel und ließ ihn dort liegen. Sie nahm den Notizzettel zur Hand, auf dem viele Zahlen und Buchstaben standen, und wandte sich an Ilse: „Jetzt hab ich alles, was wir brauchen. Sobald Elisabeth Dich wieder besucht und Zeit hat, könntet ihr mir die Noten besorgen."

Am grimmigen Gesichtsausdruck ihrer Zimmergenossin merkte sie, dass etwas nicht stimmte. Aber so schnell ließ sie sich ihre Euphorie nicht nehmen. Mit ein wenig zu viel Elan in der Stimme fragte sie: „Was ist denn Dir über die Leber gelaufen, Ilse?"

‚Das ist ja wohl die Höhe!' dachte die laute Stimme von Ilses Ego und degradierte sie zur Beleidigten, Linksliegen-Gelassenen, Ausgegrenzten, Überflüssigen, Dummen.

„Willst Du mir nicht verraten, was Dich so verärgert?" bohrte Anni, diesmal wesentlich mitfühlender, nach.

„Das interessiert Dich doch einen Dreck!"

‚Aha, die alte Falle!' erkannte die Klügere der beiden. Laut sprach sie: „Und ob mich das interessiert. Du bist meine Managerin, und wenn es Dir nicht gut geht, so stagniert das ganze Projekt. Ich bin ohne Dich aufgeschmissen."

„Du brauchst doch bloß einen Dummen, der für Dich die Botengänge macht." Noch während sie sprach, wusste sie, dass das nicht stimmte. Sie war vorhin Zeugin gewesen, wie jeder von Annis Gesprächspartnern seine Hilfe angeboten hatte und freundlich abgewiesen wurde mit der Begründung, sie habe eine Freundin zur Seite, die sie tatkräftig unterstütze. Ilse ärgerte sich, dass ihr beleidigtes Ego dieses Lob einfach ignoriert hatte. Ihr Herz hatte es sehr wohl gehört.

Diesmal ließ Anni ihre Freundin nicht ungeschoren davonkommen: „Glaubst Du das wirklich? Meinst Du nicht, dass ich genug Freunde ‚draußen' habe, die mir sofort einen Gefallen täten? Ja, die überhaupt nicht verstehen können, weshalb ich mich hier ‚verkrochen' habe, wie es einer von ihnen vorhin bezeichnet hat? – Es ist mir wichtig, dass *Du* mir hilfst, denn *Du* gehörst zu meinem neuen Leben. Die anderen gehören zu meinem alten Leben."

Hörte Ilse aus dem Klang des Gesagten eine leise Wehmut heraus? Ihr Herz krampfte sich zusammen. Der alte Richter in ihr versuchte, sie auf die Anklagebank zu bugsieren, doch die kleine Stimme in ihr verteidigte sie: ‚Alles hat seine Zeit. Jetzt ist nicht die Zeit da, beleidigt zu sein oder sich ein schlechtes Gewissen einzureden. Jetzt ist die Zeit da, einer Freundin hilfreich zur Seite zu stehen.'

„Entschuldige, Anni. Es war nicht so gemeint. Ich rufe heute Nachmittag Elisabeth an und frage, wann sie Zeit hat, mich in die Stadt zu fahren."

‚Wie gut, dass der Himmel so viele Strickleitern in Reserve hat, die er den in die Falle gegangenen Gotteskindern zuwerfen kann', dachte Anni dankbar.

Kurze Zeit später folgte die nun schon fast zur Routine gewordene Rollstuhlfahrt zum Speiseraum. Wer aber schob diesmal Annis Gefährt? Paulus! Fünf Minuten vor dem Mittagessen hatte er zaghaft an die Zimmertür geklopft und, schüchtern wie ein Backfisch, seine Chorleiterin gefragt, ob er sie an ihren Tisch bringen dürfe.

Anni warf ihrer Freundin einen belustigten Blick zu und gab dem Kavalier ihr Einverständnis mit der huldvollen Geste einer echten Diva. Ein weiteres Mal dachte Ilse: ‚Die hat es ja wirklich faustdick hinter den Ohren.' Gleichzeitig empfand sie eine große Bewunderung für diese ungewöhnliche Frau, die den Menschen in ihrer Umgebung so ungewöhnlich gut tat. Erst als sie schon einige Meter hinter Paulus und Anni hergerollt war, wurde ihr bewusst, dass sie diesmal keinerlei Eifersucht oder Missgunst verspürte. Lag es vielleicht daran, dass ihr zum ersten Mal bewusst war, um wie viel schwächer die andere körperlich im Vergleich zu ihr war? Im Weiterfahren wurde Ilse noch etwas bewusst: Seit sie das Zimmer mit Anni teilte, war sie kein einziges Mal aufgestanden und herumgelaufen. Aber sie konnte es noch! Niemand außer ihr wusste es! Sollten die anderen nur glauben, sie sei ein schwerer Pflegefall. Wenn es darauf ankäme, könnte sie immer noch ihren Mann stehen. Sie schmunzelte und verbesserte sich: ‚... meine *Frau* stehen.'

Der Heimleiter kam ihnen auf halbem Weg entgegen. Anscheinend hatte der heutige Tag ihn ausgewählt, Anni beständig neue Hiobsbotschaften zu überbringen: „Es reißt nicht ab. Fünf ältere Herren weigern sich, den Speiseraum aufzusuchen, solange sie emotional so ausgegrenzt würden. So ihre wörtliche Begründung. Sie haben sich die Telefonnummer meines Vorgesetzten geben lassen und bestehen darauf, das Essen auf ihre Zimmer serviert zu bekommen. Andernfalls träten sie in Hungerstreik."

Der arme Kurt. Die ganze Sache wuchs ihm allmählich doch über den Kopf. Nervös kaute er auf seiner Unterlippe und rang mit den Händen. Anni behielt klaren Kopf: „Mach Dir keine Sorgen. Um diese Zeit ist bestimmt auch Dein Vorgesetzter nicht im Büro zu erreichen. Tu ihnen doch einfach den Gefallen und lasse sie auf ihren Zimmern speisen. Ich habe schon eine Idee ..."

Kurt war skeptisch. Er kannte die fünf Pappenheimer.

Und Anni wollte sie kennenlernen! „Wer ist der Anführer der Aufständischen?" fragte sie in sachlichem Ton. Noch bevor der Heimleiter antworten konnte, klärte Paulus sie auf: „ Ich wette, es ist der alte Fritz mit seinen Schafkopffreunden, dieser miese Querschläger!"

Kurt und Anni konnten sich trotz der brenzligen Situation ein Schmunzeln nicht verkneifen. Zählte Paulus doch noch gestern als Saulus ebenfalls zu den Querschlägern!

Anni bat ihren Kavalier: „Erzähl mir von Fritz. Was machte er früher beruflich?"

Paulus nahm seinen Fahrdienst wieder auf, beugte sich dabei dienstbeflissen zu Anni hinab und flüsterte ihr vertraulich ins Ohr: „Er erzählt immer, dass er ein hohes Tier bei der Regierung gewesen sei. Im Sozialministerium. Ob es stimmt, bezweifle ich. So unsozial wie er sich hier verhält ..."

„Im Sozialministerium ...", wiederholte Anni und hatte schon einen Plan gefasst. Sie? Nein, der Dominostein-Anschubser!

„Paulus, wärest Du nach dem Mittagessen so nett, mich auf sein Zimmer zu schieben? Ich würde Fritz gern einen Besuch abstatten. Einen Freundschaftsbesuch", bat sie ihren Begleiter mit leiser Stimme.

Dessen Gesichtsausdruck verfinsterte sich. Er richtete sich kerzengerade auf und presste ein gezwungenes „Wenn es sein muss" zwischen seinen dritten Zähnen heraus. Sein Verstand arbeitete fieberhaft. ‚Der miese Fritz kann auf der anderen Seite sehr galant sein. Ein richtiger Kriecher ist der! Wenn Anni nicht aufpasst, haut er sie ganz schnell in die Pfanne, ohne dass sie es merkt.'

Laut sprach er: „Ich muss Dich vor diesem Mann warnen. Er ist hinterlistig und unberechenbar."

Ilse, die direkt hinter ihnen herrollte, und Kurt, der sich ebenfalls angeschlossen hatte, hörten nur diesen letzten Satz der Unterredung und konnten sich keinen rechten Reim darauf machen. Ilse dachte nur: ‚Den Mann will ich sehen, vor dem sich Anni fürchten müsste.'

Im Speiseraum verabschiedete sich Paulus von den Damen mit einer formvollendeten Verbeugung und ging aufrecht an seinen Tisch, an dem die restlichen drei Plätze frei blieben. Unsichere Blicke wurden hin und her geworfen, Getuschel war zu hören, doch wie immer störte es Anni in keiner Weise. Wieder bewunderte Ilse deren Nerven. Sie nahm sich daran ein Beispiel und ließ sich das Mittagessen ebenso schmecken, wie es augenscheinlich ihre Tischnachbarin tat.

Anni war keinesfalls so unbeteiligt, wie es nach außen hin schien. So unauffällig wie möglich blickte sie sich im Raum um und versuchte herauszufinden, wie viele der Heimbewohner kein Freundschaftsherz umhängen hatten. Sie fand nur zehn, die aber keinen missmutigen Eindruck machten. ‚Sie werden ihren Grund haben', dachte Anni. ‚Ich mag sie deswegen nicht weniger.' Sie erinnerte sich an ein Gespräch mit einem weltoffenen Theologen. Dieser hatte ihr vor vielen Jahren erklärt, dass Jesus einmal gesagt hätte: ‚Wer nicht gegen mich ist, ist für mich.' Dieser Satz sei zwar später von den Verfechtern der Zwangsmissionierung aus gutem Grund in der Bibel verändert worden, doch sei es für Kenner der Person Jesus unzweifelhaft, dass er seine Aussage in dieser Form gemacht habe.

‚Wer nicht ausdrücklich gegen mich ist, der ist für mich', dachte auch Anni.

So legte sie sich, während sie speiste, einen Schlachtplan für die zurecht, die *ausdrücklich* gegen sie waren. Als ihr Verstand dieses Wort dachte, legte ihre innere leise Stimme Veto ein: ‚Keinen *Schlacht*plan, sondern einen *Heilungs*plan.'

Bis sie den letzten Löffel des Nachtisches genossen und abgeschleckt hatte, stand der Plan – und Paulus an ihrem Tisch.

„Immer zu Deinen Diensten, liebe Anni. – Dann mal los in die Höhle des Löwen."

Anni warf im Vorbeifahren einen Blick auf Kurt, der sich noch mit dem Nachtisch beschäftigte, nickte ihm aufmunternd zu und zeigte ihm das Siegeszeichen. Mit vollem Mund wiegte er zweifelnd den Kopf hin und her und dachte: ‚Bin ich eigentlich noch der Leiter in diesem Haus? Ich glaube, Anni hat seit ihrer Ankunft das Ruder in der Hand und gibt den Kurs vor.' Wohin? Sein Verstand meinte Richtung Sturm. Und sein Herz? Es machte wie Anni ein Siegeszeichen, ein dreifaches!!!

Lektion 14
Was Du willst, das man Dir tu, das füge einem andern zu

Noch einmal versuchte ihr selbsternannter Beschützer Paulus, sie vor dem hinterlistigen Querulanten Fritz zu warnen: „Dem bist Du nicht gewachsen, für den bist Du viel zu weich."

Annis leise innere Stimme widersprach ihm: ‚Engel sind unendlich viel stärker, als sie aussehen.'

Vor der Tür des Hauptwidersachers versprach Paulus, Anni keinen Augenblick mit Fritz allein zu lassen. Sie bedankte sich lächelnd für das Angebot – um es dankend abzulehnen. Kopfschüttelnd und leicht verärgert klopfte Paulus an die geschlossene Tür und öffnete sie, noch bevor von innen ein ‚Herein' die Erlaubnis dazu erteilt hätte. Fritz saß mit dem Rücken zur Tür einsam und verlassen am Tisch und würgte ohne großen Appetit sein Mittagsmahl hinunter. In der Annahme, die Küchenhilfe wolle das Geschirr abholen, grollte er, ohne sich umzuwenden: „Saufraß, wieder einmal. Bin noch nicht fertig. Muss man ja hundertmal kauen, das harte Fleisch."

Paulus räusperte sich verlegen, während Anni mit zuckersüßer Stimme „Gesegnete Mahlzeit" wünschte. Der Angesprochene fuhr wie von der Tarantel gestochen herum und starrte die unerwarteten Besucher mit offenstehendem Mund an. Annis herzliches Lächeln verwirrte ihn total. Schnell erhob er seinen Blick und schoss sich auf Paulus ein, der in seinen Augen ein Verräter der Sache geworden war: „Du, natürlich. Ins Lager der Feinde gewechselt. Aber was kann man von einem Fingerkünstler schon anderes erwarten."

Anni spürte die Wut, die ihren Begleiter packen wollte. Bevor er noch zu einer Gegenrede ansetzen konnte, übernahm sie das Steuer: Sie wandte ihren Kopf ein wenig zur Seite und sprach Paulus an: „Entschuldige, ich habe gar nicht gefragt, wie der Herr hier mit seinem Familiennamen heißt."

Aus seinem wutentbrannten Konzept gebracht, stammelte der Gefragte: „Köhler. Fritz Köhler."

Herr Köhler wandte sich demonstrativ wieder seinem Teller zu und entschloss sich, die Besucher einfach zu ignorieren. Erstaunt hörte er, wie Paulus von Anni gebeten wurde, sie mit ‚Herrn Köhler' allein zu lassen und in ungefähr zehn Minuten wieder abzuholen.

Paulus beugte sich ein letztes Mal zu ihr hinab und flüsterte in ihr Ohr: „Ich habe Dich gewarnt. Ich bleibe vor der Tür stehen. Ruf laut um Hilfe, wenn Du mich brauchst." Theatralisch legte er die rechte Hand auf sein Herz und warf einen letzten, bitterbösen Blick auf den Feind.

Dann schloss sich die Tür hinter ihm. Der Engel Anni und der Teufel Fritz blieben allein zurück.

Und was tat der Engel? Minutenlang gar nichts! Fritz fühlte sich unbehaglich, denn Anni verfiel in ein tiefes Schweigen. Dabei hatte er eigentlich eine Anklage von ihr erwartet.

Die lebenskluge Frau wusste genau, was in ihm vorging. Er fühlte sich schuldig, das war ihm deutlich anzusehen. Während er lustlos weiteraß, zog er seinen Kopf ein und die Schultern hoch, als erwarte er eine Standpauke.

Ihre innere, leise Stimme erinnerte Anni daran, dass die zweite Hälfte der zehn Minuten begann. Wie sie Paulus kannte, würde er auf die Sekunde genau hereinstürmen.

Alles hat seine Zeit. Jetzt war die Zeit da, den Feind zum Freund zu machen: „Lieber Herr Köhler", begann Anni mit sanfter Stimme zu sprechen. „Ich habe heute erfahren, dass Sie im Sozialministerium gearbeitet haben, und gehe davon aus, dass Sie große Kompetenz und Erfahrung in sozialen Fragen besitzen. – Ich brauche Ihre Hilfe."

Fritz fiel fast die Gabel aus der Hand. Damit hatte er nicht gerechnet! Doch so leicht wickelte man ihn nicht um den Finger. Ihn nicht!

Anni ließ sich von seinem offen zur Schau gestellten Desinteresse nicht beirren: „Sie sind ja schon länger in diesem Altenheim und haben sicher auch bemerkt, dass das Pflegepersonal heillos überfordert ist. Die Menschlichkeit bleibt auf der Strecke!"

Jetzt war der Staatsbeamte a. D. in seinem Element. Die kluge alte Dame hatte ihn genau mit seinem Lieblingsthema geködert!

Er legte das Besteck beiseite, wischte sich mit der Serviette den Mund ab, erhob sich und drehte den Stuhl in Annis Richtung. An seiner Miene war eine eigenartige Mischung abzulesen: auf der einen Seite Ablehnung, auf der anderen Seite Zustimmung. Damit kam er innerlich gar nicht klar.

Anni nutzte seine Verwirrung und fuhr fort: „Das Personal hat einfach keine Zeit für unsere berechtigten Bedürfnisse."

Fritz entschied sich für Zustimmung. In seiner aufbrausenden Art bestätigte er das Gesagte, übernahm aber sofort die Rolle des Richters: „Das sage ich schon lange! Wir werden hier ja behandelt wie ein Stück Vieh. Eingepfercht, gefüttert – und gemolken!"

Die kluge Seniorin wusste, dass sie vorerst seine Sprache sprechen musste, um die Falle, in die seine Anklage stürzen sollte, aufbauen zu können: „Was meinen Sie: Hat es einen Sinn, sich über das Pflegepersonal zu beschweren? Sie haben bestimmt noch gute Beziehungen zum Ministerium. Von dort aus könnten doch den Altenpflegerinnen und –pflegern einmal gehörig die Leviten gelesen werden." Sie hatte sich bemüht, einen arroganten Ton in ihre Worte zu legen – und erreichte genau das, was sie damit bezweckte: Widerspruch! Innerlich schmunzelte sie, als sie seiner Gegenrede zuhörte: „Also – da machen Sie es sich doch ein wenig zu einfach, wenn Sie die ganze Schuld an dem Dilemma dem Pflegepersonal in die Schuhe schieben. Als Staatssekretär hatte ich Einblick in die Organisation – und auch in die Budgets von Sozialeinrichtungen. Ich habe oft genug den Kopf geschüttelt, wenn ich sah, wie viel Geld für den Wasserkopf der Bürokratie und wie wenig davon für die Basis übrig blieb. Nur, damals dachte ich nicht im Traum daran, dass auch ich einmal an der Basis landen würde. Vielleicht hätte ich sonst meinen Einfluss geltend gemacht, um die Lage zu verbessern. Obwohl: Was kann ein einzelner Beamter schon bei den Gesetzen ausrichten, die weitab vom kleinen Bürger hinter verschlossenen Türen von Menschen gemacht werden, die keine Ahnung haben?“

Er merkte nicht einmal, dass er seine Schussrichtung um 180 Grad geändert hatte. So leicht wollte Anni es ihm nicht machen. In immer noch überheblichem Ton hielt sie dagegen: „Das interessiert mich gar nicht, was die da oben machen. Ich habe nur den Heimleiter und das Personal in Reichweite und werde mich mit meiner Unzufriedenheit an sie halten.“

Der sozial eingestellte Mann ihr gegenüber ergriff vollends Partei für die zu Unrecht Beschuldigten: „Nein, Frau Nowak. So einfach geht das nicht. Da treffen Sie wirklich die Falschen. Merken Sie denn nicht, dass die armen Frauen und Männer, die nach bestem Bemühen versuchen, es uns so angenehm wie möglich zu machen, immer mehr an ihre Grenzen stoßen und der Belastung beinahe nicht mehr gewachsen sind?“

Jetzt hatte Anni ihn da, wo sie ihn haben wollte. Es kam nur noch darauf an, ihn in der ihr noch verbleibenden Minute dazu zu bringen, *ihre* Idee als *seine* Idee zu übernehmen. Sie gab ihrer Stimme einen fragenden Tonfall: „Sie meinen also: Wenn das Personal von oben her keine Entlastung bekommt, so könnten vielleicht wir selbst ... ich meine ... untereinander ... füreinander ... miteinander ...?“

Sie konnte es förmlich in seinen Augen sehen, wie das Birnchen des Erkennens aufleuchtete. Natürlich, wieso war er nicht schon früher darauf gekommen? Eine Euphorie erfasste ihn, als der Plan in seinem Kopf – oder war es vielleicht in seinem Herzen? – eine immer deutlichere Form annahm. Mehr zu sich selbst als zu der seltsamen Dame namens Anni formulierte er ihn: „Ja, das wäre eine Lösung: Wenn wir *unter*einander mehr Verantwortung *für*einander übernehmen würden. Täglich höre ich das Gejammer meiner Freunde, dass es ihnen langweilig sei. Dabei haben sie soviel zu erzählen. Auf der anderen Seite sitzen oder liegen viele Heimbewohner allein in ihren Zimmern und würden sich freuen, wenn sie jemandem zuhören könnten. – Warum nur ist keiner von uns vorher auf den Gedanken gekommen?"

Anni sprach mit Bewunderung in der Stimme: „Sie, lieber *Herr Köhler*, haben ja jetzt zur richtigen Zeit diese wunderbare Idee und Sie besitzen ja auch die Intelligenz und die Erfahrung, diesen Einfall durchzudenken, auszuformulieren und in die Tat umzusetzen. Ich wäre damit heillos überfordert. Wie gut, dass sie sich als Fachmann dieser Aufgabe annehmen."

Genau beim letzten Wort öffnete sich hastig die Tür und Paulus stürmte herein. In seiner Miene war die Anspannung deutlich zu erkennen. Anni glaubte zu wissen, dass er seine Armbanduhr in den zurückliegenden Minuten keine Sekunde aus den Augen gelassen hatte. Er warf ihr einen fragenden Blick zu und war baff, als er den Zimmerherrn mit freundlicher Stimme sagen hörte: „Liebe Anni, sind Sie doch nicht so förmlich und sprechen mich dauernd mit *Herr Köhler* an. Wir sitzen doch alle in einem Boot. Nennen Sie mich ganz einfach *Fritz*."

Anni tat erstaunt. Ein kleines Teufelchen ritt sie, als sie antwortete: „Lieber Fritz, es fällt mir zwar schwer, einen früheren Staatssekretär zu duzen, aber wenn Du so großen Wert darauf legst, will ich Dir gern die Freude machen."

Paulus war perplex – und eifersüchtig! Er warf seinem Konkurrenten einen bitterbösen Blick zu und ergriff ein wenig zu hastig den Rollstuhl. Während er Worte murmelte, die außer ihm keiner verstand, schob er die Frau aus dem Zimmer. Als sei es der Nackenschläge noch nicht genug, hielt ihn Fritzens Stimme zurück: „Ach

Paul, dass ich es nicht vergesse: Ich habe Dir doch einmal davon erzählt, dass ich früher Querflöte gespielt habe. Was hältst Du davon, wenn wir gemeinsam musizieren?"

Pauls genuscheltes „Überleg es mir ..." ging in Annis begeistertem Ausruf unter: „Fritz! Paulus! Das ist ja wunderbar! Wir kriegen noch ein ganzes Begleitorchester zusammen. Oh – ich liebe euch!"

Was für ein Zaubersatz! Wie lange lag es zurück, dass die beiden alten Herren aus so bezauberndem Frauenmund eine so deutliche Liebeserklärung bekommen hatten? Da nahmen sie es gern in Kauf, dass sie sich das Wort teilen mussten! So drehte sich Paulus noch einmal zum wiedergewonnenen Freund Fritz um und willigte ein: „Sobald Du Dein Instrument hast, probieren wir es. Aber ich sag es Dir gleich: Anni stellt hohe Ansprüche an die Mitspieler!"

So mochte die Chorleiterin den Satz nicht stehen lassen: „Du sagst es: Ich stelle hohe Ansprüche an die Mit*spieler*. Und ich lege Wert auf das Wort *‚Spieler'*. Mein Anspruch besteht darin, dass alle Freude und Spaß an der Sache haben. Sobald ich merke, dass ein Konkurrenzdenken oder Druck entsteht, trete ich zurück."

Obwohl sie die Worte ruhig und freundlich gesprochen hatte, hörten die beiden Männer die ernst gemeinte Warnung heraus. Paulus wandte sich noch einmal kurz zu Fritz um und sprach, diesmal ohne Speerspitze in der Stimme: „Anni wird uns die Spielfreude anhören, nicht wahr, Fritz?"

Der Gefragte bejahte kurz und meldete sich formlos an: „Bis zur Chorprobe heute Nachmittag. Ich werde heute erst einmal mitsingen und schauen, dass ich nächste Woche ein Instrument habe. Und die andere Sache – Du weißt schon, Anni – lasse ich mir genauestens durch den Kopf gehen. Ich habe schon einen Namen für das Projekt: ‚Aktion *Ich für Dich*'. Wie gefällt Dir das?"

„Wunderbar. Eine herrliche Ergänzung zur ‚Aktion Freundschaft'."

Schnell schob Paulus seinen Schützling aus dem Zimmer. Der andere sollte nicht zuviel Zeit bekommen, Punkte für sich zu sammeln. Auf dem Rückweg in Annis Zimmer siegte seine Neugier: „Was meinte Fritz denn damit?"

„Er hat eine Vorstellung, wie wir das Pflegepersonal entlasten können. Emotional entlasten, meine ich ... äh ... meint er.“

Der kleine Freud’sche Versprecher wurde sofort von Paulus erkannt. Kopfschüttelnd antwortete er: „Du bist mir eine. Du wickelst wohl jede und jeden um Deinen kleinen Finger.“ Anni hörte aus dem Tonfall die Anerkennung heraus. Sie wandte ihren Kopf um, so weit es ihr möglich war, und erwiderte: „Es dient einer guten Sache, Paulus. Weißt Du übrigens, dass *Du* mich auf den Gedanken gebracht hast? Als ich gestern sah, wie begeistert die anderen von Deinem Klavierspiel waren, dachte ich: ‚Er könnte doch öfters mal ein kleines Konzert geben und die musikinteressierten Menschen damit beglücken!‘“

Der Rollstuhl blieb stehen. Paulus beugte sich zu Anni hinab und ergänzte ihren Gedanken: „Und was glaubst Du, wie beglückt die Menschen erst wären, wenn Du mit Deiner wundervollen Stimme dazu singen würdest?“

Noch wollte Anni diese Möglichkeit nicht zulassen ... Es war eben doch um vieles einfacher, anderen Menschen Aufträge des Himmels weiterzugeben als selbst eine göttliche Order anzunehmen ...

Paulus hieß nicht umsonst wie sein missionierender Namenspatron! Was diesem vor fast zweitausend Jahren bei unzähligen Menschen gelungen war, sollte ihm bei dieser Frau doch auch möglich sein!

Nun war es an ihm, heimlich zu schmunzeln und auf Unterstützung von oben, von *ganz* oben, zu vertrauen. Eher beiläufig, im Weiterschieben, erinnerte er Anni an ein altes Sprichwort: „Was Du nicht willst, das man Dir tu, das füg’ auch keinem andern zu.“

Annis Herz lenkte ein, auch wenn sich ihr Verstand dumm stellen wollte. Lachend gab sie sich geschlagen, indem sie das Sprichwort ein wenig abänderte: „Was Du willst, das man Dir tu, das füge einem andern zu.’ Du bist ein guter Schüler, Paulus. Scheinbar wünscht sich meine Seele nichts sehnlicher, als durch meine Stimmbänder von den Wundern des Lebens zu künden. Und ich dachte, ich sei gewieft! Der, der aus Dir heraus agiert, ist es noch viel mehr, denn er besiegt mich mit meinen eigenen Waffen!“

Paulus verstand nicht ganz, was sie damit meinte. Aber soviel verstand er: Die Stunde, in der er zusammen mit Anne Andresch ein Konzert geben würde, stand schon fest! Auch wenn sie beide den Termin noch nicht kannten ...

Als er Anni in ihr Zimmer schob, hörte er sie flüstern: „Wie im Himmel, so auf Erden ... Dein Wille ist auch mein Wille ...“

Lektion 15
Die Zeit ist ein Wesen, das Dir dient

Es blieb Anni nur eine kurze Mittagsruhe, bis es Zeit war für die Generalprobe vor dem ersten Auftritt. Paulus ließ es sich nicht nehmen, sie abzuholen und in den Aufenthaltsraum zu schieben. Sie wurden schon erwartet. Beide sahen mit Freude, dass der ‚Freundschaftschor des Altenheimes Drei Linden’ erneut gewachsen war. Und – neben dem Klavier stand ein Stuhl, auf dem mit leuchtendem Gesicht Fritz saß, eine Querflöte liebevoll in beiden Händen haltend.

Anni bemerkte, dass Paulus bei diesem Anblick kurz stutzte, und glaubte zu wissen, was in ihm vorging. Sie wandte sich ein wenig nach ihm um und sprach leise: „Lass alle Deine Vorurteile und alle Deine Erwartungen los. Lass Dich überraschen!“

Sie konnte zwar sein Nicken nicht sehen, doch an der Art, wie er sie an ihren Dirigentenplatz schob, erkannte sie, dass er guten Willens war.

Erwartungsvoll waren mehr als dreißig Augenpaare auf sie gerichtet. Auch heute begann sie die Chorprobe mit ‚Deinem Ton’, wie sie es nannte. Kaum hatte sie ihren Ton angestimmt, stimmten viele, viele verschiedene Töne mit ein. Anni betrachtete bewegt die Frauen und Männer jeden Alters, wie sie, meist mit geschlossenen Augen, *ihren* Ton summten, brummten, sangen und dabei das Wunder des Eins-Seins erspürten.

‚Ich hätte es nie mit Worten erklären können’, dachte die alte weise Frau und musste sich fast zwingen, das Signal zur Beendigung des Liedes zu geben, eines Liedes, für das nie geschriebene Noten existieren würden und das gerade deshalb nie durch einen falschen Ton gestört werden würde.

Die Harmonie hielt auch während des Übens der ‚Notenlieder', wie Anni sie innerlich nannte, an. Ihre Zufriedenheit spiegelte sich in den Gesichtern der Chormitglieder, als sie die Generalprobe beendete und sich bei allen Sängerinnen und Sängern – und natürlich beim Orchester – bedankte.

Während der Probe hatte sie mehrmals einen fragenden Blick auf Paulus und Fritz geworfen und voller Dankbarkeit erkannt, dass beide *mit*einander musizierten, und nicht *gegen*einander. Konnte es in der Musik, in dieser Sprache der Herzen und Seelen, überhaupt ein Gegeneinander geben? Wie unsinnig war jeder Wettbewerb, jedes Konkurrenzdenken, wenn es um Musik ging! Anni erinnerte sich genau an die Zeit ihrer musikalischen Ausbildung. Wie oft war die Freude am Singen durch den Druck von Wettbewerben, von Bewertungen, von Vergleichen mit anderen auf der Strecke geblieben und einer Angst vor dem Versagen gewichen. Gerade den sensiblen Künstlern war so der Weg zum Erfolg versperrt, obwohl sie es am besten vermocht hätten, mit der Sprache der Seele die Liebeserklärungen Gottes zu den Menschen zu bringen.

In ihrem Inneren tauchte ein Satz auf: ‚*Jetzt* ist die Zeit da, zusammen mit diesen einfachen Menschen die Liebe Gottes hörbar zu machen.' Und Anni sprach genau diesen Satz laut aus: „*Jetzt* ist die Zeit da, mit euch allen die Liebe Gottes hörbar zu machen."

Wenn auch der Verstand der meisten, die ihr gegenübersaßen, ihre Worte nicht in der ganzen Tragweite fassen konnte, die Herzen nahmen sie auf. Nachdenklich verließen die meisten den Raum. Kurt, der sich neben Anni stellte, beobachtete bewegt, dass sich einige der alten Menschen an den Händen hielten oder sich gegenseitig stützten. Ein Strahlen war in ihren Gesichtern, das ihn tief berührte. ‚Wie Geschwister', dachte er und erinnerte sich an einen Satz, den diese wunderliche Frau neben ihm bei ihrer Ankunft ausgesprochen hatte: ‚Sind wir nicht alle Geschwister, wenn wir denselben Vater haben?' Ja, sie lebte es! Und lebte es anderen vor!

Jetzt wandte sie sich den beiden Musikern zu: „Das ist ja wunderbar, wie ihr beiden miteinander harmoniert. Ohne euch wäre unser Chor nur halb so schön.“

Beide schüttelten gleichzeitig so heftig die Köpfe, dass ihre grauen schütteren Haare nur so durch die Luft flogen. Fritz sagte schließlich mit unzufriedener Miene: „Ich muss den ganzen Tag noch üben, so steif sind meine Finger geworden. Am liebsten würde ich morgen gar nicht mitspielen.“

Paulus fiel ihm ins Wort: „Untersteh Dich, wir haben noch den ganzen Nachmittag und den Abend und morgen Vormittag und ...“

Kurt unterbrach ihn lachend: „Ich bitte die Herren, im Interesse der anderen Mitbewohner die Ruhezeiten einzuhalten. Sonst haben wir morgen eine Kommission der Diözese im Haus, die aussortiert, wer von uns in ein geschlossenes Heim verlegt wird.“

Anni stimmte in das allgemeine Gelächter mit ein und fügte hinzu: „Ach weißt Du, am besten nehmen sie uns alle mit, dann machen wir einfach am anderen Ort weiter! Ich stelle es mir wunderschön vor: Lauter Ver-rückte, lauter Menschen, die um einen Schritt ver-rückt neben der Masse der ‚Normalen' stehen.“

Das Bild schien den anderen zu gefallen. Und wenn sie genauer nach innen schauten, konnten sie sehen, dass es schon viele, viele Menschen gab, die um einen Schritt ver-rückt standen ...

Kurt übernahm Annis Rückfahrt in ihr Zimmer, damit die beiden Orchestermitglieder weiterüben konnten. Die wohlklingenden Klavier- und Flötentöne begleiteten sie ein weites Stück des Weges.

Ilse wartete schon voller Ungeduld auf ihre Zimmergenossin. Kaum hatte sich der Heimleiter verabschiedet, stellte sie Anni eine Frage: „Du sagtest vorhin: ‚*Jetzt* ist die Zeit.' Dabei hast Du das Wort *jetzt* so betont. Das klang ja fast so, als glaubtest Du, die Zeit würde Dir davonlaufen!“

Anni hörte sehr wohl die Angst heraus, die der Grund für diese Frage war. Und so hielt sie es für die richtige Gelegenheit, ihrer Freundin die ‚Zeit' als Freund nahezubringen und nicht als Feind, gegen den es anzukämpfen galt.

„Ilse, was bedeutet Zeit für Dich?“

„Als ich ein Kind war, schien die Zeit *für* mich zu sein. Sie schenkte mir den Raum zu spielen, zu lesen, zu lernen. Doch heute ist die Zeit *gegen* mich. Sie rennt mir entweder davon oder sie jagt mich. Sie ist zu einem Feind geworden, der mir Angst macht."

Anni konnte die Antwort gut verstehen, denn lange Jahre fühlte sie sich ebenfalls von diesem Ungeheuer namens Zeit gejagt oder jagte ihm selbst erfolglos hinterher. Bis das Leben ihr den Unfall geschenkt hatte. Geschenkt hatte! Sie lächelte und war dem Himmel dankbar, dass sie es so sehen konnte. Würde sie die rechten Worte finden, Ilse alles zu erklären? Sie bat ihren inneren Engel um Hilfe. Und fand sofort Unterstützung, denn die Worte tauchten aus ihrem Herzen auf und brauchten nur noch ihre Stimmbänder, um hörbar gemacht zu werden: „Ich kenne das, was du schilderst. Es gibt so viele Sprichwörter, die genau das aussagen: ‚Die Zeit rennt mir davon.' ‚Die Zeit jagt mich.' ‚Die Zeit zerrinnt mir zwischen den Fingern.' – Bis zu meinem Unfall hatten diese Sätze auch für mich Gültigkeit. In meinen dunkelsten Stunden zwischen Leben und Tod schenkte mir der Himmel eine Erkenntnis. Ich hatte einen Traum: Ein wunderschöner, weißer Drache landete direkt neben mir und forderte mich auf, auf seinem Rücken Platz zu nehmen. Er wolle mich an *meinen* Ort bringen. An *meinen* Ort? Wo sollte das sein? Ich hatte keine Angst vor dem Fabelwesen, denn ein Leuchten ging von ihm aus und seine großen Augen blickten freundlich und wohlwollend. So setzte ich mich auf seinen Rücken und hielt mich an seinem weichen Fell fest. Und los ging die Reise! Immer höher erhob er sich, der Wind blies durch meine offenen Haare. Tief unter uns lag die Welt. Nein, es war nicht die Welt, die ich da sah, es waren einzelne Erlebnisse, die ich in der Vergangenheit gehabt hatte: Wir überflogen die Orte meiner Geburt, meiner Kindheit, meines Studiums. Ich erblickte die Plätze der ersten Liebe, der ersten Enttäuschung, der ersten Erfolge. Da erkannte ich, dass ich mein bisheriges Leben überflog! Er verlangsamte das Tempo und ich erkannte unter uns den Ort des Autounfalls, dann den Ort der Genesung. Bevor er am Platz der Gegenwart landete, zog er eine große Schleife in der Luft. Ich beugte mich waghalsig über seinen Hals, um einen Blick nach vorn zu werfen: Dort, vor uns, lagen andere Orte, die ich aber nur wie durch einen Dunstschleier erahnen konnte. Heute weiß ich, dass auch dieser Ort hier auf mich wartete. – Als er mich schließlich in der Intensivstation des Unfallkrankenhauses absteigen ließ, verabschiedete er sich mit den Worten: ‚Ich bin das Wesen der Zeit, das Dir dient und Dich ein Stück durch die Ewigkeit trägt. Ich erfülle den Auftrag des Himmels, Dich zur rechten Zeit an den rechten Ort zu bringen. Schenke mir Dein Vertrauen, denn ich kenne Deinen Weg.' – Als ich aus dem Koma erwachte, konnte ich mich in allen Einzelheiten an diesen ‚Traum' erinnern. Er hilft mir bis heute, die Zeit als Freund zu sehen, ja – mehr noch: als meinen Diener. Ich weiß, dass jede Menschenseele, wenn sie in die Materie kommt, diesen Glücksdrachen *Zeit* besteigt und sich von ihm durch das Leben tragen lässt. Jahre später sah ich einen Film, in dem ich den Drachen aus meinem Traum wiedersah: ‚Die unendliche Geschichte' hieß er. Ich erkannte, dass nicht nur ich dieses Wissen um das dienende Wesen der Zeit besaß. – Ilse, mein Glücksdrache ist alt und müde geworden und ich weiß, dass er langsam auf das letzte Ziel zusteuert. Doch es macht mir keine Angst. Er hat sich die Ruhe verdient, ebenso wie ich."

Aus Ilses nachdenklichem Gesichtsausdruck sprach nach Annis letzten Worten Beunruhigung und Sorge. Schnell fügte Anni deshalb an: „Im Moment überfliege ich einen Ort der Freundschaft, des Miteinanders. Und wenn ich neben mich blicke, so sehe ich Dich auf einem ebensolch wunderschönen Drachen sitzen. Dein Drache sieht noch ein wenig kräftiger und jünger aus. Dreh Dich mal um und schau, wie viele andere Menschen hinter uns herfliegen!"

Das innere Bild, das Anni so anschaulich gezeichnet hatte, verscheuchte Ilses dunkle Gedanken und brachte sie sogar zum Lachen. Sie beschrieb ihre Einbildung: „Einige sitzen recht wackelig auf ihrem Reittier, andere geben ihm die Sporen und versuchen es anzutreiben." Ihr Blick wurde nachdenklich, als sie anfügte: „Und ich habe vor einigen Tagen versucht abzusteigen. Doch es war nicht der rechte Ort für meinen Zeitdrachen. Wie gut, dass er mir nicht gehorcht hat, denn wenn ich ehrlich bin, gefällt mir der Flug heute ganz gut."

Sie hielt dabei ihre Augen geschlossen und tauchte ganz in das Bild ein. Anni tat dasselbe und genoss die Stille, die für eine ganze Strecke des gemeinsamen Weiterfluges andauerte.

Den Rest des Tages hielten die beiden Frauen ganz bewusst den Gedanken fest: ‚Die Zeit ist ein Wesen, das mir dient und mich zur rechten Zeit an den rechten Ort bringt.' Das Wesen brachte sie an den Ort des gemeinsamen Abendessens und danach in ihr Zimmer, in dem sie sich noch stundenlang über Orte unterhielten, an die sie ihr Glücksdrache in der Vergangenheit getragen hatte. Ilse erkannte immer mehr, welches Gottesgeschenk die Zeit für den Menschen war. War es ein Wunder, dass sie in dieser Nacht auf dem Rücken eines weißen Drachens Landschaften überflog, die wie Diamanten unter ihr funkelten?

Lektion 16
Wenn sich ein jeder nach seinen Talenten in das Ganze einbringt, entsteht ein Meisterwerk

Am nächsten Morgen lächelte eine strahlende Herbstsonne auf das Altenheim herab, fast so, als freue sie sich mit den Bewohnern auf das Geschenk, das der Samstag in seinem Gepäck hatte. Nicht nur im Äußeren war es hell und licht, auch aus den Herzen und Mienen der Menschen, die sich auf den Weg in den Speisesaal begaben, leuchtete es. Obwohl die meisten von ihnen an die verstorbene Mathilde dachten, zu deren Gedenken heute Abend der Gottesdienst stattfinden sollte, herrschte eine heitere und erwartungsvolle Stimmung. Immer wieder ertappte sich einer dabei, wie er *seinen* Ton summte oder eines der Lieder anstimmte, die eingeübt worden waren. Die Küchenhilfe Heike trällerte ihr Lieblingslied, ohne sich zu wundern, dass darüber nicht wie bisher gelästert wurde. Nein, ihre Kolleginnen fungierten an diesem Morgen sogar als mehrstimmiger Hintergrundchor!

Die junge Pflegerin Anni schob die alte Anni durch die Gänge Richtung Speiseraum. Ilse, die ihnen folgte, rief nach vorn: „Ich bin neugierig, wohin mein Glücksdrache mich heute tragen wird.“

Die junge Pflegerin blieb überrascht stehen und wandte sich fragend um. Ilse teilte das Wissen gern mit ihr: „Weißt Du: Die Zeit ist ein Wesen, das uns dient und uns ein Stück durch die Ewigkeit trägt. – Sagt Anni!“

Nachdenklich setzte die junge Frau den Weg fort, um nur wenige Meter weiter verwundert stehen zu bleiben: „Hört ihr das auch?“ fragte sie die beiden alten Damen.

Angespannt lauschten alle drei und vernahmen eines der geprobten Lieder, gespielt auf einem Klavier, unterstützt durch eine Querflöte – und verspielt umrahmt von den warmen, klaren Tönen einer Geige!

„Bitte, Anni, bring mich in den Aufenthaltsraum. Ich will doch sehen, wer der Neuzugang unseres Orchesters ist“, bat die Chorleiterin.

Natürlich schloss sich Ilse sofort an. Leise öffnete die Pflegerin die Tür zum Probenraum und schob Anni hinein. Die drei Musikanten ließen sich nicht stören, sie waren viel zu vertieft in die Musik.

Andächtig schauten die drei Zuhörerinnen auf das ungewöhnliche Trio: Paulus saß mit angestrengtem Blick auf das Notenblatt an seinem Klavier, Fritz versuchte verbissen möglichst fehlerfrei mitzuhalten, während die Dritte im Bunde mit geschlossenen Augen die Melodie ganz nach Gehör intonierte: Theresia, die frühere Lehrerin, hatte sich in der Nacht entschlossen, ihr heimliches Talent wieder zum Leben zu erwecken. Als das Lied beendet war und von drei Händepaaren begeistert Applaus gespendet wurde, wandten sich die Tonkünstler erschrocken der Türe zu. Theresia errötete verlegen, und die beiden Herren fingen sofort an, sich für ihr fehlerhaftes Spiel zu entschuldigen. Anni unterbrach sie: „Es klang wunderschön! Stellt doch keine so hohen Ansprüche an euch. Habt ihr vergessen, dass bei der himmlischen Musik *jeder* Ton zum anderen passt? Da gibt es kein falsches Spiel! Ich betone noch einmal: *Spiel*, hört ihr? Ich sage nicht: *Kampf*! – Habt ihr Theresias Gesicht gesehen während des Spielens?“

Die pensionierte Lehrerin wurde glühend rot. In den Mienen der beiden Männer spiegelte sich pures Unverständnis. Worauf wollte Anni hinaus? Sie waren mit dem Notenlesen beschäftigt gewesen, da blieb keine Zeit, Theresia zu betrachten.

Ilse half ihnen auf die Sprünge: „Fritz, dein Gesicht war verbissen wie das eines Dobermanns, kurz bevor er auf den Briefträger losgeht. Und Du, Paulus, machtest den Eindruck, als würdest Du für das Wohl der ganzen Welt verantwortlich sein und als würde sie einstürzen, wenn Dir nur der kleinste Fehler passiert. Theresia dagegen sah aus, als höre sie Engelmusik und hätte das Privileg, ein wenig ihren Bogen dazu zu streichen."

Die beiden Männer lachten laut auf bei Ilses bildhafter Beschreibung. Anni bedankte sich innerlich für die Schützenhilfe ihrer Freundin. An den entspannten Mienen des männlichen Teils des Orchesters erkannte sie, dass sie verstanden hatten.

Paulus bestätigte es: „Nun gut, wahrscheinlich nehmen wir das Ganze zu ernst. Ihr habt ja Recht: Es ist ein Spiel, das uns Freude machen und anderen Freude schenken soll. Also, Fritz: Probieren wir es noch einmal, diesmal ein wenig lockerer."

Er zählte auf vier vor und griff, diesmal entspannt lächelnd, in die Tasten. Sein Musikkollege setzte die Querflöte an die Lippen und fiel in die Melodie mit ein. Er konnte dabei zwar nicht lächeln, doch um seine Augen sahen die Zuhörerinnen Lachfältchen. Theresia hob die Geige an ihr Kinn, schloss die Augen und spielte ihre Melodie dazu.

Eine Minute noch hörten die drei Frauen zu, dann gab Anni mit einem leichten Kopfnicken den Befehl zum Rückzug.

Im Speisesaal ging es munter zu. Anscheinend hatten die Chormitglieder bei ihren Angehörigen Werbung für den Gottesdienst gemacht, denn es war eine gespannte Erwartung zu spüren, wie sonst nur bei großen Festen. Anni hörte sogar einmal den Satz: „Das ist ja fast wie Weihnachten." Außerdem bemerkte sie mit Freude, dass die Rebellen des Vortages kleinlaut auf ihren Plätzen saßen. Fritz hatte ganze Überzeugungsarbeit geleistet ...

Ja, es war fast wie Weihachten, denn die Stunden bis zum Gottesdienst um 18.00 Uhr tröpfelten nur so dahin. Lediglich für Ilse schienen sie zu rennen, denn am Vormittag kam Elisabeth, um ihre Mutter zu einem Einkaufsbummel in die Stadt abzuholen. Anni übergab ihr den Notizzettel, auf den sie das gewünschte Notenmaterial geschrieben hatte, und reichlich Geld. Ilse wunderte sich, dass ein paar Blatt Papier so viel kosten sollten! Sie nahm sich vor, mit dem Heimleiter darüber zu sprechen. Es durfte doch nicht sein, dass Anni allein die finanzielle Bürde des Chores zu tragen hatte. Da fiel ihr Karl Müller, der frühere Finanzbeamte, ein. Vielleicht konnte er sich um die Finanzierung kümmern? Sie war stolz auf den Einfall, denn es gehörte ja wohl auch zu den Aufgaben einer Managerin zu delegieren.

Anni war stundenlang allein in ihrem Zimmer. Sie ließ die letzten Tage noch einmal Revue passieren. Beinah Unglaubliches hatte sich seit ihrer Ankunft im Altenheim ‚Drei Linden' zugetragen. ‚Fast wie ein Weihnachtsmärchen, mitten im Herbst', dachte sie. Sie saß am Fenster und hatte die rechte Hand auf ihr Herz gelegt. Da war sie wieder, diese innere Schwäche. Hatte sie sich zu viel zugemutet? Sie warf einen Blick in den wolkenlosen blauen Himmel und sprach leise: „Du wirst schon wissen, wie viel Du mir zumuten kannst. Schau, meine Hände sind offen, offen zum Nehmen und offen zum Geben."

Das Mittagessen ließ sie an diesem Tag ausfallen. Die junge Pflegerin Anni versuchte zwar, es ihr schmackhaft zu machen, verlegte sich sogar aufs Betteln, mit dem Hinweis, sie brauche doch Kraft für den Gottesdienst. Ihr Schützling ließ sich nicht überreden. Anni blieb auf ihrem Zimmer und nahm nur wenige Löffel der Suppe zu sich, die ihr dort serviert worden war. Kurt suchte sie auf und zeigte seine Sorge deutlich. Anni beruhigte ihn mit dem Hinweis, dass dies eine alte Künstlermarotte von ihr sei: „Vor jedem Auftritt habe ich diese Angewohnheit. Ich bringe einfach nichts hinunter. Mein früherer Professor an der Musikhochschule sagte dazu nur: ‚Das ist gut so. Je mehr Platz die Lunge hat, umso schöner klingt der Ton. Ein zu voller Magen würde der Lunge Platz wegnehmen.' Siehst Du, Kurt: Ich bin wieder fast die alte Anne Andresch. Das wolltest Du doch, nicht wahr?"

Kurt wurde verlegen. Wieder einmal hatte sie ihn durchschaut. Seit er bei der Anmeldung erfahren hatte, um wen es sich bei Anni Nowak handelte, hatte er den Wunsch gehegt, sie möge in seinem Haus singen. Jetzt gestand er sich zum ersten Mal ein, dass dies anfangs der Hauptgrund gewesen war, all die Wunderlichkeiten der alten Frau mit zu tragen. Hätte eine andere solche verrückte Ideen geäußert, sie wäre an seiner eingefahrenen Einstellung gescheitert.

Anni hatte ihn nicht aus den Augen gelassen. Sie konnte zwar nicht, wie andere oft vermuteten, Gedanken lesen, doch besaß sie eine große Menschenkenntnis. Bevor in Kurt ein schlechtes Gewissen aufkommen konnte, beruhigte sie ihn: „Du hast ja Recht: Wenn Gott mir ein solches Talent gegeben hat, habe ich nicht die Befugnis, es zu vergraben. Steht es nicht so ähnlich in der Bibel? – Wenn Gott will, dass ich singe, werde ich es tun. Aber mach' Dir dann auch keine Sorgen, wenn ich die alten Marotten der Andresch pflege und vor dem Auftritt nichts esse."

Er versprach es und ließ sie wieder allein. Doch augenscheinlich hatte er mit Paul Neumann gesprochen, denn dieser tauchte, pünktlich zur Kaffeestunde, mit einem vollen Tablett in Annis Zimmer auf. Zwei Tassen mit dampfendem Kaffee, zwei Teller mit Sahnetorte standen darauf. Er bemühte sich vergeblich, den Unwissenden zu mimen. Anni durchschaute ihn sofort: „Paulus, hat Kurt Dich wohl als Schützenhilfe engagiert? Du bist doch selbst Künstler und weißt um die Marotten, die wir haben."

Paulus kämpfte wieder mit Annis eigenen Waffen: „Wie sagtest Du gestern: ‚Was Du willst, das man Dir tu, das füge einem andern zu.' Du hast mich heute früh von meinem Perfektionismus befreit. Das war mein Spleen. Jetzt bin ich da, um Dich von einer alten, überholten Angewohnheit zu befreien. Du bist doch nicht mehr die junge, kräftige Anne Andresch, die der Stimme zuliebe auf das Essen verzichten kann. Du bist, verzeih mir meine Direktheit, eine alte Frau geworden. Und da kann es fatale Folgen haben, wenn Du Deinem Körper einen solchen Nahrungsentzug zumutest. – Also, iss wenigstens ein Stück Kuchen, mir zuliebe. Ich werde im Gegenzug Dir zuliebe sogar heute Abend ohne Noten spielen." Und er fügte schmunzelnd an: „Damit ich das Lächeln nicht vergesse und besser zu Theresia passe.“

Anni gab sich geschlagen. Obwohl sie sich zwingen musste, das riesengroße gehaltvolle Tortenstück zu bewältigen, tat sie Paulus den Gefallen. Dann bat sie ihn, sie wieder allein zu lassen. Sie wolle sich noch ein wenig ausruhen. Er versprach, sie eine Viertelstunde vor Beginn des Gottesdienstes abzuholen.

Wieder saß Anni am Fenster, beobachtete die sich dem Westen zuneigende Sonne und hielt, eine Hand auf das müde Herz, die andere auf den vollen Magen gelegt, innere Zwiesprache mit Gott ...

Als Ilse von ihrem Einkauf zurückkehrte, war es bereits dämmrig im gemeinsamen Zimmer der Frauen geworden. Elisabeth machte das Oberlicht an und trat erfreut auf Anni zu, die ihnen den Rücken zuwandte. Sie wollte schon zu einer freundlichen Begrüßung ansetzen, als sie sah, dass die alte Frau eingeschlafen war. Schnell legte sie ihren Finger auf die Lippen, um den Redefluss ihrer Mutter einzudämmen. Ilse rollte langsam auf die Freundin zu und blickte in deren Gesicht. Ungewöhnlich rot waren die Wangen und auf eine Besorgnis erregende Art eingefallen. Lag es vielleicht daran, dass Annis Augen geschlossen waren und so ihre Lebensfreude und Begeisterung nicht versprühen konnten?

Leise flüsterte Elisabeth: „Mama, Anni gefällt mir gar nicht. Als wir fortgingen, sah sie ganz anders aus. Soll ich eine Pflegerin rufen?“

Ihre Mutter kam nicht dazu, eine Antwort zu geben, denn Anni öffnete ihre Augen und starrte die beiden Frauen verwirrt an. Es schien ihnen, als käme sie von weit her und als hätte sie Mühe, sich zurechtzufinden. Als sie die besorgten Mienen sah, zwang sie sich zu einem Lächeln. Sie warf einen Blick auf ihre Armbanduhr und rief erschrocken: „Ich habe ja fast eine Stunde geschlafen! Schnell, Elisabeth, hilf mir beim Umkleiden. Ich werde mein schönstes Kleid tragen.“

Nun war sie wieder ganz die begeisterungsfähige Frau, die durch ihre Art andere mitzureißen vermochte. Für Elisabeth war es eine Ehrensache, die Rolle der Garderobiere zu übernehmen. Ja, sie bot sich sogar an, Anni ein wenig zu schminken. „Ganz dezent, man wird es gar nicht merken“, erklärte die Jüngere und zauberte aus ihrem Handtäschchen ein paar Schminkutensilien hervor. Lächelnd ließ Anni die Prozedur über sich ergehen. Innerlich liefen Bilder ab: Wie viele Maskenbildnerinnen hatten diese Aufgabe in ihrer Glanzzeit ausgeführt? Wie oft war sie danach beim Blick in den Spiegel unzufrieden mit ihrem Aussehen gewesen und hatte ihren Frust an den armen Frauen ausgelassen?

Bevor sie in ein Schuldloch fallen konnte, tauchte ein anderes Bild in ihr auf: Sie sah sich selbst, so wie sie heute aussah, im Rollstuhl neben einem Klavier sitzen, an dem Paulus Platz genommen hatte. Vor ihnen warteten viele Zuhörerinnen und Zuhörer voller Vorfreude auf das Konzert. Sie blickte in die Gesichter der Menschen und erkannte in ihnen immer mehr Männer und Frauen, denen sie schon einmal im Leben begegnet war. Auch einige Maskenbildnerinnen befanden sich unter ihnen. Fragend und verlegen erwiderte sie deren Blicke, und war erstaunt, dass weder Wut noch Ablehnung aus ihnen sprachen. Voller Dankbarkeit erkannte sie, dass ihr nur Zuneigung entgegengebracht wurde. Da verstand sie: *Heute, hier und jetzt,* hatte sie die Möglichkeit, vergangenes Unrecht gut zu machen. Für den Himmel und für ihre Seele spielte es keine Rolle, wer zuhörte, es kam nur darauf an, dass sie ihre ganze Liebe den Menschen schenkte, die ihr *hier und jetzt* gegenüberstanden.

Elisabeth musste sie zweimal auffordern, die Augen zu öffnen, um sich im kleinen Handspiegel zu begutachten. Anni starrte ihr Spiegelbild an: Hatte Elisabeth ihre Wangen so unnatürlich rot geschminkt? Sie wischte impulsiv mit ihrem Taschentuch darüber und war erstaunt, dass es sauber blieb. Da verstand sie ... Sie erinnerte sich genau an das Gespräch mit dem Internisten in der Spezialklinik ... So bald schon ...?

Ilse und ihre Tochter hatten Anni genau beobachtet. Auch ihnen war die ungesunde Röte aufgefallen, die Hitze, die von der alten Frau ausging.

Elisabeth fragte besorgt: „Hast Du Fieber? Fühlst Du Dich nicht wohl? Sollen wir den Arzt holen?“

Anni hatte sich wieder im Griff: „Nein, nein. Keine Sorge. Das ist eine alte Künstlermarotte von mir. Die Aufregung vor dem Auftritt, wisst ihr. Ich brauche diesen Adrenalinstoß, um in Höchstform zu kommen."

Nur zu gern glaubten es die beiden Frauen. Ilse ließ sich von ihrer Tochter in Sachen Abendgarderobe beraten und in ein lange nicht mehr getragenes Kleid helfen. Als Elisabeth auch ihrer Mutter das Angebot des Schminkens machte, winkte diese entsetzt ab: „Ich bin doch keine Diva, ich sitze ganz hinten in der letzten Reihe des Chores, da sieht mich eh keiner. Mein ganzes Leben lang hatte ich keine Farbe im Gesicht, da fange ich doch jetzt nicht mehr damit an."

Anni machte ihrer Freundin ein ehrliches Kompliment: „Du hast das auch gar nicht nötig. Findest Du nicht auch, Elisabeth, dass Deine Mutter seit einigen Tagen richtig aufblüht?"

Die Gefragte nickte zustimmend mit dem Kopf: „Du tust ihr gut, Anni. Wenn ich daran denke, dass Mama noch vor einigen Tagen sterben wollte ..."

Ilse war es sichtlich peinlich, an diese unrühmliche Geschichte erinnert zu werden. Zum Glück fiel ihr Annis Erklärung über das Wesen der Zeit ein und sie begann, mit ihren Worten das Geheimnis an ihre Tochter weiterzugeben. Sie endete mit der Ankündigung: „Und jetzt, liebe Tochter, trägt uns der Zeitglücksdrache an einen Ort, an dem viele Freunde zusammen singen und sich von einer Freundin verabschieden, die von ihrem Glücksdrachen absteigen durfte, weil sie am Ziel angekommen ist."

Elisabeth hörte mit offenem Mund zu. Solche Worte hatte sie noch nie von ihrer Mutter vernommen.

Der Heimleiter Kurt holte Anni eigenhändig ab. Auch ihm fiel ihre ungesunde Gesichtsfarbe auf. Er ließ sich von ihrer Erklärung der alten Marotte ebenso beruhigen wie zuvor Ilse und Elisabeth.

Die Chorleiterin hielt auf ihrem Schoß ein Gesangbuch, in dem sie sorgfältig die Lieder eingemerkt hatte, die sie mit ihrem Chor singen wollte. Als Elisabeth für die kleine Gruppe die Eingangstür zur Altenheimkapelle öffnete, wurde Anni von einer großen Freude erfüllt: Kurt hatte tatsächlich das Klavier in den Vorderbereich des Raumes bringen lassen, so dass Paulus nicht mit der kleinen elektrischen Orgel vorliebnehmen musste. Der Pianist strahlte ihr wie ein verliebter Pennäler entgegen, Fritz kaute aufgeregt auf seiner Unterlippe herum, Theresia rutschte nervös auf ihrem Stuhl hin und her. Und neben ihnen hatte sich der gesamte ‚Altenheimchor Drei Linden' versammelt. Die Mitglieder saßen zwar seitlich zum Eingang, wandten nun aber ihre Köpfe den Neuankömmlingen zu. Welch eine Vorfreude stand jeder und jedem ins Gesicht geschrieben! Und diese Vorfreude vertrieb augenblicklich jede Schwäche aus Annis Körper. Sie strahlte zurück!

Dem Chor gegenüber, der bestimmt drei Viertel der üblichen Kirchgänger ausmachte, drängten sich einige neugierige Heimbewohner, denen deutlich der Neid anzusehen war. Neid? Bei einigen konnte Anni im Vorbeifahren sogar Missgunst erkennen.

‚Es kommt nur auf *meine* Gedanken, Gefühle, Worte und Taten an', wurde ihr Verstand vom Herzen erinnert. So schenkte sie auch diesen *Freunden* ein herzliches und ehrliches Lächeln. Manch einer senkte daraufhin beschämt den Blick. Einige Besucher mittleren Alters blickten sie neugierig an. An einem Gesicht blieben Annis Augen hängen. Sie neigte ihren Kopf ein wenig zur Seite und nickte Paulus' Tochter lächelnd zu. Die Ähnlichkeit zwischen Vater und Tochter war unübersehbar. ‚Nicht nur im Wesen', dachte Anni. Barbara Neumann zeigte lächelnd ihren Zeigefinger, als wolle sie die alte Frau wegen ihrer List ausschelten. Ihr Mund formte sich gleich danach zu einem geflüsterten ‚Danke'. Anni verstand ...

Der Priester kam ihr mit ausgestreckten Händen entgegen, begrüßte sie herzlich und zeigte sich erstaunt und dankbar über den quasi über Nacht gegründeten Chor.

Dann war es soweit. Paulus intonierte ein Eingangslied, ganz ohne Noten, mit geschlossenen Augen – und lächelnd! Anni nickte Fritz und Theresia aufmunternd zu, doch diese schüttelten nur langsam den Kopf. Dieses Musikstück gehörte dem Orchesterleiter allein.

Nach der Begrüßung durch den Priester, der darin noch einmal seine Freude über die unerwartete Bereicherung des Heimes bekundete, forderte Anni ihren Chor mit leisen Worten und mit großer

Geste zum ersten Lied auf. Es war völlig unwichtig, dass ab und zu ein falscher Ton die Harmonie zu stören versuchte. Es gelang ihm nicht! Die Hingabe an das Lied, die Botschaft, die die Sänger mit ihren Stimmen in den Raum trugen, waren so bewegend, dass auf der Seite der Besucher Taschentücher hervorgekramt wurden, mehr oder weniger laut geschnäuzt wurde und am Ende der letzten Strophe Stille eintrat. Sogar der Priester wandte sich kurz zur Seite, um sich die Nase zu putzen.

Kurt hatte wohl mit ihm darüber gesprochen, wie Anni das Sterben sah, denn einige Sätze, die der Geistliche in seine Predigt, die gleichzeitig die Abschiedsrede für die Verstorbene war, einfügte, kamen Anni sehr bekannt vor.

Konnte eine Stunde so schnell vorübergehen? Nicht nur den Damen und Herren des Chors und Orchesters kam die Uraufführung viel zu kurz vor. Als der Priester den Schlusssegen erteilt und Paulus zusammen mit seinen Musikern das Ausgangslied beendet hatte, verharrten die Menschen in der Hauskapelle auf ihren Plätzen. Anni blickte in die Gesichter der Angehörigen der Verstorbenen. Sie saßen in der ersten Reihe und bemühten sich um Fassung. Auf irgendetwas warteten die Menschen, das fühlte Anni ganz genau. Und es musste etwas mit ihr zu tun haben, denn wieder waren alle Augen auf sie gerichtet. Fragend warf sie einen Blick auf Kurt, der nur verständnislos die Schultern hochzog und den Kopf schüttelte. Von ihm kam keine Hilfe, denn er machte auch keinerlei Anstalten, sie aus dem Raum zu schieben.

Schließlich erhob sich der Sohn der Verstorbenen Frau Gehring, verließ die Kirchenbank und trat auf Anni zu. Mit Tränen in den Augen bedankte er sich bei ihr und allen Chormitgliedern für die liebevolle musikalische Umrahmung der Abschiedsfeier. Zuletzt warf er einen fragenden Blick auf Paulus und Anni sah, wie dieser ihm aufmunternd zunickte. Der Mann räusperte sich kurz, gab sich einen Ruck und sagte leise zu ihr: „Liebe Frau Nowak. Ich kann Ihnen gar nicht sagen, welch große Freude sie meiner Mutter mit diesem Gottesdienst gemacht haben. Sie können nämlich nicht wissen, dass sie sich immer gewünscht hat, dass bei ihrer Beerdigung ein gemischter

Chor singt. Ich habe vorhin erfahren, dass Sie erst seit wenigen Tagen in diesem Haus sind und meine Mutter gar nicht persönlich kannten. Und doch ermöglichte es Ihre Initiative, dass alle ihre Freunde von ihr Abschied nehmen konnten. Auch dafür möchte ich mich von Herzen bedanken. Es ist alles so, wie Mutter es sich gewünscht hat – mit einer kleinen Ausnahme. Ihr allergrößter Wunsch zu Lebzeiten war es, das *Ave Maria* zu hören. Wir haben es ihr zwar öfters auf dem CD-Player vorgespielt, doch sie sagte immer: ‚Das ist eine Konserve. Ich will das Original.' Damit konnten wir leider nicht dienen."

Er beugte sich zu Anni hinab, gab ihr einen kurzen Kuss auf die glühend rote Wange und begab sich schnell wieder in seine Bank zurück. Er hatte noch nicht wieder Platz genommen, als die ersten Klavierklänge das *Ave Maria* anstimmten.

Anni schloss ihre Augen. Und als der Einsatz für die Sängerin kam, ertönte ihre Stimme klar und kräftig ...

Der letzte Ton verklang und in Annis Herz tauchte ein Satz auf: ‚Es ist vollbracht!' Als hätte das Lied ihrem Körper alle Kraft entzogen, sank ihr Kopf zur Seite. Schnell sprang Kurt hinzu und schob sie durch ein Spalier schockiert und betroffen blickender Menschen hinaus.

Lektion 17
Wo die Liebe wohnt, hat die Angst keinen Platz

„Frau Nowak, Frau Nowak, hallo. Hören Sie mich?" Von weit her schienen die Worte zu ihr zu dringen.

„Anni, zurückkommen, bitte!"

‚Lasst mich doch schlafen', dachte Anni.

„Frau Nowak, aufwachen."

Jetzt erkannte sie die Stimme des Heimarztes. Was war passiert? Ach ja, der Gottesdienst – und *ihr* Soloauftritt! Der Himmel hatte ihr keine Zeit zum Überlegen gelassen, keine Zeit gelassen, alte Denkmuster zum Einsatz kommen zu lassen. Und nun war es passiert! Einfach so!

Mit großer Anstrengung öffnete sie ihre Augen. Dr. Schleifer beugte sich über sie. Hinter ihm erkannte sie Kurts aschfahles Gesicht.

„Frau Nowak, wie schön, dass Sie wieder unter den Lebenden sind. Nun erzählen Sie mal, was passiert ist. Und bitte – keine Märchen, von wegen ‚nur eine Marotte aus Glanzzeiten'. Das glaubt vielleicht Herr Lehmann." Er warf dem Heimleiter einen vorwurfsvollen Blick zu und bat ihn: „Darf ich Sie ersuchen, das Zimmer jetzt zu verlassen? Sie sehen, Ihr Schützling ist wieder unter den Lebenden und ich hoffe, er wird es noch eine Zeitlang bleiben."

Kurt ging um den Arzt herum, trat neben Anni und strich ihr aufatmend über die Wange.

„Mensch, Anni, hast Du uns einen Schrecken eingejagt. Was machst Du bloß für Sachen?" Die Erleichterung war ihm deutlich anzuhören und anzusehen. Kopfschüttelnd verließ er den Raum.

Anni wollte tief Luft holen, doch der Schmerz auf der linken Brustseite ließ es nicht zu. Der Arzt beobachtete sie genau und bohrte weiter: „Wann haben Sie sich denn das letzte Mal gründlich untersuchen lassen? Ich würde Sie am liebsten sofort in eine Spezialklinik einweisen lassen. Die Ergebnisse meiner ersten Untersuchung eben sind sehr widersprüchlich. Welcher Kollege hat Sie denn zuletzt behandelt?"

Jetzt erst nahm Anni wahr, dass sie nicht in ihrem Zimmer, sondern auf der ‚Krankenstation' war, wie dieser Raum im Haus genannt wurde. Die wichtigsten Geräte für eine schnelle Diagnose und für Erste Hilfe standen hier bereit. Sie lächelte, denn die Klinik, die sie erst vor zwei Wochen verlassen hatte, war um einiges feudaler und spezialisierter gewesen.

Der besorgte Blick des Arztes ruhte immer noch auf ihr. Nein, ihm konnte sie nichts vormachen: „Herr Dr. Schleifer, versprechen Sie mir, dass das, was ich Ihnen jetzt sage, unter uns bleibt?"

Er schien fast beleidigt zu sein, als er antwortete: „Wissen Sie denn nicht, dass ich an die Schweigepflicht gebunden bin?"

„Natürlich, entschuldigen Sie. – Sie fragten mich, wann ich das letzte Mal bei einer Untersuchung war. Es liegt erst zwei Wochen zurück. Den Befund können Sie in der Klinik Dr. Pfaller anfordern."

Der Arzt hob bei der Namensnennung erstaunt die Augenbrauen. Eine Privatklinik, die sich nur Gutbetuchte leisten konnten? Und diese einfache Frau sollte dort behandelt worden sein?

Anni lächelte, denn seine Miene sprach Bände. Sie erklärte weiter: „Sie können sich eine Kontaktaufnahme aber auch sparen, wenn Sie mir glauben, was ich Ihnen jetzt sage: Ich suchte Dr. Pfaller auf, weil er nach Meinung der anderen Ärzte, die ich vor ihm konsultierte, der Einzige sei, der mir helfen könne. Nun, auch er vermag es nicht. Nicht mehr, wie er sich ausdrückte. Eine komplizierte Herzoperation könnte mein Leben *vielleicht* noch ein wenig verlängern. Doch garantieren konnte er es natürlich nicht." Sie sah am fragenden Blick des Heimarztes, dass er fachlich mehr darüber wissen wollte. Ihr selbst war es unwichtig. Sie fuhr fort: „Da ich die Operation ablehnte, konnte er mir nur den einen Rat geben, so wenig Aufregung wie möglich zu haben und meine letzten Tage, Wochen, Monate in völliger Ruhe zu verbringen – und dankbar jeden Tag anzunehmen, den der Herrgott mir noch schenken würde."

Dr. Schleifer konnte sich nicht recht vorstellen, dass dem Munde des Halbgottes in Weiß Dr. Pfaller das Wort *Herrgott* entschlüpft sein sollte. Aber die Diagnose des berühmten Arztes wagte er nicht anzuzweifeln. Betroffen fragte er seine Patientin: „Und warum halten Sie sich dann nicht daran und tun genau das Gegenteil? Herr Lehmann hat mir erzählt, was Sie in den wenigen Tagen seit Ihrer Ankunft alles bewerkstelligt haben. Das wäre ja sogar für eine gesunde, junge Frau eine beachtliche Leistung gewesen." Vorwurfsvoll fügte er an: „Warum haben Sie dem Heimleiter nichts von Ihrem Zustand gesagt?"

„Weil es dann keinen ‚Altenheimchor Drei Linden' gäbe. Weil es keine Freundschaftsaktion gegeben hätte. Weil die alten Menschen dann immer noch stumpfsinnig aneinander vorbeigehen würden."

„Anni Nowak, was sind Sie nur für eine wunderliche, wunderbare Frau."

„Oh Herr Doktor. Keine Lorbeeren, bitte. Ich habe doch nichts zu verlieren. Außer meinem Leben natürlich, und das gehört mir sowieso nicht."

Der sanfte Gesichtsausdruck des Arztes wurde bei seinen nächsten Worten härter: „Liebe Anni, ich muss trotzdem darauf bestehen, dass Sie für einige Tage in das Krankenhaus gehen. – Nein, widersprechen Sie mir jetzt nicht. Ich werde keine Untersuchungen vornehmen lassen, sondern nur darauf achten, dass Sie absolute Ruhe haben. Denn wie ich Sie kenne, arbeiten Sie, wenn Sie hier bleiben, in demselben Tempo weiter wie bisher. Und, das kann ich Ihnen garantieren, dann würden Sie dieses Haus sehr schnell verlassen, auf dieselbe Art und Weise wie Frau Gehring. Was glauben Sie, wie lange es dann noch den Altenheimchor gäbe?"

Ohne ihr Zeit für einen Einwand zu gewähren, griff er zu seinem Handy und rief den Rettungsdienst an. Während Anni ihn kurze und präzise Anweisungen geben hörte, hielt sie innere Zwiesprache mit Gott: ‚Willst Du das wirklich? Ist es Dein Wille, dass ich nach so kurzer Zeit dieses Haus schon wieder verlasse?' Sie fühlte in ihre Herzgegend, doch da war nur dieser stechende Schmerz, den sie so gut kannte.

Der Arzt rief Kurt herein, der nur darauf gewartet zu haben schien. Er erklärte dem Heimleiter, dass er seine Patientin für einige Tage ins Krankenhaus einweisen müsse. Kurt stellte keine weiteren Fragen, sondern kümmerte sich sofort um alles Nötige. Dr. Schleifer blieb neben Anni sitzen, bis die Rettungssanitäter mit der Tragbahre ins Zimmer kamen. Die alte Frau konnte immer noch keinen klaren Gedanken fassen. Verzweifelt bemühte sie sich, Zugang zu ihrer inneren Stimme zu bekommen. Vergebens ...

Schließlich ergab sie sich in ihr Schicksal. Kurt übergab einem der freundlichen und fürsorglichen Krankenpfleger Annis kleinen Koffer, beugte sich dann liebevoll über die alte Frau und strich ihr über das graue Haar.

„Komm bald wieder, Anni. Ich ... Wir ... Das Haus ... brauchen Dich."

Im Gang hatten sich viele Menschen versammelt, die nur unwillig Platz machten. Jeder versuchte, Anni ein gutes Wort mitzugeben, einen Händedruck, eine kurze Berührung. Ilse schluchzte laut auf, als ihre Zimmergenossin an ihrem Rollstuhl vorbeigetragen wurde. Nur kurz konnten die beiden Frauen Augenkontakt aufnehmen. Während aus Ilses Blick die reinste Verzweiflung schrie, sagten Annis Augen: ‚Es ist gut. Alles ist gut.'

Schweigend und betroffen suchten die Menschen ihre Zimmer auf oder wandten sich wieder ihrer Arbeit zu. Elisabeth blieb bei ihrer Mutter und versuchte vergeblich, sie zu beruhigen.

Anni dagegen machte während der Fahrt ins Krankenhaus eine ganz andere Erfahrung: Gerade, als die stechenden Schmerzen ihren scheinbaren Höhepunkt erreicht hatten, erinnerte sie sich an ihr Morgengebet. Hatte sie da nicht mit geöffneten Händen zu Gott gesprochen: ‚Danke, dass Du mir auch heute alles gibst, was ich brauche, und alles nimmst, was mich belastet.'

‚Nun, so ist er wohl der Meinung, ich bräuchte ein paar Tage im Krankenhaus', dachte sie. Von einem Atemzug auf den anderen ließen die Herzschmerzen nach. ‚Und er nimmt mir, was mich belastet', sinnierte sie weiter und konnte schon wieder unter der Atemmaske lächeln.

Dr. Schleifer, der es sich nicht hatte nehmen lassen, im Rettungswagen an ihrer Seite zu bleiben, drückte ein wenig fester ihre Hand: „Nun, Sie lächeln ja schon wieder", stellte er erleichtert fest.

Anni erwiderte seinen Händedruck und schloss ihre Augen. Wie es wohl jetzt im Haus ‚Drei Linden' weitergehen würde, ohne sie? Die Antwort, die aus einem nun wieder schmerzfreien Herzen aufstieg, ließ sie schmunzeln: ‚Glaubst Du wirklich, Du bist unersetzlich? Du bist der erste Dominostein gewesen und hast gesehen, wie auch die anderen aus den alten Gewohnheiten herausgefallen sind. Es hat ihnen gut getan und sie kennen nun den Unterschied. Glaubst Du wirklich, sie begeben sich sofort wieder in den alten Sumpf zurück?'

War das vielleicht der Plan ihres obersten Chefs? Sollte sie nur Hilfe zur Selbsthilfe leisten? Auf jeden Fall würde sie auf ein Telefon im

Krankenzimmer bestehen, um wenigstens aus der Ferne ein wenig Entwicklungshilfe leisten zu können.

Die Ankunft im Krankenhaus, die Prozedur der Aufnahme, die Unterbringung im Einzelzimmer, all dies nahm Anni die nächste Stunde voll in Beschlag. Dr. Schleifer ließ ihren Wunsch nach einem Zweibettzimmer nicht gelten: „Natürlich, damit Sie gleich wieder loslegen können mit Ihren guten Taten", meinte er. Sein bestimmender Ton dämpfte jede Hoffnung auf eine Zimmergenossin.

‚Wenn Du da oben es so willst und mir ein komfortables Einbettzimmer in die geöffneten Hände legst, so nehme ich es eben an', dachte sich Anni mit zur Decke gerichtetem Blick.

Die vorsichtig ausgesprochene Bitte nach einem Telefon wurde vom Himmel ebenso abgelehnt – wiederum durch den Mund des Arztes: „Kommt gar nicht in Frage! Zehn Tage absolute Ruhe ist das Minimum, was ich von Ihnen verlange."

‚Du?' dachte Anni. ‚Du bist doch nur ein Sprachrohr für meinen Chef.' So nickte sie nur ergeben. Der Himmel schien sie wirklich für eine Weile außer Gefecht setzen zu wollen. Sie verstand es zwar nicht, denn es war im Altenheim alles so wunderbar zugunsten aller Beteiligten gelaufen. Doch ihr Vertrauen in Gott war grenzenlos.

Eine Frage wollte Dr. Schleifer noch von ihr beantwortet haben: „Ich bewundere Ihre Ruhe. Hatten Sie nicht Todesangst?"

Anni schüttelte lächelnd ihren Kopf: „Ich bin mit dem Engel der Ewigkeit auf Du und Du. Er hat mal wieder bei mir vorbeigeschaut und sich in Erinnerung gebracht. Wissen Sie, er ruft mir ab und zu ins Gedächtnis, wer der Herr meines Lebens ist. Er weist mich darauf hin, *wer* mein Herz schlagen lässt und *wer* meine Lungen mit Luft füllt. Das macht mich demütig dem Leben gegenüber – und dankbar. Außerdem: Wenn ein Herz voller Liebe ist, hat die Angst überhaupt keinen Platz darin, wissen Sie das nicht?"

Während sie gesprochen hatte, war ihr das erste Mal bewusst geworden, dass es ihr bei ihrem Gegenüber unmöglich war, zum sonst leicht über die Lippen kommenden *Du* überzugehen. Es gab nur wenige Menschen, bei denen ihr das passierte. Warum? Sie hatte schon seit langem aufgehört, sich diese Frage zu stellen. Es war einfach so.

War es ein Zufall, dass zur gleichen Zeit in Dr. Schleifer dieselbe Frage auftauchte? „Frau Nowak ... Anni ... Ich weiß, was es mit Ihrer ‚Aktion Freundschaft' auf sich hat. Herr Lehmann gab mir Ihre Erklärung weiter, nach der es Ihnen schwerfällt, Menschen, die sie mögen, mit *Sie* anzureden.“ Er räusperte sich verlegen, bevor er fortfuhr: „Mögen Sie mich nicht?“

Staunend bemerkte sie, wie sich der Knoten der Distanz zwischen ihnen löste. Lächelnd antwortete sie: „Ich mag *Dich*, sehr sogar. Bei manchen Menschen ist es wohl so, dass ich abzuwarten habe, bis sie mich darauf ansprechen. Ich nehme einmal an, es ist Dir nicht leicht gefallen nachzufragen.“ *Jetzt* war ihr das *Du* ganz selbstverständlich über die Lippen gerutscht.

„Sie ... Du ... hast Recht. Es hat mir in der letzten Stunde ziemliches Kopfzerbrechen bereitet. Ich danke Dir, dass Du mich zu Deinen Freunden zählst. Eines darfst Du mir glauben: Es ist für mich ziemlich unüblich – und gewöhnungsbedürftig –, eine Patientin zu duzen. Es ist wirklich etwas Ungewöhnliches!“ Er schüttelte verwirrt den Kopf. Dann beugte er sich unvermittelt zu Anni hinab, drückte ihr einen kurzen Kuss auf die immer noch glühende Wange und ging schnell zur Tür. Dort wandte er sich noch einmal um, zeigte ihr den erhobenen Zeigefinger und sagte mit gespieltem Ernst: „Und vergiss nicht: absolute Ruhe. Ich habe jeden Besuch verboten. Du wirst nur die Krankenschwester – und mich – sehen.“ Lächelnd ergänzte er: „Ich bin ein ganz schöner Egoist, denn ich freue mich darauf, Dich die nächsten Tage ganz für mich zu haben. Und Du kannst Dich darauf verlassen: Ich werde viiiiiel Zeit mit Dir verbringen.“

Anni lachte laut auf: „Und das nennst Du Ruhe?“

„Wir werden viel miteinander schweigen ...“

Lektion 18
Ein gemeinsames Werk kann nur gelingen, wenn *ein* Geist dahinter steht

Dr. Günther Schleifer hielt Wort. Fast! Denn aus den angekündigten zehn Tagen wurden vierzehn. Hatte Anni zu Beginn der verordneten Ruhe noch die Befürchtung gehabt, es könne ihr langweilig werden, so wurden diese zwei Wochen zu den intensivsten ihres Lebens. In dem Arzt, der an Lebensjahren halb so viele zählte wie sie und dem sie eine große Portion Lebensklugheit vorausgehatte, fand sie einen Freund – und einen Schüler, der begierig all die Weisheiten, die das Leben und der Himmel sie gelehrt hatten, aufsaugte wie ein Schwamm. Es verblüffte sie immer wieder, wie schnell er verstand, was sie mit wenigen Worten erklärte. Dann erkannte sie den Grund: Er war bereit, sich an all die Dinge zu *erinnern*, die seine Seele wusste, und nur sein Verstand vergessen hatte.

Es schien ihr oft, als sei das, was sie ihm anvertraute, ihr Vermächtnis an die Welt. Und einmal sah sie in einem inneren Bild, dass ihre Geschichte von vielen Menschen in einem Buch nachgelesen wurde. Ein anderes Mal sah sie die Geschichte wie einen Film ablaufen und lächelte, denn die Anni Nowak wurde darin von einer Schauspielerin verkörpert, die sie sehr verehrte und der sie sich seelisch sehr nahe fühlte. Eine Illusion? Eine Vision?

Eine ihrer Erklärungen berührte Günther besonders. Es war am Nachmittag des elften Tages, als er voller Erwartung und Vorfreude das Krankenzimmer seiner alten, weisen Freundin aufsuchte. Er ahnte, dass heute etwas ganz Besonderes auf ihn wartete. Etwas, das seine Einstellung zum Leben verändern würde. Als er die Türklinke in der Hand hielt, schüttelte er bei dieser Vorahnung lächelnd den Kopf: ‚Kann ich jetzt etwa auch schon hellsehen?' fragte er sich.

Verwunderte es ihn, dass Annis erste Frage an ihren ‚Schüler' folgende war: „Na Günther, wie lebt es sich mit einem halb geöffneten dritten Auge?"

Noch vor zwei Wochen hätte er diese Frage verächtlich als Humbug abgetan. Mittlerweile wusste er, wie wichtig gerade das innere *Sehen* für seinen Beruf, den Anni *Berufung* nannte, war."

„Du alte Hexe", war seine voller Liebe und Achtung gesprochene Antwort.

Die alte Hexe lachte verschmitzt: „Ja, Du hast Recht, mein junger Freund. Im Mittelalter wäre ich auf dem Scheiterhaufen gelandet. Na ja, wahrscheinlich bin ich das auch in einem früheren Leben."

So ganz konnte sich der Mediziner und bisherige Kopfmensch Günther noch nicht mit dem Gedanken an Wiedergeburt anfreunden, obwohl einiges in Annis Lehren ihm schon zu denken gegeben hatte.

Er brachte die tägliche ärztliche Untersuchung hinter sich. Sie bestand einzig und allein aus dem Messen des Blutdrucks. Natürlich hatte er noch am Tag der Einlieferung seiner Patientin, die mittlerweile zur wertvollen Freundin und Lehrerin geworden war, die Untersuchungsergebnisse aus Dr. Pfallers Privatklinik angefordert und sich dabei sehr unbeliebt gemacht. Es war ja schließlich ein Samstag gewesen! Am darauffolgenden Montag hatte er dann ein langes Telefonat mit Dr. Pfaller geführt und daraus gefolgert, dass er außer der Überwachung des körperlichen Zustandes seiner Patientin nichts tun konnte.

Heute freute er sich über Annis gute Verfassung. Sein Verstand sagte ihm zwar ganz klar, dass sich diese von einem Augenblick auf den anderen ändern konnte, doch hatte er von seiner ‚Lehrerin' schon etwas Grundlegendes gelernt: Es gibt nur eine einzige Zeit und einen einzigen Ort, um zu leben – und das ist *Hier* und *Jetzt*!

Und hier und jetzt stellte er einer erholten, gutgelaunten Anni eine Frage, die ihn die ganze Nacht beschäftigt hatte: „Du behauptest, das ganze Leben eines Menschen sei vorgegeben. Gleichzeitig sagst Du aber auch, dass der Mensch den freien Willen hat, seinen Weg zu wählen. Das ist doch ein Widerspruch in sich!"

„Nur auf den ersten Blick. Lass mich meinen Ausspruch von gestern ein wenig präzisieren: Das Leben eines Menschen ist vorgegeben, doch hat die *Seele* des Menschen den freien Willen, ihren Weg zur Vollendung zu wählen."

Als sie sein verständnisloses Gesicht sah, setzte sie zu einer längeren Erklärung an: „Ich verdeutliche es Dir mit einem Bild, das Du bitte nicht wörtlich nehmen sollst: Bevor sich eine Seele als Mensch verkörpert, macht sie sich bewusst, was ihr zur Vollendung noch fehlt. In meinem Fall war dies das bedingungslose Vertrauen in die Liebesenergie, die wir in unserem Kulturkreis *Gott* nennen. Also habe ich, Seele, mir einen genauen Lebensplan zurechtgelegt, der es mir ermöglicht, genau diese Eigenschaft wachsen zu lassen. Es ist dies übrigens eine Lernaufgabe, die sich sehr viele Menschenseelen ausgesucht haben. – Ich, Seele, schrieb mir also ein Drehbuch mit allen Situationen und Statisten, die ich dazu bräuchte. Mit diesem Drehbuch ging ich zum obersten Chef, Du weißt schon, wen ich, bildhaft gesprochen, meine. Er sah sich mein Manuskript an, nahm vielleicht hier und da noch eine kleine Verbesserung vor, holte dann seinen goldenen Stift hervor und schrieb mit Schönschrift darunter: *Es ist gut.* Damit war mein Leben genehmigt. Ich hatte nun nur noch die Statisten zu engagieren. Weißt Du, Günther, für die angenehmen Rollen fanden sich sehr schnell andere Seelen, die sich zur gleichen Zeit auf der Erde verkörpern wollten. Freund und Freundin, Liebhaber, Förderer, Bewunderer – die gab es in Hülle und Fülle. Ich konnte mir die besten aussuchen. Schwieriger wurde die ganze Sache bei den unangenehmen Rollen. Wer will schon gerne den Betrüger, Neider, Hasser spielen? Doch genau die brauchte ich, um bedingungsloses Vertrauen in den Plan der Vollendung üben zu können. Schließlich, nachdem ich, Seele, den Nachhilfelehrern in Sachen Vertrauen einen wunderbaren Lohn versprochen hatte, erklärten sie sich bereit, mir die schwierigen Aufgaben vorzulegen." Sie legte eine kurze Pause ein, denn in der Miene ihres Gesprächspartners war deutlich die Skepsis abzulesen.

Günther kleidete sie in eine Frage: „Und was soll der Lohn sein für diese miesen Menschen?"

„Liebe, mein Freund, Liebe!“

Er schüttelte zweifelnd den Kopf: „Das kann doch nicht Dein Ernst sein. Ich soll Menschen mit meiner Liebe beschenken, die mich hassen, mich mit ihrer Missgunst verfolgen? In welcher Welt lebst Du denn?“

„In einer Welt voller Liebe. Du selbst hast Dich mehrmals überrascht darüber geäußert, wie es mir so schnell gelingen konnte, ins Altenheim neuen Wind zu bringen, die Menschen dazu zu bringen, aufeinander zuzugehen, etwas miteinander auf die Beine zu stellen. Glaubst Du, das wäre mir gelungen, wenn ich es nur *gewollt* hätte? Allein mit meinem kleinen menschlichen Willen wäre mir dies nie geglückt. Nein, hinter so einer Aufgabe steckt ein anderer Geist: der Geist der Liebe!“

Dr. Günther Schleifer schüttelte zwar wieder seinen Kopf, doch spürte er in seinem Herzen selbst die Kraft dieses Geistes, von dem die sonderbare alte Frau ihm erzählte. Leise bat er: „Erzähl mir Dein Märchen weiter.“

Anni ließ sich von dem Wort *Märchen* nicht stören. Sie wusste, dass gerade in Märchen die größte Wahrheit steckte. So fuhr sie fort: „Bevor ich, Seele, dann von der Mutter Erde einen Körper bekam, zu dem natürlich wieder der Faktor Liebe nötig war, wies mich Gott fürsorglich darauf hin, dass es nicht ganz so einfach sein würde, das theoretische Manuskript meines irdischen Lebens in die Praxis umzusetzen. Es gäbe da nämlich eine Schwierigkeit: Sobald ich in einem menschlichen Körper stecken würde, würde ich meinen Lebensplan vergessen. Damit ich auf Erden nicht verzweifeln würde, gäbe er mir aber einen Helfer mit: Er stelle mir einen Engel zur Seite, der meinen Plan genauestens kenne und, was das Wichtigste war, *nicht* vergessen würde. – Dann wurde ich geboren. Halleluja, war das ein Fest! Alle lachten und freuten sich, und ich lachte innerlich mit, denn: Es stimmte ja gar nicht, was Gott mir da gesagt hatte. Ich konnte mich noch genau an alles erinnern! Der Grund war, dass die Schädelknochen in meinem kleinen Kopf noch nicht geschlossen waren, sondern einen Spalt offen ließen, durch den ich mit dem Himmel in Verbindung bleiben konnte.“

Günther lachte: „Ich weiß schon, was Du meinst: die Fontanelle. Da hast Du Dir ja richtig Gedanken zu Deinem Märchen gemacht. Man könnte fast glauben, es stimmte."

Anni überhörte seinen ironischen Ton und erzählte weiter: „Ich war, ebenso wie jedes Neugeborene, voller Liebe und Vertrauen und verschenkte beides großzügig an jeden Menschen, der sich über mein Bettchen beugte. Das hielt solange an, bis ich begann, meinen menschlichen Verstand zu entdecken und zu versuchen, das zu verstehen, was die Menschen um mich herum sprachen. Genau da begann mein Problem. Denn mit meinem Interesse an der Welt verschloss sich mir der Himmel – und die Fontanelle – immer mehr. Und was hörte und verstand ich? ‚Pass auf! Sei vorsichtig! Die Welt ist gefährlich! Fall nicht! Stoß Dich nicht! Fass dies nicht an!' Und später: ‚Trau niemandem! Die Welt ist schlecht!' War es da ein Wunder, dass mein Vertrauen immer kleiner und meine Angst vor dem Leben immer größer wurden? – Das Zweite, das ich lernte, war das Wünschen. ‚Ich will!' Und ich wollte immer mehr. Mit den unerfüllten Wünschen kam die Unzufriedenheit. Mein Lebensplan, in dem der Seelenpartner, die Seelenberufung, die Seelenfreunde und Seelenlehrer so wunderbar festgelegt waren, wurde vom Verstand boykottiert: Dem Wunschpartner, dem Wunschberuf, den Wunschfreunden wurde hinterhergerannt. Und hatte ich sie erreicht, wurde ich irgendwann von ihnen enttäuscht, denn sie konnten nicht halten, was ich mir von ihnen versprochen hatte. War es verwunderlich, dass mir das ganze Leben keinen Spaß mehr machte, ja – dass ich seiner immer überdrüssiger wurde?"

Sie legte eine Pause ein, das lange Reden ermüdete sie. Günther war viel zu sehr mit seinen Gedanken beschäftigt, um es zu bemerken. Wie sehr erkannte er sich selbst in Annis Märchen. ‚Märchen?' fragte eine leise Stimme in seinem Inneren. Er schüttelte irritiert den Kopf.

Anni wusste, dass sie die Gelegenheit beim Schopfe zu packen hatte, jetzt, wo ihr Schüler so berührt war: „Ja, und dann kam mein Unfall, Gott sei Dank! Und mit ihm mein Engel ins Spiel. – Lach ruhig, nenn' es ein Märchen. Mir hat dieses Märchen das Leben gerettet – und lebenswert gemacht. – Das Wichtigste, das ich von meinem Engel, Du kannst ihn auch Intuition nennen, lernte, war: ‚Lass alle Deine Erwartungen los. Dein Verstand ist viel zu beschränkt, um zu wissen, was Du wirklich brauchst. Schenke dem Himmel Dein Vertrauen und Du wirst zur rechten Zeit alles bekommen, was Du brauchst.' Natürlich habe ich das zuerst nicht geglaubt. Wie sollte ich auch? Der Himmel hatte mir meine Gesundheit genommen, meine körperliche Unversehrtheit – und damit die Möglichkeit, auf der Bühne zu stehen. Sicherlich hätte ich auch im Rollstuhl singen können, aber das konnte ich mir nicht vorstellen. Bis zu meinem Soloauftritt in der Altenheimkapelle." Wieder legte sie erschöpft eine Pause ein. Diesmal bemerkte der Arzt ihre Schwäche und machte sich sofort bittere Selbstvorwürfe.

„Anni, es ist ja unverantwortlich von mir, Dich so zu beanspruchen. Aber das, was Du mir da eben erzählt hast, hat mich so gefesselt, dass ich gar nicht bemerkte, wie müde Dich unser Gespräch macht. Wir lassen es für heute genug sein." Während er ihren Puls maß, fügte er, wie um sich selbst zu beruhigen, hinzu: „Du läufst mir ja nicht davon?" Das unüberhörbare Fragezeichen am Ende seines Satzes machte Anni stutzig ...

Im selben Augenblick betrat eine junge Reinemachefrau das Zimmer und wollte sich gleich wieder entschuldigend zurückziehen. Dr. Schleifer hielt sie zurück und verabschiedete sich von seiner alten Freundin: „Morgen, gleicher Ort, gleiche Zeit!"

Anni beobachtete eine Weile liebevoll die junge Frau. Obwohl sie schon öfter versucht hatte, mit ihr ins Gespräch zu kommen, kannte sie bis jetzt nur ihren Namen: Jitka. Mehr hatte sie der schweigsamen Frau nicht entlocken können. Anfangs mutmaßte Anni, dass sie der deutschen Sprache nicht mächtig sei. Dann hörte sie sie einmal auf dem Gang mit einer Krankenschwester sprechen – mit deutlichem Akzent, der verriet, dass sie aus einem osteuropäischen Land stammte. Da war der Patientin klar geworden, dass Jitka wohl Anweisung von Seiten der Stationsleitung hatte, nicht mit ihr zu sprechen. So war es bei vielen liebevollen Blickkontakten geblieben.

An diesem Tag nun war es anders. Anni hielt müde ihre Augen geschlossen. Dankbar nahm sie wahr, wie sehr sich die junge Frau bemühte, keinerlei Lärm bei der notwendigen Arbeit zu verursachen. Keinerlei Lärm – doch das leise Summen einer Anni unbekannten Melodie drang an das Ohr der Patientin. Sie strengte sich immer mehr an, um zur Schwingung des Liedes, das anrührend traurig klang, Zugang zu bekommen. Schließlich hielt sie es nicht mehr aus, öffnete die Augen und wandte sich an Jitka, die erschrocken und ertappt zusammenzuckte: „Jitka, was ist das für eine Melodie?"

Die junge Frau errötete vor Verlegenheit und stammelte leise eine Entschuldigung. Anni fragte noch einmal: „Ist das ein Lied aus Deiner Heimat?"

Jitka schüttelte zuerst den Kopf, dann nickte sie. Was denn nun? Sie vergewisserte sich, dass die Türe geschlossen war, trat schüchtern an das Bett ihrer heimlichen Lieblingspatientin und erklärte: „Es ist nicht aus meiner weltlichen Heimat Tschechien, es stammt aus meiner Himmelsheimat. Der Papa im Himmel hat es mir geschenkt."

Ihre kindliche Erklärung rührte Anni zutiefst. Die junge Tschechin sprach in einfachsten Worten aus, was Anni selbst so oft gefühlt hatte. ‚Auch ein erster Dominostein, der sich vom Finger Gottes anschubsen lässt', dachte sie. Laut sprach sie: „Sing mir doch das Lied vor. Wie heißt es denn?"

Jitka antwortete: „*Alles ist gut*, heißt es. Aber vorsingen kann ich es nicht. Denn ich habe eine sehr laute Stimme und würde bestimmt Schwierigkeiten bekommen, wenn die Stationsschwester mich hört. Ich soll ja schon nicht mit ihnen sprechen ..."

Aha, jetzt war es heraus. Keine Besucher, kein Telefon, nicht einmal die Reinemachefrau durfte mit ihr sprechen. Nur Günther ... Sie würde morgen ein ernstes Wort mit ihm reden. *Noch* hatte sie die Entscheidung über ihr Leben. Die verordnete Ruhe hatte ihr zwar gut getan, sie war sich über viele Lebensfragen klar geworden. Aber ihr die Möglichkeit zu nehmen, mit einem so liebenswerten Gegenüber ein Gespräch zu führen, das ging entschieden zu weit!

„Soso, Du hast also eine laute Stimme. Ich würde trotzdem gern Dein Lied hören. Wann hast Du denn morgen Vormittag frei?"

„Um zehn Uhr bin ich meistens fertig mit meiner Arbeit."

„Gut, dann versuche, eine Viertelstunde nach zehn Uhr in der Krankenhauskapelle zu sein. Ich werde mit meinem Arzt in einer der vorderen Bänke sitzen. Bleib Du hinten und sing uns Dein Himmelslied vor."

Die junge Frau erschrak und schüttelte abwehrend den Kopf, dass die langen Haar nur so flatterten: „Nein, das traue ich mich nicht."

Anni hielt ihr die rechte Hand entgegen und sagte: „Doch, denn der Papa im Himmel will es. Eben hat er es mir gesagt. Er spricht nämlich auch zu mir. Weißt Du, Mädchen: Manchmal will eines seiner Kinder etwas, das er sagt, nicht hören und verschließt sein Herz für diese Bitte. Dann verkündet er es durch einen anderen Menschen, damit es für die äußeren Ohren hörbar wird. Verstehst Du?"

Jitka ergriff die dargebotene Hand, drückte sie so vorsichtig, als wäre sie aus Glas, und nickte langsam: „Ja, Sie haben Recht. Er will schon lange, dass ich seine Lieder singe. – Gut. Ich bin morgen dort. Aber ich warne Sie: Es wird einen Menschenauflauf geben, meine Stimme ist wirklich sehr laut." Sie lächelte dabei, und das Strahlen, das von ihrem Gesicht ausging, bestätigte Anni, dass sie im Auftrag des Höchsten gehandelt hatte.

In diesem Moment öffnete sich die Tür und die Stationsschwester betrat das Krankenzimmer. Schnell entzog die junge Tschechin der alten Frau ihre Hand, ergriff das Reinigungsgerät und entfernte sich schuldbewusst.

Anni bekam einen heiligen Zorn. Wieso nur wurden den Menschen, die der himmlischen Sache dienten, immer wieder von der Welt Schuldgefühle aufgeladen? ‚Nicht mehr lange, Jitka!' dachte die alte Frau.

Die Stationsschwester bot ihr ein Beruhigungsmittel an, das Anni dankend ablehnte. Sie konnte es sich nicht verkneifen, einen kleinen Seitenhieb zu verteilen: „Ich glaube, Schwester Brunhilde, ein wenig Kontakt mit Menschen, die sich um mich sorgen, würde mir besser tun."

Die Angesprochene zog ein beleidigtes Gesicht und antwortete: „Wir tun nun wirklich alles, damit es Ihnen besser geht."

„Ja, sogar den Kontakt mit meinen Freunden lasst ihr – zu meinem Wohl – nicht zu", sprach Anni die naheliegende Vermutung aus.
„Wir handeln auf Anweisung von Dr. Schleifer und Dr. Pfaller. Und bis jetzt bestätigt sich ja auch, dass Ihnen die Ruhe gut tut."
Schon tat es Anni wieder leid, dass sie sich hatte von ihrem Ärger verleiten lassen, ein spitzes Wort zu sagen. Schnell lenkte sie ein: „Sie haben ja Recht. Und ich nehme auch dankbar zur Kenntnis, dass ich in Ihrem Haus wirklich bestens versorgt bin. Es wundert mich nur, dass keiner meiner Freunde aus dem Altenheim zu Besuch kommt. Sie können mich doch nicht so schnell vergessen haben?"
Schwester Brunhilde errötete und gestand: „Natürlich nicht. Jeden Tag bombardieren uns Ihre Freunde, allen voran eine Ilse, und erkundigen sich nach Ihrem Befinden. Wir haben ihnen gesagt, dass Sie nächste Woche entlassen werden und ..."
Schnell brach sie ab, denn das hätte sie ja eigentlich nicht sagen dürfen. Diese Frohbotschaft wollte Dr. Schleifer persönlich überbringen. Anni verstand und tat, als hätte sie es überhört.
„Schwester, ich habe eine große Bitte. Ich würde morgen Vormittag gerne die Krankenhauskapelle aufsuchen, um mich bei Gott für die Genesung zu bedanken. Ist das möglich? Bestimmt begleitet mich mein Arzt dorthin. Ich wäre nur gern mit ihm allein dort."
Die Schwester überlegte kurz, dann antwortete sie: „Natürlich, das lässt sich einrichten."
Wie lange nur konnte ein Tag sein! Selbst für Anni, die sonst jeden Augenblick nutzte, um innere Zwiesprache mit dem zu halten, der sie führte, dehnten sich die Stunden endlos. Nachts wurde Anni klar: Ein ganz besonderes Ereignis stand ihr bevor. Denn – selten zuvor hatte sie so deutlich den Geist gespürt, der immer wieder durch sie wirkte.

Quälend langsam vergingen auch die ersten Stunden des nächsten Tages, des zwölften ihres Aufenthaltes im Krankenhaus. Wie nie zuvor sehnte sie das Erscheinen ihres Arztes herbei. Machte es der Himmel deshalb so spannend? Erst als sie ihre innere Erwartung erkannt und losgelassen hatte, öffnete sich die Tür und ein kleinlauter, sich seiner Schuld bewusster Dr. Günther Schleifer trat ein: „Guten Morgen, liebe Anni. Hast Du mir meinen Egoismus verziehen?“

Die alte Freundin und Lehrerin spielte ein wenig mit ihm. Ihre Miene spiegelte eine Verstimmung wider, die so gar nicht zu der weisen Frau passte. Aber er fiel darauf herein und versuchte sich zu verteidigen: „Ich habe es doch nur gut gemeint. Glaubst Du, es ist mir leicht gefallen, alle Deine Freunde und Fans von Dir fernzuhalten? Es bedurfte meiner ganzen Überzeugungskraft. – Schau mal, wie viele Briefe sich mittlerweile angesammelt haben.“

Er zog einen dicken Umschlag heraus und schüttete eine große Anzahl Glückwünsche auf Annis Bettdecke.

Nun kam doch ein wenig echter Ärger in ihr auf. Was fiel ihm nur ein, sogar die schriftliche Post zurückzuhalten? Diesmal konnte er Gedanken lesen, denn er rechtfertigte sich sofort: „Hättest Du nicht sogleich Schreibzeug verlangt und jeden Brief eigenhändig beantwortet?“

Sie schmunzelte. Ja, er kannte sie gut.

„Anni, was kann ich denn zur Wiedergutmachung tun, damit Du für meine, vielleicht falsch eingesetzte, Fürsorge Verständnis hast?“

Es war ihr unmöglich, wieder in die Rolle der Gekränkten zurückzukehren. So packte sie die Gelegenheit beim Schopf und brachte den Herzenswunsch vor, den sie seit gestern hatte: „Na gut, es sei Dir verziehen. Du hast nach Deinem besten Willen gehandelt und hast ja Recht. So viele Briefe, so viele Antworten. Das wäre ja richtig in Arbeit ausgeartet. – Doch, Du kannst etwas für mich tun. Ich würde heute gegen zehn Uhr gern die Krankenhauskapelle aufsuchen. Verzieh jetzt nicht das Gesicht. Es ist mir ein Anliegen, Gott für meinen guten Gesundheitszustand zu danken. Und da Du entscheidenden Anteil daran hast, hätte ich Dich gern dabei.“

Günther kämpfte innerlich mit sich. Mit dem Gott, den Anni ihm in den vergangenen Tagen nahegebracht hatte, konnte er eher etwas anfangen als mit dem, den er aus dem Religions- und Konfirmantenunterricht kannte und den er tunlichst die letzten Jahrzehnte aus seinem Leben gestrichen hatte. Und mit ihm natürlich auch jeglichen

Kirchenbesuch. Aber gut, wenn das die einzige Bußhandlung war, die sie von ihm verlangte ...

Er schaute kurz auf die Uhr, nickte, tätigte ein kurzes Telefonat mit seiner Sprechstundenhilfe und freute sich, dass ihm jetzt noch eine gute Stunde Zeit für ein Gespräch mit Anni verblieb. Er wollte gern an das Thema des Vortages anknüpfen.

„Du, Anni, gestern hatte ich eine Unmenge Fragen zu Deiner Erklärung vom Seelenplan eines jeden Menschen."

Anni nahm erfreut zur Kenntnis, dass er, im Gegensatz zu gestern, nicht mehr von einem Märchen sprach. Er fuhr fort: „Es war ganz gut, dass wir das Gespräch so abrupt unterbrechen mussten, denn so hatte ich die Möglichkeit, noch einmal über alles nachzudenken. Ich bin zu dem Schluss gekommen – immer vorausgesetzt, dass Deine These stimmt – dass es dann ja überhaupt nicht mehr nötig ist, irgendwelche Wünsche zu haben. Denn, alles was ich nach meinem Seelenplan bräuchte, käme ja sowieso auf mich zu. Diese Schlussfolgerung könnte ich in den Fällen, in denen mein Verstand einverstanden ist, gut annehmen. Nur – was würde wohl eine Mutter sagen, wenn ich ihr nach dem plötzlichen Tod ihrer einzigen Tochter erklären würde, ihr Kind habe sich diesen Tod so ausgesucht?"

Anni überlegte, sie wusste, dass die Antwort darauf nicht einfach in Worte zu fassen war. So hörte sie nach innen und gab die Antwort, die aus ihrem Herzen aufstieg: „Diese Sicht des Lebens ist für viele Menschen nicht verständlich. Alle, die in der Welt der Angst oder der Wünsche leben, *müssen* diese Wahrheit ablehnen. Sie passt einfach nicht in ihr Bild. Ich würde dieses Wissen niemals einem Menschen aufdrängen, der voller Verzweiflung über einen Umstand ist, der ihm den Boden unter den Füßen wegzieht – so wie mir damals der schwere Verkehrsunfall. Ich brauchte Zeit, um zu hadern mit dem Schicksal oder dem Himmel oder wie immer es die Menschen nennen. Doch genau durch diesen Schlag wurde ich bereit für die neue Sicht des Lebens. Ich dränge diese Sichtweise niemandem auf, auch Dir nicht! Ich sage nur: Was hat ein Mensch zu verlieren, wenn er sich voller Vertrauen dem Leben hingibt? Wenn er jeden Morgen seine Hände weit öffnet und sagt: ‚Danke, dass Du mir auch heute alles gibst, was ich brauche, und mir alles nimmst, was mich belastet.' Nichts hat er zu verlieren, außer der Angst davor, was an Schrecklichem und Unabwendbarem an diesem neuen Tag wieder auf ihn zukommen könnte. – Mach doch einmal den Versuch, einen einzigen Tag lang. Du wirst sehen: Nichts ist mehr so wie es war. Denn du hast verstanden, was es heißt zu leben. Hier und jetzt, jeden Augenblick."

Die Zimmertür wurde geöffnet und Jitka trat, samt all ihren Reinigungsutensilien, ein. Sie fragte den Arzt leise, ob es möglich sei, jetzt ihre Arbeit zu tun. Günther fühlte sich gestört und bat darum, nur das Notwendigste zu reinigen. Er wolle unterdessen eine andere Patientin aufsuchen und in fünf Minuten zurückkommen.

Kaum hatte er den Raum verlassen, fragte Anni die junge Frau: „Es bleibt doch bei unserer Verabredung, Jitka?"

Es schien ihr, als wäre die andere seit gestern gewachsen. Eine Kraft ging von ihr aus – und ein inneres Strahlen. Ohne die Arbeit zu unterbrechen, antwortete sie: „Ja, Frau Nowak. Ich tue es. Ihnen zuliebe. Auch wenn ich nicht weiß, was es für Folgen für meinen Arbeitsplatz hat."

Anni beruhigte sie: „Da mach Dir mal gar keine Sorgen. Das bring ich schon in Ordnung. Und Du weißt ja: Papa Gott will es. Ich habe einen Leitspruch, der mich seit vielen, vielen Jahren begleitet und durch alle Schwierigkeiten hindurch getragen hat: Wenn Gott für mich ist, wer will gegen mich sein?"

Jitka stützte sich auf den Wischer und blickte die alte Frau mit großen Augen an. „Glauben Sie, das gilt auch für mich?" fragte sie zweifelnd.

„Natürlich! Oder glaubst Du etwa, Gott macht in der Liebe zu seinen Kindern Unterschiede? Das wäre mir ja ein schöner Vater! – Und noch etwas, Jitka: Wenn wir beide schon denselben Vater haben, so ist es doch einfach unmöglich, wenn Du *Sie* zu mir sagst. Das gefällt ihm bestimmt nicht, wenn Du mir gegenüber so fremd tust."

Jitka lachte laut auf: „Weißt Du, Anni, es fiel mir sowieso schwer, *Sie* zu sagen. Du bist zwar nicht wie eine Schwester, aber dafür wie meine Oma in Tschechien. Danke für Deine Liebe – und für Dein Vertrauen."

Dann besann sie sich, dass ihr nur noch zwei Minuten verblieben, um das Zimmer zu reinigen. Sie war gerade fertig, als Dr. Schleifer zurückkam. Beim Hinausgehen zwinkerten sich die beiden Frauen verschwörerisch zu.

„So", sagte Günther, „wir können weitermachen. Deine Feststellung, dass alles gut ist, kann ich nicht teilen. Die Patientin, die ich in der Zwischenzeit besuchte, hat ein trauriges Schicksal. Da könntest nicht einmal Du sagen, dass es gut ist."

Anni wählte ihre Worte sorgfältig: „Ich weiß, dass Du mit der Möglichkeit der Reinkarnation große Probleme hast. Die hatte ich auch, lange Zeit. Bis mir mein Engel eine Frage stellte: ‚Wie könnt ihr Menschen von einem gerechten Gott sprechen, wenn ihr glaubt, es gebe nur *ein* Leben. Was wäre das für ein ungeheuerlicher Vater, der einigen seiner Kinder ein Leben in Wohlstand, ja Überfluss, ermöglicht, andere dagegen in ein Land schickt, in dem sie schon in Kinderjahren qualvoll verhungern müssen.' – Ich antwortete damals: ‚Da sind eben wir Menschen selbst schuld, dass es so ungerecht auf der Welt zugeht.' – Das ließ er nicht gelten: ‚Würdest Du als menschliche Mutter zusehen, wie eines Deiner Kinder aufgrund der Schuld eines seiner Geschwister verhungert?' Natürlich würde ich das nicht. Da hatte ich verstanden: Warum sollte Gott, der die Liebe selbst ist, weniger gerecht, fürsorglich und liebevoll handeln als ein menschlicher Vater, eine menschliche Mutter? Was hatte ich nur für ein Gottesbild! – Warum aber gab es dann so eine Ungerechtigkeit in der Welt? Die Antwort lautete: ‚Die Welt ist wie ein riesengroßes Buffet. Alles, was eine Seele an Erfahrungen braucht, um zu wachsen, wird von der Welt angeboten. Euer Verstand ist zu beschränkt, um verstehen zu können, weshalb Hunger zum Wachstum notwendig sein sollte. Wenn eine Menschenseele am eigenen Leib nicht erfahren hat, was Hunger heißt, wird sie sich nie für die gerechte Verteilung der Nahrung einsetzen. Manchmal braucht es mehrere Leben, um diese Erfahrung machen zu können: In einem Dasein lebt eine Menschenseele im Überfluss, ohne Mitgefühl für Hungernde zu haben. Nach ihrem menschlichen Tod bekommt sie die Möglichkeit, darüber nachzudenken, und bittet Gott, die reine Liebe, darum, Hunger erfahren zu dürfen – im nächsten Leben! Und im übernächsten setzt sie sich dann dafür ein, dass jeder Mensch auf Erden genug zu essen hat.'"

Lange schwieg Günther. Die bildhafte Erzählweise von Anni tat ihr Werk in seinem Verstand. Noch konnte er es nicht ganz annehmen: „Gut. In diesem Beispiel kann ich noch den Sinn sehen. Doch hört es bei mir bei Verbrechen auf. Da soll Gott auch sagen: Es ist gut?"

Das war eine Frage, deren Beantwortung höchste Weisheit verlangte. Vorsichtig, um ihn nicht zu überfordern, antwortete die alte Frau: „Wenn zwei Kinder zufrieden im Sandkasten spielen und ein drittes Kind hinzukommt, das sich ausgeschlossen fühlt, kann es sein, dass es eine Handvoll Sand nimmt und ihn, um auf sich aufmerksam zu machen, den beiden glücklichen Kindern ins Gesicht wirft. Die armen Kleinen werden dann sehr weinen, denn es tut weh und sie verstehen nicht, warum das andere so gehandelt hat. Der Bösewicht dagegen wird lachen, er kann gar nicht nachvollziehen, was an seinem Tun so schlimm gewesen sein soll. Es gibt Mütter, die dann den Missetäter bestrafen oder die fordern, dass er nicht mehr mitspielen darf. Eine kluge Mutter versucht zu erklären, dass seine Handlungsweise für die anderen schmerzhaft war und sie ihn erst recht nicht mehr dabei haben wollen. – Am effektivsten jedoch ist es, wenn der Bösewicht dieselbe Erfahrung am eigenen Leib macht. Dann erst versteht er, was er den anderen angetan hat."

Günther sagte, mehr zu sich selbst als zu seiner Lehrerin: „Was Du nicht willst, das man Dir tu, das füge keinem andern zu."

„Genau. Nur – manchmal weiß eine Menschenseele gar nicht, was sie dem anderen an Schmerz zufügt. Es gibt soviel zu lernen, bis aus einem menschlichen Gott ein göttlicher Mensch wird. Da reicht freilich ein einziges Leben bei weitem nicht aus."

„Aus einem menschlichen Gott ein göttlicher Mensch ...", wiederholte der Arzt. „Du sagst manchmal Sachen, die lass bloß keinen Priester hören!"

Anni lachte: „Oh, ich würde diese Themen gerne einmal mit einem Priester bereden. Auf einige meiner Fragen hätte er bestimmt keine

Antwort, während ich ihm keine seiner Fragen schuldig bleiben würde. – Viele Theologen sind wie die Schriftgelehrten zu Jesu Zeiten. Sie kennen das geschriebene Wort gut. Aber, wie heißt es in der Bibel: ‚Und das Wort ist Fleisch geworden und hat unter uns gewohnt.' Das Fleisch gewordene Wort, das ist für mich nicht nur Jesus, sondern jeder Mensch. Denn Jesus nannte uns seine Geschwister und so haben wir alle denselben Vater. Oder nicht?"

Nein, er war ihrer Herzensweisheit nicht gewachsen. Er nahm sich fest vor, am Abend in aller Ruhe noch einmal über alles nachzudenken.

Fast hätten sie versäumt, rechtzeitig zur Kapelle, die sich in einem Seitentrakt des großen Gebäudes befand, aufzubrechen. Die Stationsschwester Brunhilde half Anni persönlich beim Ankleiden und übergab ihre Patientin samt Rollstuhl dem vor der Zimmertür wartenden Arzt. Anni fühlte eine Ungeduld in sich, die sie sich gar nicht erklären konnte. Mit dem 10 Uhr-Glockenschlag schob Günther seine alte Freundin in den kleinen Kirchenraum. Sie bestand darauf, ganz nach vorn gebracht zu werden, und bat ihren Begleiter, sie mit dem Gesicht zum Altar zu platzieren. Er nahm in der Bank daneben Platz. Das Unbehagen stand ihm ins Gesicht geschrieben.

Minutenlang sprachen sie kein Wort. Anni hielt innere Zwiesprache mit ihrem obersten Chef. Sie dankte aus ganzem Herzen für die geschenkte Zeit – und dafür, dass ihr Herz noch so lange durchhalten würde, bis ihre Aufgabe erfüllt war.

Als sie hörte, wie sich die Tür öffnete und Günther Anstalten machte, sich umzudrehen, sprach sie ihn schnell an, so dass er seine Aufmerksamkeit ihr zuwandte und nicht dem unerwünschten Störenfried. Hatte nicht die Stationsschwester ausdrücklich erklärt, Anni wolle allein in der Kapelle sein?

Obwohl auch die alte Frau neugierig auf das Kommende war, gelang es ihr, Günther mit einer Frage abzulenken: „Warst Du noch nie in einer Situation, in der Du selbst nichts anderes mehr tun konntest, als Dich an Gott zu wenden?"

Noch bevor er antworten konnte, erklangen von ganz hinten erste Gitarrenklänge. Leise und verhalten schwebten sie durch die Kapelle.

Erstaunt wollte sich Günther umdrehen, aber Anni bat schnell: „Nein, hör nur zu.“

Und dann setzte diese Stimme ein. Eine Stimme, wie sie die beiden nie zuvor gehört hatten. Anni hatte nur ein Wort dafür: ‚Seele.‘ Jitka sang nicht, sie *war* diese Musik. Klar und deutlich brachte ‚Papa Gott‘, wie die junge Frau den Komponisten und Texter genannt hatte, seine Botschaft durch Jitkas Mund:

„Alles ist gut, ich komme mit,
egal, wohin Du mich trägst.
Ich lasse hier den ganzen Mist,
denn was ich brauch’, ist nur Deine Nähe.
Was auch passiert, hoch oder tief,
ich lasse mich von Dir führen.
Bei jedem Schritt, wie schwer er ist,
bist Du bei mir mit Deiner Liebe.
Und wenn ich nicht mehr weiterweiß,
verzweifelt bin, ohne Halt,
dann kommst Du zu mir, hebst mich hoch
und trägst mich aus der Hölle fort.
Und wenn ich glaube, es ist zu viel,
unfähig bin, etwas zu spür’n,
kommst Du zu mir, hebst mich hoch
und trägst mich aus dem Abgrund fort.

Alles ist gut, ich lasse mich nicht
hoffnungslos auf die Knie nieder.
Ich stehe auf, mit neuer Kraft,
die Du mir schenkst, immer wieder.
Und wenn ich nicht mehr weiterweiß,
verzweifelt bin, ohne Halt,
dann kommst Du zu mir, hebst mich hoch
und trägst mich aus der Hölle fort.
Und wenn ich glaube, es ist zu viel,
unfähig bin, etwas zu spür’n,

kommst Du zu mir, hebst mich hoch
und trägst mich aus dem Abgrund fort.

Gott, Deine Liebe trägt mich fort."

Stille ... Minutenlang ... Nur Günthers schwerer Atem war zu hören. Anni hielt ihre Augen geschlossen, war eins mit der Liebe, dem Vertrauen und der Kraft, die durch das Lied in ihr Herz gekommen waren. 'Ja – alles ist gut. Ich komme mit, wohin Du mich trägst.'

Leise Geräusche aus der letzten Bank holten sie zurück. So schnell es ihr möglich war, wandte sie sich um. Gerade rechtzeitig, um die Sängerin am Verlassen der Kapelle zu hindern: „Jitka, danke! Komm doch zu mir und lass Dich umarmen."

Günther gab sich einen Ruck, wandte sich ebenfalls um, verließ langsam die Kirchenbank und ging der jungen Frau kopfschüttelnd entgegen. Diese blickte ihn ängstlich an, als erwarte sie eine Rüge. Die Worte des Arztes verwandelten ihre Bedenken in Freude und Stolz: „Jitka? Ich kenne Dich nur in der Kleidung einer Reinemachefrau. Nicht einmal Deinen Namen wusste ich. Woher hast Du dieses Lied?"

Anni antwortete anstelle der schüchternen Frau: „Von demselben, der ihr auch die Stimme dazu gibt!"

Dr. Schleifer wandte sich Anni zu. Seine Stimme klang liebevoll: „Du Hexe, Du wusstest, dass dieses Lied die Frage, die Du mir gestellt hast, beantwortet, nicht wahr?" Und an Jitka gewandt: „Gibt es diese Musik auf Kassette oder CD?"

Sie verneinte. Anni sprach im Brustton der Überzeugung: „Noch nicht. Aber in ungefähr einer Woche."

Die beiden stehenden Menschen starrten die im Rollstuhl Sitzende verblüfft an. Anni sah sich deshalb veranlasst, ihre eben geborene Idee näher zu erklären: „Mädchen, morgen früh kann ich Dir den Termin für das Aufnahmestudio mitteilen. Ich nehme an, Papa Gott hat Dir nicht nur dieses eine Lied geschenkt. Schreib Dir schon mal zusammen, welche Du an die Menschen weitergeben wirst."

Jitka wurde blass: „Nein, das kann ich nicht. Abgesehen davon, dass ich das Geld nicht besitze. Ich habe keine Gesangsausbildung, und das Gitarrenspiel habe ich mir selbst beigebracht."

Annis Stimme klang mahnend: „Mädchen, keine Selbstüberschätzung! Nicht *Du* singst und spielst, sondern *Er*. Lass nicht zu, dass Dein kleiner Verstand sich über *Ihn* erhebt."

Ungewohnt eindringlich hatte die alte Frau gesprochen, und Günther wusste, dass sie mit dieser Art der Selbstüberschätzung bestimmt ihre eigene Erfahrung gemacht hatte.

Milder fügte Anni hinzu: „Weißt Du, Jitka, ich bin selbst Sängerin. Vor zwei Wochen hätte ich noch gesagt: Ich *war* einmal Sängerin. Zu Beginn meiner Karriere sang ich aus dem Herzen und berührte dadurch die Herzen der Menschen. Dann begann ich eine Gesangsausbildung, weil ich glaubte, nicht gut genug für öffentliche Auftritte zu sein. Danach sang ich aus dem Verstand heraus, immer mit der richtigen Technik, und wurde von den Experten hoch gelobt. – Als ich Dich vorhin singen hörte, wusste ich: Aus Dir singt reine, unverfälschte Seele! Und so hast Du die Möglichkeit, Seelen zu berühren – und zu heilen."

Günther schüttelte wieder den Kopf: „Genau so fühle ich auch. Nur hätte ich nie diese Worte gefunden."

Anni antwortete schmunzelnd: „Oh Günther, solche Worte findet man nicht, die bekommt man geschenkt!"

Alle drei lachten. Jitka wurde als Erste wieder ernst: „Es geht trotzdem nicht, ich habe nicht das Geld dazu."

Diesmal übernahm der Arzt die Antwort: „Aber ich. Ich übernehme die Kosten und kaufe sofort dreißig Deiner CDs. – Nein, einunddreißig, denn Dr. Pfaller bekommt auch eine geschenkt. Bei meinem Gespräch mit ihm hatte ich den Eindruck, er glaube, *er* sei Gott. Und Menschen, denen er nicht mehr helfen kann, entlässt er aus seiner Klinik und aus seinem Leben."

Noch während er den letzten Satz gesprochen hatte, war ihm bewusst geworden, was er damit verraten hatte. Er warf einen schnellen Blick auf die alte Frau und erkannte in ihren weisen Augen, dass sie es schon längst wusste. Und – es brachte sie nicht aus ihrem inneren

Frieden. Im Gegenteil: Die Wahrheit schenkte ihr die Kraft, all die heilsamen Veränderungen in ihrem Umfeld zu bewirken.

Der Frieden in Annis Miene wurde durch den Schalk vertrieben, der auch aus ihrer Stimme klang: „Du kommst zu spät mit Deinem Angebot. Die Finanzierung ist nämlich schon gesichert. Aber es spricht natürlich nichts dagegen, dass Du *vierzig* Stück aus der Erstauflage abnimmst."

Was blieb Günther anderes übrig, als zu nicken? Leise wiederholte er den liebevollen ‚Kosenamen', den er seiner alten Freundin bereits öfters gegeben hatte: „Hexe!" Eine große Hochachtung und Zuneigung war herauszuhören.

Anni und Dr. Schleifer verabschiedeten Jitka mit einer herzlichen Umarmung. Der Arzt kannte sich selbst nicht mehr. Bisher war er immer auf Abstand bedacht gewesen. Annis Belehrungen hatten sein Herz zwar schon ein Stück weit geöffnet, aber nun schien ihm, als hätte das Lied die Herzenstür sperrangelweit aufgestoßen. Aus der bisher nur am Rande wahrgenommenen ausländischen Putzfrau war eine Seelenverbündete geworden, durch deren Gottesgabe er für sich und viele andere Menschen Heilung erhoffte.

Die beiden Älteren waren wieder allein. Der Arzt nahm noch einmal neben seiner Patientin Platz, ergriff ihre Hand und blickte sie eindringlich an: „Liebe Anni, ich darf Dir nun eine frohe Botschaft verkünden. Nach Rücksprache mit Dr. Pfaller habe ich entschieden, dass Du übermorgen entlassen wirst und zu den ‚Drei Linden' zurückkehren kannst. Wenn Du willst ...", fügte er unsicher an.

‚Aha', dachte Anni, ‚ich werde in die letzte Runde entlassen.'

Ihr Herz begann schneller zu klopfen. Sie fühlte in sich, ob es Angst war – oder Freude. Es war ein wenig von beidem. Laut sprach sie: „Natürlich will ich. So spare ich mir schon die schriftliche Beantwortung der vielen Genesungswünsche. Wenn Du heute ins Altenheim kommst, richte bitte wieder herzliche Grüße aus und bereite meine Freunde darauf vor, dass es bald wieder rundgeht."

Günther lachte laut auf: „Glaubst Du etwa, die hätten einen Dornröschenschlaf gehalten, seit Du nicht mehr das Zepter schwingst?"

Fragend blickte sie ihn an. Ja, das war ihre Befürchtung gewesen. Wenn das Zugpferd fehlt, bleiben auch die anderen Pferde stehen. Oder nicht? Er tat, als bemerke er ihre Neugier nicht, erhob sich und schob die alte Dame den Weg durch die vielen langen Gänge zurück. Kurz vor ihrem Einzelzimmer überkam Günther eine überschwängliche, liebevolle Empfindung für die ungewöhnliche Frau. Er hielt den Rollstuhl an, beugte sich zu ihr hinab, drückte ihr einen schmatzenden Kuss auf die Wange und sagte unüberhörbar: „Ich liebe Dich, Du Hexe!"

Hinter sich nahm er das hörbare Schnauben eines weiblichen Wesens wahr, drehte sich ertappt um und erkannte amüsiert die völlig irritierte Stationsschwester Brunhilde, die kopfschüttelnd in das nächstbeste Krankenzimmer flüchtete.

„Ist der Ruf erst ruiniert, lebt es sich ganz ungeniert!" resümierte der vermeintliche Liebhaber und schob seine fast vierzig Jahre ältere ‚Geliebte' lachend auf ihr Zimmer.

Anni bestand darauf, ein Telefon und ein Telefonbuch an ihr Bett zu bekommen. Am Klang ihrer Worte erkannte der Arzt, dass jeder Widerspruch zwecklos war. Er organisierte das Gewünschte und verabschiedete sich mit erhobenem Zeigefinger: „Übertreib es nicht. Sonst wird aus Deiner Entlassung nichts."

Anni nickte gehorsam und konnte es nicht erwarten, endlich allein zu sein. Es war nur ein einziges Telefonat notwendig und der Termin im besten Aufnahmestudio der Stadt stand für den nächsten Tag fest. Der Name ‚Anne Andresch' öffnete immer noch Türen – und eröffnete Möglichkeiten.

Zufrieden lehnte sich die Gönnerin der jungen Sängerin im Bett zurück. Geschafft! Sie warf einen zufriedenen Blick nach oben, als erwarte sie ein Lob. Es bestand darin, dass sie mit einer so ungeheuer großen inneren Glückseligkeit überschwemmt wurde, dass ihr Tränen in die Augen schossen.

„Oh, Papa Gott", sagte sie halblaut, „ist das der Plan, den Du mit mir hast? Zuerst lässt Du mich noch einmal öffentlich singen, so richtig aus dem Herzen heraus wie in meiner Jugendzeit, damit sich für mich ein Kreis schließt – und dann führst Du mir eine junge Frau zu, die aus der Seele singt, damit sie mein Erbe antritt?"

Erst als sie den letzten Gedanken ausgesprochen hatte, erkannte sie den weitreichenden Plan, den der himmlische Vater mit ihr und der jungen Tschechin hatte. Anni war nie Mutter gewesen, leibliche Mutter. Wie sehr hatte sie dies in späteren Jahren, als es zu spät war, bedauert. Nun, so kurz vor der Ankunft ihres Lebenszuges an der Endstation schenkte ihr das Leben ein Kind, das sie beerben könnte!

Den Rest des Tages verbrachte sie damit, sich Gedanken über die Entwicklung im Altenheim zu machen. Günthers Andeutung bestärkte sie immer mehr in der Hoffnung, einer der angeschubsten Dominosteine könnte ihre Aufgabe übernommen haben. Es kostete ihre ganze Willensanstrengung loszulassen. Nicht nur diese Hoffnung, sondern auch die Erwartung an Jitka, die in den darauffolgenden Tagen ihre Lieder auf eine Scheibe brachte, die vielen Menschen gut tun würde.

Lektion 19
Es kommt nicht darauf an, wer sät oder gießt. Es kommt nur auf Gott an, der wachsen lässt.

Was hatte sich nun im Altenheim tatsächlich während Annis Abwesenheit ereignet?

Ihre Freunde fielen unmittelbar nach Annis körperlichem Zusammenbruch in einen Schockzustand. Während sich die Angehörigen um sie bemühten, standen sie in kleinen Grüppchen beisammen und konnten nicht verstehen, was passiert war. Die Chorleiterin hatte doch eben noch so wunderbar und herzergreifend gesungen! Der Sohn der verstorbenen Frau Gehring machte sich die größten Vorwürfe. Kurt Lehmann wandte alle seine Überredungskunst auf, um ihn zu beruhigen.

Dann trugen die Rettungssanitäter Anni auf einer Bahre aus dem Haus. Alle, die im Gang standen, waren über ihr Aussehen erschrocken. Ilse war verzweifelt! Nicht einmal eine starke Beruhigungstablette zeigte Wirkung. Elisabeth machte sich so große Sorgen um ihre Mutter, dass sie den Heimleiter bat, diese Nacht bei ihr verbringen zu dürfen. Als eine der Pflegerinnen Annis Bett für Elisabeth frisch beziehen wollte, schluchzte Ilse laut auf: „Nein! Das ist ja gerade so, als käme sie nicht mehr zurück!“

Kurt schickte Elisabeth schließlich nach Hause und saß lange an Ilses Bett. Mit einer Zuversicht, die er selbst nicht besaß, redete er leise auf sie ein.

Welch ein verrückter Tag war das gewesen?! Die meisten im Haus hatten sich so darauf gefreut. Und nun? Die Hauptperson war nicht mehr da!

Auch in Paulus' Zimmer herrschte gedrückte Stimmung. Seine Tochter saß schweigend neben ihm. Wie stolz war sie auf ihren Vater während des Gottesdienstes gewesen. Nun konnte er ihr Lob nicht einmal annehmen. So hielt sie nur mitfühlend seine alten Hände, die jetzt so sehr zitterten. Beim Klavierspiel waren sie ruhig und sicher über die Tasten getanzt. Was sie am meisten berührt hatte, war sein gelöster Gesichtsausdruck während des Spielens. Nichts Schulmeisterliches strahlte er aus. Wie sehr hatte sie das an ihm immer gehasst und verabscheut! An diesem denkwürdigen Tag zeigte er sich von ganz anderen Seiten – Seiten, die sie annehmen und lieben konnte. Hilflos und verzweifelt wie ein kleines Kind saß er ihr gegenüber und schüttelte immer wieder mit tiefen Seufzern seinen Kopf.

So wie ihm erging es vielen im Haus. Und viele hatten denselben Gedanken: Wie soll es nun weitergehen? Schon in der ersten Nacht, in der Anni nicht mehr im Hause war, keimte in den Herzen der ‚Freunde' des Altenheimes ‚Drei Linden' die Überzeugung auf: Es *musste* weitergehen mit der Aktion und mit dem Chor. Schon Anni zuliebe!

Als am nächsten Morgen die ersten Heiminsassen Richtung Speisesaal unterwegs waren, verspürten die meisten eine noch größere Verbundenheit als bisher. Paulus sprach es schließlich für alle aus, nachdem die meisten schweigend und nachdenklich ihr Frühstück eingenommen hatten: „Darf ich kurz um eure Aufmerksamkeit bitten? Ich habe eine schlimme Nacht hinter mir, und wenn ich mir eure Gesichter so anschaue, dann glaube ich, es ist euch nicht anders ergangen. Ich hoffe, bei Anni im Krankenhaus sind unsere vielen Gebete und Gedanken angekommen. – Kurt erklärte vorhin, dass die Ärzte unserer lieben Anni absolute Ruhe verordnet haben. Ihr Zustand ist nicht lebensbedrohlich, aber doch bedenklich. Es ist uns also nicht erlaubt, sie zu besuchen. Nicht einmal telefonisch können wir mit ihr Kontakt aufnehmen. Das Schreiben allerdings kann uns niemand verwehren ..."

Am leisen Gemurmel erkannte er, dass die anderen verstanden hatten. Anni würde viel Post bekommen!

Er räusperte sich, um sich wieder Gehör zu verschaffen, und fuhr fort: „Natürlich tauchte bei mir, wie bei vielen von euch, die Frage auf: Was wird nun aus unserem Chor? Wie geht es mit der ‚Aktion Freundschaft' weiter? Steht und fällt alles mit Anni? Das wäre schade. Und ich glaube, sie wäre sehr traurig, wenn sie erfahren müsste, dass wir so schnell wieder rückfällig geworden sind."

Er blickte sich in der Runde um und sah sogar die bisherigen Gegner der Aktion zustimmend nicken.

Der frühere Ministerialbeamte Fritz Köhler meldete sich mit erhobener Hand zu Wort. Mit gewichtiger Miene und ebensolcher Stimme sprach er: „Anni suchte mich vor einigen Tagen auf und bat mich, mir Gedanken zu machen, wie wir uns gegenseitig unterstützen könnten. Wir können nicht immer das Personal dafür verantwortlich machen, dass wir uns vernachlässigt fühlen. Das Personal kann nämlich gar nichts dafür. Auch Kurt nicht. Ich habe gestern mit ihm gesprochen. Es ist einfach kein Geld da, um mehr Pflegepersonal einzustellen. Also – bleibt uns nur eines. Anni hat es schon richtig erkannt: Selbsthilfe. Jeder von uns stand jahrzehntelang im Berufsleben und hat sich ein Potenzial an Wissen und Können angeeignet, das bei der Pensionierung doch nicht einfach verloren gegangen sein kann. Schaut mich an: Ich war – und bin – ein Organisationstalent. Das bringe ich jetzt zu unser aller Nutzen ein. Ich habe eine Liste vorbereitet, in die sich jeder eintragen kann, der unserer Gemeinschaft ebenfalls etwas zu geben hat."

An den ratlosen Mienen erkannte er, dass die anderen ihn nicht so recht verstanden hatten, ja, dass manche ihn gründlich missverstanden.

Paulus kam ihm zu Hilfe: „Wenn ich Dich recht verstehe, so meinst Du damit bestimmt kein Geld, sondern ein Talent oder ein Wissen."

Fritz atmete erleichtert auf: „Ja, ich denke da zum Beispiel an unseren Oberinspektor Karl, der jahrzehntelang beim Finanzamt beschäftigt war."

Eine hämische Männerstimme rief dazwischen: „Glaubst Du vielleicht, er könnte uns Millionären bei der Einkommensteuer behilflich sein?"

Der Finanzbeamte a. D. reagierte ärgerlich: „Ich weiß genau wie Du, dass unter uns kein einziger Millionär ist. Ich erkläre mich aber bereit, bei Interesse einen Vortrag über Erbrecht und Erbschaftssteuer zu halten. Ich denke, das ist ein Thema, das nicht nur Millionäre interessiert!"

Theresia, die frühere Lehrerin, stellte sich furchtlos zwischen die Fronten: „Das ist eine wunderbare Idee. Ich möchte mich gleich als Zweite anbieten. Ihr wisst, dass ich sehr gerne lese – und noch lieber anderen etwas vorlese. Also – wenn Interesse besteht, halte ich gerne regelmäßig Lesestunden im Aufenthaltsraum. Die Themen könnt ihr bestimmen."

Zustimmendes Gemurmel war zu hören.

Eine zaghafte Frauenstimme fragte: „Und was wird nun aus unserem Chor?"

Paulus antwortete: „Ich bin bereit, die Leitung so lange zu übernehmen, bis unsere Anni wieder zurück ist. Das Klavier wurde in den Aufenthaltsraum zurückgebracht, so dass wir mit den Proben fortfahren können. Ich schlage vor, wir proben zweimal die Woche für jeweils eine halbe Stunde, montags und mittwochs nach dem Nachmittagskaffee. Mein Beitrag zur Gemeinschaftsaktion wird ein kleines Klavierkonzert jeden Sonntagnachmittag sein."

Mit so viel spontaner Unterstützung hatte Fritz Köhler gar nicht gerechnet. Er legte seine Liste neben das Frühstücksbuffet und bat noch einmal darum, Angebot und Nachfrage zu bestimmten Themen einzutragen.

Im Eifer des Planens hatten die alten Menschen gar nicht bemerkt, dass der Heimleiter seit geraumer Zeit zuhörte. Auch er hatte eine schlaflose Nacht hinter sich. Ihn hatten dieselben Fragen bewegt: Wie würde es weitergehen ohne die verrückte Anni? Er schmunzelte bei der Erkenntnis, dass die Verrücktheit der alten Frau wohl ansteckend gewesen war. Sogar er hatte sich infiziert! Oder war es etwa ‚normal', dass ein Heimleiter morgens auf der beschützenden Station am Bett einer verwirrten Heimbewohnerin saß und sang: ‚Schlaf Kindlein schlaf, dein Vater ist ein Schaf'? Ja, auch er war an diesem Morgen in Annis Fußstapfen getreten und hatte denselben beruhigenden Effekt erzielt wie sein singendes Vorbild.

Anni ... Obwohl sie nicht im Haus war, vierzehn lange Tage nicht, war sie allgegenwärtig. Hunderte Gebete und gute Gedanken wurden täglich zu ihr auf die Reise geschickt – und unzählige Karten und Briefe. Im Haus wurde gesungen, vorgelesen, Interessantes vorgetragen, gemeinsam gestickt, gebastelt, musiziert. Immer war Anni in den Gedanken der Menschen dabei.

Noch eine Veränderung gab es im Altenheim ‚Drei Linden': Die Besuche der Angehörigen nahmen zu. Es war seltsam, denn jetzt, wo die Bewohner die Besuche nicht mehr einforderten, weil sie sich selbst beschäftigten oder mit anderen beschäftigt waren, fanden die erwachsenen Kinder und Enkel plötzlich Zeit, öfters bei ihren zufriedenen Eltern und Großeltern vorbeizuschauen.

Paulus' Tochter Barbara besuchte ihren Vater fast jeden Tag, saß neben ihm am Klavier, blätterte die Noten um und bat ihn in der zweiten Woche sogar, zusammen mit ihm ein leichtes Stück vierhändig spielen zu dürfen.

Auch Elisabeth, Ilses Tochter, erschien jeden Nachmittag. Sie holte ihre Mutter zu Spaziergängen in der milden Herbstsonne ab, hörte sich mit ihr zusammen Karl Müllers Vortrag über ‚Erben und Schenken' an und wehrte danach den Wunsch ihrer Mutter ab, über deren Nachlass zu reden: „Mama, ich habe nur den einen Wunsch, dass Du noch viele Jahre lebst. Wir können noch so viel gemeinsam unternehmen. Es ist nur schade, dass Du an den Rollstuhl gefesselt bist. Sonst könnte ich Dich ab und zu mit zu uns nach Hause nehmen. Du weißt ja, dass der Gang zu schmal ist für Dein Gefährt."

Ilse schaute ihre Tochter prüfend an. Nein, es war nicht nur eine leichtfertig dahingesagte Floskel. Sie meinte es wirklich ernst. Wenn sie wüsste ...

Von diesem Tag an nutzte Ilse jede freie, ungestörte Minute, um auf ihrem Zimmer das Gehen zu üben.

Dann war es endlich soweit! Annis Rückkehr ins Altenheim wurde angekündigt. Ein außerplanmäßiger Bastelnachmittag fand statt, an dem ein überdimensionales „Ein herzliches Willkommen unserer lieben Anni" in Gemeinschaftsarbeit hergestellt wurde. Kurt und drei seiner jüngeren Angestellten waren nötig, um die Girlande über dem Durchgang zu ihrem Stockwerk zu befestigen.

Die Wartenden waren ein wenig irritiert darüber, dass Anni mit dem Krankenfahrzeug zurückgebracht wurde und erst beim Eingang des Heimes von der Transportliege auf den Rollstuhl umgelagert wurde. Auch erschraken sie, denn Anni war während ihres Krankenhausaufenthalts noch zerbrechlicher geworden. Eigentlich hatten sie eine gut erholte Freundin erwartet.

Die Kraft aber, die aus ihren Augen sprühte, war sichtbar noch dieselbe, mit der sie so vieles im Haus bewirkt und verändert hatte! Lächelnd nahm sie die lauten Hallo-Rufe zur Kenntnis und schüttelte so viele Hände, die alle nur eines wollten: zum Ausdruck bringen, wie sehr die seltsame alte Dame allen gefehlt hatte.

Suchend blickte die Heimgekehrte in die Gesichter der Menschen, die sich zu ihrem Empfang eingefunden hatten. Ein wenig Enttäuschung wollte sich in ihr breit machen, denn diejenigen, die sie in ihrer Mission am meisten unterstützt hatten, befanden sich nicht darunter.

‚Lass alle Deine Erwartungen los, damit Deine Hände frei sind für die Geschenke, die der Himmel für Dich bereithält', tauchte aus ihrem Herzen auf.

Kurt, der es sich nicht hatte nehmen lassen, den Rollstuhl persönlich zu schieben, verfrachtete sie in den Aufzug und blickte betont gleichgültig zur Decke. ‚Wer keine Erwartungen an seine Mitmenschen hat, kann nicht von ihnen enttäuscht werden', resümierte Anni. Und doch – ein wenig mehr Freude hatte sie von Kurt schon erwartet. Außerdem – wo waren Ilse, Paulus, Theresia und all die anderen ihres ...

Weiter kam sie nicht, denn die Aufzugtüre öffnete sich, gab den Blick frei auf einen mit bunten Girlanden geschmückten Durchgang und den riesengroß geschriebenen Willkommensgruß! Doch noch mehr als das, was ihre Augen sahen, berührte sie das, was ihre Ohren hörten: *Ihr* Chor sang aus vielen Kehlen ‚Confitemini domino, quoniam bonus. Confitemini domino, halleluja!'

Kurt stellte die Bremse des Gefährts fest, begab sich eilig in die letzte Reihe des Chores und sang aus voller Brust mit. Über die Treppe kam immer mehr Verstärkung. Pflegekräfte, Küchenpersonal, Mitbewohner – der Chor wurde immer größer. Als sich hinter ihrem Rücken die Aufzugstüre noch einmal öffnete und ein weiteres Grüppchen Sängerinnen und Sänger ausspuckte, war Anni eingebettet in so viel Liebe, dass ihr die Tränen nur so aus den Augen liefen.

Endlich begriff sie, dass die Chormitglieder von ihr erwarteten, die Leitung zu übernehmen und das Lied zu beenden. Obwohl es sie viel Anstrengung kostete, pflückte sie mit großer Geste den letzten Ton aus der Luft, führte ihn an ihren Mund, um ihn zu küssen und warf ihn den vielen Menschen zu, die mit glücklichen Gesichtern um sie herum standen.

Ein allgemeines Hallo begann; Ilse fuhr rücksichtslos und laut „weg da" rufend zwischen den Männern und Frauen hindurch, die lachend einen Weg für sie frei machten. Unmittelbar vor ihrer mit großer Sehnsucht erwarteten Freundin stoppte sie, beugte sich, so weit es möglich war, nach vorn und riss die arme Anni fast aus dem Rollstuhl. Kurt ging amüsiert dazwischen und trennte die stürmische Ilse mit sanfter Gewalt von ihrer Busenfreundin.

Nur Paulus stand noch immer erschüttert an seinem Platz. Er hatte den Chor verstärkt, denn es wäre zu umständlich gewesen, das Klavier in das obere Stockwerk zu transportieren. Wie sehr war er über das fast durchsichtig gewordene Gesicht der alten Frau erschrocken. Genauso hatte seine Gattin ausgesehen, kurz bevor sie ...

Annis wissender Blick traf ihn, und für einen langen Augenblick verschmolzen ihre beiden Seelen miteinander. Die Zeit schien still zu stehen. Sogar die Umstehenden bemerkten, dass etwas Besonderes zwischen den beiden geschah. Es wurde ganz still auf dem Gang.

Ilse bekam es mit der Angst zu tun. Eine ungute Schwingung ergriff sie, eine Abschiedsschwingung. Nein, dies hier war ein Willkommenskomitee! Mit übertrieben aufgedrehtem Gehabe forderte sie: „So Anni, jetzt schau Dir mal an, was Deine Mitstreiter während Deiner Erholungskur alles auf die Beine gestellt haben."

Paulus erkannte, dass Anni jetzt am liebsten in ihr Zimmer wollte. Es war ihr alles einfach zu anstrengend. Eben wollte er den Gedanken laut für sie aussprechen, da sagte sie, ihn unverwandt anblickend: „Nichts lieber als das. Ich habe euch allen nämlich vertraut, dass ihr mein Werk fortsetzt und das langweilige Altenheim ‚Drei Linden' weiter aufpeppt!"

Allgemeines Gelächter setzte ein, nur Paulus erwiderte den Blick der Sprecherin mit ernstem Gesicht. Sie nickte ihm kurz zu und bat dann Kurt, den Fahrdienst zu übernehmen.

Der Heimleiter erkannte sehr bald, dass Anni mit der Begeisterung ihrer Freunde überfordert war. So kürzte er die Besichtigungstour mit der Begründung ab, Anni habe sich jetzt eine Erholungspause verdient und stimme sicherlich zu, all das Gebastelte, Gemalte und Gestaltete in den Gängen, im Speisesaal und im Aufenthaltsraum nach und nach zu bewundern. Ein dankbarer Blick der Hauptperson bestätigte sein Gefühl. Es machte sich zwar eine kleine Enttäuschung bei denen breit, die noch auf ein Lob oder eine Anerkennung von Anni warteten. Doch Paulus nahm sich die anderen, nachdem Kurt und sein Schützling im Aufzug verschwunden waren, halblaut zur Brust: „Wie könnt ihr nur so egoistisch sein? Habt ihr nicht gesehen, wie schwach sie ist?"

Betretenes Schweigen war die Antwort. Nein, in ihrer Freude über Annis Rückkehr hatten sie es nicht sehen wollen. Langsam löste sich die Gruppe auf. Die überschwängliche Begeisterung machte Sorge Platz. Plötzlich hatte jeder von ihnen Annis körperliche Schwäche vor seinem inneren Auge.

Ilse fuhr, so schnell sie konnte, ihrer Freundin hinterher. ‚Ich werde schon dafür sorgen, dass sie sich gut erholt und wieder ganz die Alte wird', dachte sie. Die Alte? War Anni denn vor ihrem Zusammenbruch nicht auch schon zerbrechlich gewesen? Hatte vielleicht nur ihre Willensstärke und die Begeisterung für ihre Ideen ihnen allen eine Kraft gezeigt, die sie körperlich gar nicht mehr besessen hatte?

Ilse kam zu einem Schluss: ‚Es hat Anni so viel Kraft gekostet, weil sie allein gegen den alten Mief angegangen ist. Jetzt sind wir viele, die ihre Ideen mittragen und selber neue Ideen einbringen. Jetzt kann sie sich ausruhen.'

Nach dieser Erkenntnis ging es ihr besser. Sie hatte ihr gemeinsames Zimmer erreicht, öffnete die Tür und kam gerade dazu, wie die junge Pflegerin Martina Anni half, sich zu entkleiden. Ilse erschrak, als sie den noch dünner gewordenen Körper ihrer Freundin erblickte. Und sie hatte vor wenigen Minuten noch von einer ‚Erholungskur' gesprochen! Was hatten die im Krankenhaus denn so lange mit Anni gemacht? Sie war schwächer geworden, anstatt sich zu erholen!

Endlos kamen ihr die Minuten vor, bis Martina die beiden alten Frauen allein ließ. Unsicher blickte Ilse von ihrem Sitzplatz am Fenster aus auf das Bett der Freundin. Fast unmerklich hob und senkte sich die Decke über deren Brust. Die Hände lagen wie so oft zur offenen Schale geformt auf dem Bauch. Die Augen waren geschlossen.

Ilses Herz fühlte einen schmerzhaften Stich: ‚Wie Mathilde Gehring liegt sie da.'

Anni öffnete ihre Augen, wandte den Kopf in Ilses Richtung und fragte leise: „Wäre das so schlimm für Dich?"

Wie ertappt zuckte sie zusammen. ‚Hab' ich doch tatsächlich vergessen, dass sie Gedanken lesen kann', dachte sie und sagte halblaut: „Natürlich. Die Tage ohne Dich waren furchtbar. Nur der Gedanke, dass Du bald wieder gesund zurückkommst, hat mir Kraft gegeben. – Du bist doch gesund, nicht wahr?"

Anni antwortete nicht mit Worten, doch ihre Augen sprachen Bände. Ilse weigerte sich, diese Sprache zu verstehen.

Ihr Verstand forderte ein gesprochenes Wort: „Anni, es *muss* Dir gut gehen, sonst hätte Dich Dr. Schleifer doch nicht aus dem Krankenhaus entlassen."

Wieder antworteten nur Annis Augen.

‚NEIN, NEIN, NEIN', schrie Ilses Herz. „Wechsle den Arzt. Geh zu einem Spezialisten. Es gibt für alles Spezialisten. Wenn Du nur willst, kann man Dir helfen. Du hast doch so viel innere Kraft. Heißt es nicht: Der Wille holt Sterne vom Himmel?"

Anni sagte leise: „Wenn ich aber nicht will? Wenn ich weiß, dass meine Aufgabe bald erledigt ist? Weißt Du, Ilse: Das Leben eines jeden Menschen ist schon als Buch geschrieben, bevor er zur Welt kommt. Von der ersten bis zur letzten Seite ist alles festgeschrieben, was er wann, wo und mit wem erleben wird. Ich spüre, dass ich auf den letzten Seiten meiner Lebensgeschichte angekommen bin. Haben wir nicht heute ein wunderschönes Kapitel miteinander *lesen* – besser gesagt: *leben* – dürfen? Nicht irgendein unpersönliches Schicksal oder ein launischer Gott hat mein Buch geschrieben. Nein: Meine Seele selbst ist der Autor. Und der, den ich ‚Himmlischen Vater' nenne, ist der Verleger meines Romans. Wäre er nicht der Meinung gewesen, *es ist gut*, wäre ich gar nicht ins Leben gekommen. Ilse: Alles ist gut. Vergiss es nicht, egal was kommt."

Ilse blickte verstockt wie ein kleines Mädchen, das eine Standpauke von der Mutter erhalten hatte und dabei genau wusste, dass diese im Recht war.

Anni bat leise: „Könntest Du noch einmal nach Martina läuten? Ich habe ganz oben in meinem Schrank einen CD-Spieler. Sie soll ihn uns einmal holen. Ich würde euch gern ein Lied vorspielen."

Ilse raunte trotzig: „Dazu brauch' ich Martina nicht."

Sie fuhr mit dem Rollstuhl so nahe wie möglich an den Schrank heran, erhob sich und ging die fehlenden Schritte sicher und aufrecht. Anni glaubte ihren Augen nicht zu trauen? Ein Wunder?

Ilse suchte das Gewünschte heraus und trug es zu Fuß an Annis Bett. Diese holte aus der ebenfalls gereichten Handtasche eine CD heraus, legte sie ein und bat Ilse, den kleinen Kopfhörer aufzusetzen.

„Alles ist gut, ich komme mit, egal wohin Du mich trägst.“

Aus Ilses Augen strömten Tränen. Anni dachte: ‚Ja, lehre den Krug mit all den ungeweinten Tränen, damit der Himmel ihn mit Wein füllen kann.’

Langsam nahm Ilse den Kopfhörer wieder ab und fragte leise: „Wer singt da? Nein: Wer heilt da?“

Anni antwortete: „Meine Tochter Jitka.“

„Du sagtest doch, Du hättest keine Kinder.“

„Und Du sagtest, Du könntest nicht laufen.“

Ilse widersprach: „Nein, das behauptete ich nie. Ich sagte nur nicht, dass ich es noch kann. Es hat etwas mit dem Pflegegeld zu tun. Elisabeth sollte nicht so viel für den Heimaufenthalt zuzahlen müssen. – Doch Du sagtest wörtlich, dass Du nie Kinder hattest.“

„Es stimmt auch. Aber jetzt habe ich eines, eine erwachsene Tochter. Sie weiß es nur noch nicht. Und sie wird es erst erfahren, wenn sie mich schon wieder verloren hat.“

Ilse verstand nicht. Sie konnte ihre Freundin auch nicht mehr fragen, was sie damit meine, denn diese hatte ihren Kopf zur anderen Seite gedreht.

Das Mittagessen nahm Anni im Zimmer ein. Es bestand aus wenigen Löffeln Suppe. Martina machte sich ernsthaft Sorgen um die liebgewonnene Frau. Ilse, die allein in den Speisesaal gerollt war, schwieg mit zusammengekniffenem Mund auf die Frage nach Annis Befinden, die von so vielen Freunden gestellt wurde. Nur Paulus entlockte ihr einen Satz: „Du hast doch selbst gesagt, dass sie schwach ist.“

Bei ihrer Rückkehr ins Zimmer schlief Anni. Ilse saß neben ihrem Bett und betrachtete die zarte Gestalt. Als zur Kaffeestunde ihre Tochter Elisabeth zu Besuch kam, legte sie schnell den Zeigefinger an den Mund: „Pst, Anni schläft. Sie braucht jetzt viel Ruhe, um wieder zu Kräften zu kommen. Wir gehen in den Aufenthaltsraum.“

Elisabeth trat zu ihrer Mutter, um den Rollstuhl zu schieben. Ilse aber erhob sich, trat hinter ihr Gefährt, hielt sich an den beiden Griffen fest und benutzte es als Gehwagen.

Ihre Tochter war sprachlos! Völlig perplex folgte sie ihrer Mutter aus dem Raum. Sie gingen an kopfschüttelnden Mitbewohnern vorbei, und mehrmals fiel das Wort ‚Wunder'. Im Aufenthaltsraum nahmen die beiden Frauen Platz. Nachdem Elisabeth zwei Tassen Kaffee geholt hatte, konnte sie ihre Neugier nicht mehr zügeln: „Mama, seit wann kannst Du denn wieder laufen? Wieso sagst Du es mir denn nicht? Ich hätte Dich schon längst nach Hause geholt."

Überrascht schwieg sie. Nach Hause geholt? Stimmte das denn wirklich? Ihre Mutter schaute sie erstaunt an und fragte ungläubig: „Du meinst, zu einem Nachmittagsbesuch?"

Elisabeths Herz besiegte den zweifelnden Verstand: „Nein, Mama. Ich meine damit, dass Du, solange es Dein Gesundheitszustand erlaubt, gerne in unser Fremdenzimmer ziehen kannst."

„Und Dein Mann? Was sagt Herbert dazu?"

„Ich werde mit ihm darüber sprechen, wenn *Du* es Dir vorstellen kannst."

Ilse überlegte lange. Sehr lange. Dann stand ihre Antwort fest: „Ich danke Dir für Dein Angebot. Doch ich glaube, es täte uns allen auf Dauer nicht gut. Ich würde mich freuen, wenn ich euch ab und zu besuchen könnte. Aber mein Platz ist hier. Jetzt ist er hier. Hier habe ich Freunde – und eine Aufgabe."

Elisabeth konnte sich unter der ‚Aufgabe' nicht so recht etwas vorstellen. Sie hatte zusammen mit ihrer Mutter viele der Angebote der anderen Heimbewohner angenommen und Vorträge, Konzerte, Mal- und Häkelkurse besucht. Ihre Mutter war aber bisher als Initiatorin nicht in Erscheinung getreten.

„Mama, was ist das denn für eine Aufgabe?" wollte sie deshalb wissen.

Ilse schüttelte den Kopf: „Darüber kann ich hier und jetzt noch nicht reden. – Ich habe eine Frage an Dich: Wenn der Pflegedienst sieht, dass ich nicht mehr auf den Rollstuhl angewiesen bin, werde ich wahrscheinlich in die niedrigere Pflegestufe eingeteilt. Das heißt, dass auf euch höhere Heimkosten zukommen. Ist das schlimm?"

Elisabeth lachte erleichtert auf: „Mama, ich bezahle jeden Preis dafür, dass es Dir gut geht und Du laufen kannst! Mein Chef fragte mich in den letzten Tagen, ob ich nicht ein paar Stunden länger arbeiten kann. Wenn es Dir nichts ausmacht, dass ich nicht mehr täglich zu Besuch komme, wäre uns allen gedient."

Ilse warf einen dankbaren Blick zum Himmel: „Anni hat mir das Geheimnis der geöffneten Hände verraten. Seit ich es kenne, erlebe ich Wunder über Wunder."

„Verrätst Du mir das Geheimnis auch?" fragte Elisabeth.

„Natürlich!" Und so trat Ilse, ohne sich dessen bewusst zu sein, bereits jetzt in die Fußstapfen ihrer Lehrmeisterin.

Lektion 20
Alles ist gut!

Während Elisabeth Annis Wahrheiten aus dem Mund ihrer Mutter hörte, gar nicht genug davon bekommen konnte und die beiden darüber die Zeit vergaßen, erhielt Anni Besuch. Rechtsanwalt Dr. Bernd Glaser ließ sich von der Altenpflegerin Martina anmelden. Er habe eine Verabredung mit seiner Klientin Frau Nowak, sie habe sehr darauf gedrängt.

Martina hielt Rücksprache mit dem Heimleiter, der vom Besuch des Rechtsanwaltes Kenntnis hatte und sie beauftragte, ihn zu Anni zu bringen. Es fiel ihr schwer, die alte Frau zu wecken, und sie erschrak, als sie bemerkte, aus welch großer innerer Entfernung ihr Pflegling zurückkam.

Annis Miene zeigte Freude, als der ihr gut bekannte Mann vorsichtig ihre Hand drückte.

„Frau Nowak, wie schön, Sie wiederzutreffen. Gut sehen Sie aus", sagte er, aber in seinem Blick las Anni etwas anderes. Sie hatte ihn seit Monaten nicht konsultiert und er erschrak wohl darüber, wie sehr sie körperlich abgebaut hatte.

„Lieber Bernd, keine Schmeicheleien. Wir sind immer ehrlich zueinander gewesen. Oder nicht?“

Er senkte verlegen und ertappt den Blick. Es dauerte eine Weile, bis er sich gefasst hatte und aufrichtig antworten konnte: „Ja, Sie haben Recht. Ich bin immer noch der Gleiche, der es sich nicht erlaubt, Du zu Ihnen zu sagen. Dazu sind mein Respekt und meine Hochachtung Ihnen gegenüber einfach zu groß.“

„Glaubst Du denn, der Respekt mir gegenüber würde schrumpfen, nur weil wir freundschaftlich miteinander umgingen? Respektierst Du Deine Freunde, die Du duzt, etwa nicht?“

„Natürlich achte ich sie trotz der Vertrautheit. Lassen Sie mir noch ein wenig Zeit – ein paar Jahre vielleicht, dann kann ich über meinen Schatten springen.“

„Bernd, so viel Zeit habe ich nicht mehr. Und Du weißt es. Ich sehe es in Deinen Augen. – Deswegen habe ich Dich auch hierher bestellt. Du hast mich seit fast zwei Jahrzehnten in allen Rechtsangelegenheiten bestens vertreten. Jetzt habe ich noch einen letzten Auftrag für Dich. Du weißt, dass ich keine gesetzlichen Erben habe. Du weißt aber auch, dass ich ein beachtliches Vermögen besitze. Die Versicherungen zahlten nach dem Unfall gut und sorgen heute noch für mich. – Vor einigen Tagen nun lernte ich eine junge Frau kennen. Ich will, dass sie nach meinem Heimgang, nenn’ Du es ruhig ‚Ableben’, einen Großteil meines Vermögens erbt. Sie soll aber vorher nichts erfahren. Ist das möglich?“

Dr. Glaser verzog skeptisch seine Mundwinkel: „Sie kennen die junge Frau noch nicht lange? Sind Sie sicher, dass die Dame nicht absichtlich Ihre Bekanntschaft gesucht hat, weil sie um Ihr Vermögen weiß?“

Anni schüttelte voller Überzeugung den Kopf: „Wenn Du sie kennenlernst, wirst Du mich verstehen. Sie ist eine Seele von Mensch.“

Der Rechtsanwalt war immer noch misstrauisch, erkannte aber im Verhalten seiner Klientin, dass jede weitere Gegenrede zwecklos wäre. So öffnete er seine Ledermappe, zog ein Schriftstück heraus und machte sich daran, Annis Wünsche rechtskräftig in die Tat umzusetzen.

Bevor sie die Unterschrift leistete, rief er den Heimleiter Kurt Lehmann hinzu, damit dieser zusammen mit ihm die Handlungsfähigkeit seiner Auftraggeberin bestätigte. Anni seufzte erleichtert auf, als sich der Anwalt von ihr verabschiedete. Sie hielt seine Hand länger als üblich fest, blickte ihm ernst in die Augen und verabschiedete sich mit den Worten: „Leb wohl, lieber Bernd. Und hab noch einmal Dank für Deine jahrzehntelange Loyalität – und Freundschaft, ob Du mich nun duzt oder siezt.“ Bei den letzten Worten blitzte wieder der altvertraute Schalk aus ihrem Blick und ermöglichte es dem Mann, sich einigermaßen gefasst zu verabschieden. Anni verstand, dass er emotional nicht in der Lage war, etwas anderes als eine höfliche Floskel zu wählen: „Liebe Frau Nowak, sollten Sie mich brauchen, rufen Sie mich.“ Er räusperte sich kurz, drückte vorsichtig ihre Hand und ging zur Tür. Fast war er schon draußen, da brachte ihn sein innerer weicher Kern dazu, sich noch einmal umzuwenden. Mit sanfter Stimme sprach er: „Leb wohl, Anni.“ Schnell schloss er die Tür hinter sich.

Kurt hatte die Abschiedsszene mit gerunzelter Stirn verfolgt. Nun fragte er betroffen: „Was ist eigentlich los? Was heißt hier: ‚Leb wohl‘? Dein Arzt beruft sich auf die Schweigepflicht, Du bestellst einen Rechtsanwalt, der ebenso geheimnisvoll mit seinen geschriebenen Papieren umgeht. Hast Du kein Vertrauen zu mir?“

Anni sah ihn müde an. Das Gespräch mit Dr. Glaser hatte sie angestrengt. Was wollten denn alle von ihr? Ehrlichkeit? Konnten sie denn damit umgehen? Sie erinnerte sich an die überschwängliche Freude bei ihrer Rückkehr. Wie schnell konnte durch ein unbedachtes Wort die Freude von Traurigkeit und Hoffnungslosigkeit vertrieben werden.

Sie bemühte sich, ihrer Stimme Kraft und Festigkeit zu verleihen: „Du bist mein Freund, Kurt. Und zu Freunden habe ich bedingungsloses Vertrauen. Nur – es gibt eben Dinge, die man nicht einmal mit seinem besten Freund bereden kann, weil sie nur einem selbst gehören. Verstehst Du das nicht?“

Er gab sich geschlagen: „Gut. Du sollst aber wissen, dass Du wirklich über alles mit mir reden kannst. Zu jeder Tages- und Nachtzeit.“

Sie nahm dankbar seine Hand und versuchte, sie zu drücken. Er erschrak über ihre Schwäche.

Ilse betrat zusammen mit ihrer Tochter das Zimmer. Auf eigenen Beinen! Kurts Gesichtsausdruck war so verdattert, dass die drei Frauen laut lachten.

Elisabeth konnte nicht umhin, einen umgewandelten Bibelspruch zu zitieren: „Und die Lahmen konnten gehen – und der Heimleiter konnte das Wunder sehen.“ Mit ernster Stimme fügte sie an: „Es ist gut, Kurt, dass Du hier bist. Da kann ich Dich gleich fragen, welche finanziellen Veränderungen auf uns zukommen.“

Der Heimleiter schüttelte ungläubig den Kopf: „Fast glaube ich, es geht in unserem Haus nicht mehr mit rechten Dingen zu. Ich bekam heute früh einen Anruf von der Trägerschaft unseres Heimes. Mein Vorgesetzter erkundigte sich nach den Auswirkungen der ‚Aktion Freundschaft'. Was ich ihm berichtete, war ihm anscheinend alles schon bekannt. Sogar die Presse sei auf uns aufmerksam geworden und habe bei ihm angefragt, ob uns ein Reporter besuchen dürfe, um unser Haus als vorbildlich darzustellen. Dagegen haben nun weder er noch ich etwas einzuwenden. Es ist ja nur gut, wenn Annis Idee auch in anderen Altenheimen Schule macht. – Aber nun kommt das für mich größte Wunder: Obwohl es immer, wenn ich Geld für notwendige Anschaffungen anforderte, hieß, das Budget sei ausgeschöpft, bot er mir einen größeren Geldbetrag an. Ich soll ihn als Prämie an die alten Menschen auszahlen, die sich in besonderem Maße für das Miteinander im Haus einsetzen. Der Heimbeirat soll gemeinsam mit mir entscheiden, wer eine solche finanzielle Anerkennung erhält. Im ersten Moment dachte ich, das würde nur Unfrieden stiften, doch nun glaube ich, bestärkt durch Deine Situation, Ilse, es könne mit dem Geld dem einen oder anderen ein wenig der finanzielle Druck genommen werden. Vorausgesetzt, derjenige bringt sich in besonderem Maße in die Aktion mit ein.“

Er warf Ilse einen fragenden Blick zu, denn bis jetzt war sie nicht aktiv in Erscheinung getreten. Sie verstand den Wink mit dem Zaunpfahl. Zum jetzigen Zeitpunkt schien es ihr dennoch zu früh, ihm von ihrer geplanten Mitarbeit zu erzählen. Sie fühlte Annis wissenden

Blick und erwiderte ihn ohne jede Angst. Ja, sie war bereit, sich künftig in besonderer Weise um jeden Neuzugang zu kümmern. Niemand sollte mehr in der ersten Nacht weinen oder allein auf sich gestellt ein Spießrutenlaufen durch neugierige Tischreihen absolvieren müssen. Sie nickte der Freundin zu und antwortete Kurt mit fester Stimme: „Kommt Zeit, kommt Rat. Vorläufig wird mich meine Elisabeth unterstützen."

Diese sah erschrocken auf die Uhr, verabschiedete sich hastig von den drei ‚Freunden' und eilte nach Hause. Sie hatte noch einiges mit ihrem Mann zu besprechen ...

Bevor auch Kurt sich empfahl, bat ihn Anni darum, dass ihr die Mahlzeiten auf dem Zimmer serviert würden. Sie fühle sich so schwach und bräuchte noch ein paar Tage, um wieder zu Kräften zu kommen. Er warf einen prüfenden Blick auf die im Bett liegende Gestalt und erschrak. Bei Annis Rückkehr vor einigen Stunden musste ihm seine Freude eine rosarote Brille aufgesetzt haben. Jetzt erkannte sein erfahrener Blick, dass es mit einigen Tagen Ruhe nicht getan wäre.

‚Anni, noch nicht, wir brauchen Dich doch', dachte er und schlug sich im selben Moment mit der Hand auf den Mund. Obwohl er den Gedanken nicht laut ausgesprochen hatte, wusste er, dass sie ihn verstanden hatte. Ihr wissender Blick versank in seinem angstvollen, suchte sich den Weg zu seinem Herzen, umfing und tröstete es.

Er löste sich aus der inneren Umarmung, wandte den Blick zu Boden und verließ fast fluchtartig das kleine Zimmer.

Annis Kopf lag erschöpft auf dem Kissen, die Augen hielt sie geschlossen. Lange betrachtete Ilse die lieb und teuer gewordene Freundin. Liebe und Schmerz fochten in ihr einen schweren Kampf. Schließlich schloss auch sie die Augen und versuchte, sich das Leben ohne Anni vorzustellen. Eine Unmöglichkeit! Tränen schossen ihr aus den Augen, sie konnte ein lautes Schluchzen nicht unterdrücken.

Anni wandte sich ihr zu und sprach leise: „Ilse, erinnerst Du Dich an meine Erklärung, wonach es kein Leben nach dem Tod gibt?"

Ilse schnäuzte sich zuerst laut die Nase, um Zeit zu gewinnen. Schließlich tauchte die damalige Szene deutlich in ihr auf: Sie war, erschüttert vom letzten Abschied von Mathilde, ins Zimmer gerollt und konnte nicht verstehen, dass Anni so völlig unbewegt bleiben konnte. Jetzt nickte sie und erinnerte sich sogar an Annis Antwort. Wie eine brave Schülerin wiederholte sie: „Ja, Du sagtest damals: Es gibt kein Leben nach dem Tod, weil es gar keinen Tod gibt. – Ich nahm mir nach Deinen weiteren Erklärungen vor, ebenso zu denken wie Du, mir Deine Ein-Bild-ung zu eigen zu machen. Solange ich nicht mit dem Tod konfrontiert wurde – und das war seither Gott sei Dank nicht der Fall –, war es auch gar nicht schwer."

„Und heute, Ilse? Wirst Du durch mich damit konfrontiert?"

Jetzt war es ausgesprochen. Jetzt konnte Ilse es nicht mehr ignorieren. Durch Annis Belehrungen besaß sie die Kraft, darüber zu sprechen: „Ja, Du konfrontierst mich damit. Aber vielleicht bilde ich es mir ja auch nur ein", fügte ihr hoffender Verstand an.

„Nein, Ilse. Du siehst das schon richtig. Der Neurologe im Krankenhaus redete sich zwar elegant heraus mit der Floskel, ich könne mit meinem Herzen hundert Jahre alt werden. Aber unser Heimarzt Günther war ehrlicher: Er versuchte, mich schonend darauf vorzubereiten, dass es einmal ganz schnell gehen könne. Er hätte sich gar nicht so verkünsteln müssen, denn: Ich spüre es selbst, dass ich bald, sehr bald, die letzte Seite in meinem Lebensbuch aufschlagen werde. – Es ist gut, dass ich so offen mit Dir darüber reden kann. Da sind nämlich noch einige wichtige Dinge, die ich zu klären habe. Und dazu brauche ich die Hilfe meiner engsten Vertrauten – das bist nun einmal Du."

Ilse kamen erneut die Tränen, diesmal war der Anlass ein anderer: Ein großer Stolz, eine große Freude durchströmte sie und erhob sie über ihre lebenslang eingeredete Kleinheit! Ganz konnte es ihr Verstand nicht glauben, dass sie die engste Vertraute sein sollte. Er brachte sie dazu, es in Frage zu stellen: „Das glaube ich Dir aber nicht. Du hast zwar nie über Dein Leben vor dem Einzug in unser Haus gesprochen, doch musst Du doch schon vorher Hilfe gehabt haben. Es muss doch draußen Menschen geben, denen Du vertrauen kannst?"

Ein Schatten überzog Annis eben noch so klares Gesicht. Ilse erschrak, sie wollte ihrer Freundin nicht zu nahe treten. Verärgert über ihre Neugier wollte sie einlenken, aber Anni entschied sich zu antworten: „Oh ja, es gab sie. Viele sogar. Doch je verrückter ich wurde, um so weniger wurden es. Sie nannten sich Freunde, solange ich ihnen von Nutzen war. Solange sie erwarten konnten, ein Stück des Kuchens abzubekommen, der nach meinem Ableben aufgeteilt würde. Während meines Aufenthaltes in der Herzklinik bedrängten sie mich, ein Testament zu machen, zu ihren Gunsten selbstverständlich. Sie hätten doch so viel für mich getan. Natürlich hatten sie das. Aber ich habe sie immer gut dafür bezahlt. Sie waren anscheinend der Meinung, nicht gut genug. – Da fasste ich einen Entschluss. Nein, nicht ich. Es war ein innerer Auftrag, den ich bekam: Der ‚Zufall' wollte es, dass mir ein Prospekt über das Altenheim ‚Drei Linden' in die Hände fiel. Als ich die Bilder betrachtete und den Text dazu las, fühlte ich in meinem Herzen ganz klar: Dort ist ein Platz für Dich, dort wirst Du gebraucht. – Weißt Du, Ilse, bis dahin hatte *ich* immer die Hilfe anderer gebraucht. Und nun plötzlich sollte ich noch einmal selbst zu etwas gebraucht werden? Das Selbstmitleid, in das mich das undankbare und fordernde Verhalten der Menschen, die mir nahe standen, getrieben hatte, war mit einem Schlag verschwunden. Nachdem ich ohne weitere Therapiemöglichkeiten aus der Klinik entlassen worden war, teilte ich meinen ‚Freunden' den Entschluss mit. Sie waren fassungslos. *Ich* sei undankbar. Ich konnte sie ja verstehen: Sie lebten von mir, in meinem Haus, fuhren ein teures Auto, das auf meinen Namen zugelassen war. Ich rief meinen Rechtsanwalt zu mir, überschrieb ihnen Haus und Auto, garantierte ihnen einen monatlichen Unterhalt, solange ich leben würde ... und ging."

Ilse war erschüttert. Sie erinnerte sich noch genau an Annis Ankunft im Haus. Wie konnte diese Frau nur so voll inneren Friedens sein, nachdem sie alles verloren hatte? Wie konnte sie nur ‚Vertraut auf den Herrn, denn er ist gut' singen, wenn sie von ihren Freunden so enttäuscht worden war?

Anni erahnte auch diesmal die Gedankengänge ihres Gegenübers und ging mit sanfter Stimme darauf ein: „Ich habe nicht alles verloren. Ich habe eine wundervolle Zeit geschenkt bekommen, die erfüllt war mit Liebe, Freundschaft, Erkenntnis. Ich habe wahre Freunde getroffen und wurde wirklich noch einmal vom Himmel gebraucht."

Ilse bestätigte es mit einem einzigen Satz: „Ja, Anni: Du hast den Himmel in unser Haus gebracht. Erinnerst Du Dich? Am ersten Tag unseres Zusammentreffens nannte ich das Leben ‚Hölle'. Du hast für uns alle die Tür zum Himmel aufgemacht. Aber das ist doch erst der Anfang! Wir brauchen Dich noch lange!"

Anni schüttelte den Kopf: „Oh Ilse, es war anstrengend, der erste Dominostein zu sein. Jetzt seid ihr viele und ich freue mich darauf, Ruhe zu finden." Sie schloss erschöpft die Augen.

Ilse wartete einige lange Minuten, bevor sie die Frage stellte, die sie am meisten beschäftigte: „Anni, hast Du denn gar keine Angst vor dem, was auf Dich zukommt?"

„Du meinst, vor der Begegnung mit dem Engel der Ewigkeit? Ich kann nur für *jetzt* antworten und da sage ich aus ehrlichem Herzen: Nein. Ich fürchte mich nicht. *Jetzt* nicht. Wie es sein wird, wenn er vor mir steht und von mir das größte Loslassen verlangt, das ein Mensch in seinem Leben zu leisten hat, das weiß ich nicht. Ich bin so voller Dankbarkeit für mein Leben, für *alles*. Meine Hände sind geöffnet für alles, was kommt, denn mein Vertrauen in Gott ist grenzenlos. – Erinnerst Du Dich? Ich habe Dir erzählt, dass ein Mensch genau von dem Ort aus weitergeht, an dem er aus dem Zug aussteigt. Darf ich Dich um etwas bitten? Sei neben mir, wenn Du merkst, dass mein Lebenszug in die Endstation einfährt. Erinnere mich daran, dass ich mit leichtem Herzen und ohne Angst im Gepäck aussteige, damit mein Engel mich in ein schönes Gebiet weiterführen kann."

Ilse konnte die Tränen nicht mehr zurückhalten. Anni hatte noch eine weitere Bitte an ihre engste Vertraute: „Ich will euch ein Vermächtnis hinterlassen. Das Finanzielle ist geregelt und das Altenheim kommt nicht zu kurz. Ich will euch aber auch etwas Ideelles hinterlassen: mein Herzensvermächtnis. Darf ich Dich bitten, es jetzt mitzuschreiben?"

Ilse machte denselben Fehler, den viele Menschen machen, wenn ein Sterbender die letzten Wünsche äußert: „Anni, das hat doch noch lange Zeit. Rede Dir doch nicht ein, Du müsstest bald schon sterben!“

Anni schüttelte den Kopf: „*Du* hast Angst vor dem Sterben. Hast Du schon wieder vergessen, dass es den Tod nicht gibt? Jetzt sind wir beide im gleichen Raum, dem Raum des materiellen, irdischen Lebens. Ich stehe schon sehr nahe an der Tür zum nächsten Raum, in dem ich diesen alten, verbrauchten Körper nicht mehr benötige. Es ist für jeden Menschen eine Beförderung, etwas, auf das er sich freuen kann. Denk nur: Frei sein von jeder Beschränkung, die der vergängliche Körper mir auferlegt. Frei sein, mich zu bewegen, wohin immer ich will. Dinge erkennen, die mir bisher verschlossen sind. All das ist im nächsten Raum möglich. Die Tür ist schon einen Spalt weit offen, ich sehe es. – Bitte, nimm einen Stift und Papier und schreibe. Bitte ...“ Ihre Stimme klang so eindringlich, dass Ilse sich schwerfällig erhob, zu ihrem Nachttischchen ging und das Gewünschte hervorkramte.

In der nächsten halben Stunde herrschte im Zimmer der beiden alten Frauen eine fast heilige Schwingung. Anni diktierte mit geschlossenen Augen, verklärtem Gesicht und leiser, fast monotoner Stimme. Eine Gänsehaut nach der anderen ließ Ilses Körper erschauern, während Tränen unablässig über ihre Wangen liefen.

Nach dem letzten Satz, und nachdem Anni eigenhändig und umständlich unterschrieben hatte, verschloss Ilse das Schriftstück in einem weißen Kuvert und legte es in die Schublade ihrer Freundin, die erschöpft eingeschlafen war. Lange betrachtete sie das glühende Gesicht der verrückten, weisen Frau. Dann erhob sie sich, ging langsam zu ihrem Lieblingsplatz am Fenster und wandte ihren Blick zum wolkenlosen blauen Himmel. Sie erinnerte sich gut an den Sturm, der bei Annis Ankunft gewütet und wild an den Blättern gezerrt hatte, die sich verzweifelt gegen das Sterben wehrten. Heute sah sie, dass es ihnen nichts genützt hatte: Der Frost der letzten Nächte hatte sie zu Fall gebracht.

‚Wenn die Zeit gekommen ist, nützt kein Kampf mehr, kein Wehren’, dachte sie und wunderte sich, woher der Satz kommen mochte.

‚Wenn die Zeit gekommen ist, wird Hingabe verlangt. Nicht Hingabe an das Sterben, sondern Hingabe an das Leben.'

Verwirrt schüttelte sie den Kopf. Sollte Annis Vermächtnis mit diesen Gedanken zu tun haben? Komisch, sie waren gar nicht darin vorgekommen ...

Das Abendessen ließen die beiden Frauen ausfallen. Martina stellte Annis Portion zwar auf den kleinen Tisch, wagte aber nicht, die alte Frau zu wecken oder Ilse aufzufordern, den Speisesaal aufzusuchen. Im halbdunklen Zimmer herrschte eine Stille, die sie nicht stören wollte. Eine Stunde später, als sie den vollen Teller wieder abholte, lag auch Ilse im Bett. Ihre Hände lagen, ebenso wie die ihrer Zimmerkollegin, zur Schale geformt auf der Bettdecke. Die junge Pflegerin trat ganz nahe an beide Frauen heran und betrachtete deren Gesichter. Sie strahlten einen Frieden aus, der überirdisch war.

‚Was für ein komischer Gedanke', ging es Martina durch den Kopf. Leise schlich sie aus dem Zimmer.

Lektion 21
Freisein setzt das Loslassen voraus
oder:
Ich komme mit, egal, wohin Du mich trägst

Ilse öffnete ihre Augen und schloss sie gleich wieder. Eine für diese Jahreszeit ungewöhnlich strahlende Sonne blendete sie. Sie hielt ihre rechte Hand schützend an die Stirn, blinzelte vorsichtig und sagte laut zu ihrer Zimmergenossin: „Was für ein herrlicher Tag! Schau doch nur!"

Als sie keine Antwort erhielt, wiederholte sie ein wenig lauter: „Anni, schau doch. Das wird ein wunderbarer Tag!"

Immer noch schwieg die Angesprochene. Ilse bekam plötzlich ein ganz mulmiges Gefühl, richtete sich halb im Bett auf und warf einen unsicheren Blick hinüber. Im ersten Moment atmete sie erleichtert auf, denn Anni lag friedlich da, wie immer mit zur offenen Schale geformten Händen. Doch der zweite Blick bestätigte, was Ilses Herz bereits erkannt hatte: Klammheimlich, ohne richtig Abschied zu nehmen, war die Freundin in der Nacht an ihrer Endstation angekommen, ausgestiegen und fortgegangen.

Es war so unglaublich, dass Ilse minutenlang wie gelähmt liegen blieb. ‚Anni', unzählige Male dachte sie den Namen und fühlte dabei die lebendige Gegenwart der alten Frau so deutlich, dass ihr Verstand sich immer noch weigerte, die Wahrheit anzuerkennen.

Nun hatte der erste Sonnenstrahl die Heimgegangene erreicht, streichelte zärtlich über ihr fast durchsichtig scheinendes Gesicht und verharrte liebevoll auf den etwas zerzausten grauen Locken. Ein leichtes Lächeln umspielte Annis Mund, gerade so, als spiegle sich die Wiedersehensfreude mit dem Engel der Ewigkeit in ihrer Miene. Nein, der Tod hatte keine hässliche Fratze!

Die Tür öffnete sich leise und die junge Pflegerin Anni steckte fröhlich ihren Kopf herein: „Anni, Ilse, aufwachen. Ein herrlicher Sonnentag begrüßt euch."

„Du hast Recht, Anni. Es ist nur ein wenig anders als Du denkst: Denn unsere liebe, verrückte, glückliche, alte Anni sieht einen noch herrlicheren Sonnenaufgang."

Mit fragender Miene trat die Pflegerin näher an Annis Bett. Ihr erging es ebenso wie zuvor Ilse. Der Frieden und die Glückseligkeit, die das Gesicht der Verstorbenen ausstrahlten, waren nicht von dieser Welt.

Leise fragte die junge Frau: „Warum hast Du uns denn nicht geläutet, Ilse. Wir wären ihr so gern zur Seite gestanden."

„Sie wollte allein gehen. Ich habe es auch erst vorhin bemerkt."

Die Pflegerin strich sanft über Annis Wangen, verschloss die halb geöffneten Augenlider und malte der Verstorbenen ein Kreuzzeichen auf die Stirn. „Sie ist noch nicht kalt. Ich glaube, sie kann uns noch hören. Willst Du ihr noch etwas sagen, Ilse?"

Eine große Freude durchströmte die alte Frau. Und eine vor langer Zeit verlorene Kraft! Keine Trauer war in ihr, nur das Glücksgefühl, ihrer besten Freundin noch einen Abschiedsgruß mitgeben zu können. Aber was sollte sie sagen?

Da tauchte ohne weitere Überlegung ein Lied auf und Ilse sang es, zuerst leise, dann immer lauter – und schließlich verstärkt durch die zu Tränen bewegte junge Pflegerin: „Confitemini domino, quoniam bonus. Confitemini domino, halleluja."

Der Heimleiter wurde hinzugeholt, um das Notwendige zu veranlassen. Kurt war tief bewegt, saß ebenfalls minutenlang am Bett seines liebgewonnenen Schützlings und machte nur widerwillig dem Heimarzt Dr. Schleifer Platz, der die üblichen Untersuchungen anstellen wollte. Dieser schickte alle aus dem Raum und nahm ebenfalls Abschied von Anni: „Du liebe Hexe, Du. Konntest Du nicht noch ein Weilchen warten? Ich habe noch so viele Fragen an Dich und an den Himmel."

Fast glaubte er, sie lächle noch ein wenig mehr. In seinem Herzen tauchte ihre Antwort so klar auf, dass er fast erschrak: ‚Mein lieber Günther. Jetzt bin ich noch viel näher dran an den Antworten. Ich habe nur eine Bitte: Nenn mich nicht länger *Hexe*.'

Schmunzelnd strich er über die kalt gewordene Wange seiner Lehrerin und antwortete halblaut: „Du hast Recht. Ab jetzt nenne ich Dich *Engel*."

Er stellte den Totenschein aus: Herzversagen. Das Wort schien ihm unpassend angesichts des großen Liebesdienstes, den es bis zuletzt geleistet hatte. Dann bat er den Heimleiter wieder ins Zimmer und sie überlegten gemeinsam, wie nun weiter zu verfahren sei. Kurt erinnerte an Annis Aktion beim Tod von Frau Gehring: „Ich glaube, Annis Wunsch ist es, dass alle ihre Freunde von ihr Abschied nehmen können. Im Zimmer hier ist es wohl zu eng. Ich werde mit dem Pfarrer sprechen, ob er erlaubt, dass wir Anni bis zum Nachmittag in der Altenheimkapelle aufbahren."

Der Arzt nickte zustimmend, und auch Ilse, die durch die geöffnete Tür gelauscht hatte, pflichtete seinem Vorschlag bei.

Beim Frühstück gab Kurt im Speisesaal mit gefasster Miene Annis Heimgang bekannt. Es herrschten Fassungslosigkeit, Entsetzen, große Trauer. Keiner schämte sich seiner Tränen. Paulus erhob sich von seinem Sitzplatz, formte seine Hände zu einer Schale und begann laut zu beten: „Himmlischer Vater. Wir verstehen nicht, dass Du uns mit Anni den Menschen, den wir so sehr brauchen, genommen hast. Wahrscheinlich brauchst Du sie noch dringender als wir. So wollen wir nicht mit Dir hadern, sondern Dich bitten, dass Du uns die Kraft gibst, in Annis Sinn ihr Werk fortzusetzen."

Die Brotkörbchen und Wurstplatten blieben an diesem Morgen fast unberührt. Schweigend saßen die alten Menschen an den Tischen, betroffen stand das Personal am Buffet. Alle schienen nur auf eines zu warten: Auf die Gelegenheit, von ihrer Freundin Abschied nehmen zu dürfen.

Sie hörten die Ankunft der Mitarbeiter des Bestattungsdienstes und wussten, dass Anni nun vorbereitet wurde für die letzte Begegnung.

Dann war es soweit. Kurt bat diejenigen, die die Verstorbene noch einmal sehen wollten, in die Altenheimkapelle. Von den meisten unbemerkt hatte sich eine junge, unbekannte Frau angeschlossen. Sie trug einen Gitarrenkasten mit sich und schüttelte immer wieder ungläubig und betroffen den Kopf.

Der Priester stand auf der rechten Seite des Sarges. Elisabeth, Ilses Tochter, hatte in aller Eile Blumen besorgt und sie Anni auf die Brust gelegt. Dabei hatte sie darauf geachtet, dass das Papierherz mit dem handgeschriebenen Namen nicht verdeckt wurde.

Ilse war die Erste, die, auf einen Gehwagen gestützt, nach vorn ging. Sie trat auf ihre Freundin zu, nahm langsam ihr eigenes Namensschildchen vom Hals und legte es der Verstorbenen in die immer noch zur offenen Schale geformten Hände.

„Liebe Anni. Ich danke Dir für Deine Liebe, für Deine Weisheiten, für Deine Begeisterung und Lebensfreude, die Du mit mir geteilt hast. Als Dankeschön nimm mein Herz mit – und grüße den Himmel von mir. Ich freue mich, Dich dort wiederzusehen."

Elisabeth trat bewegt auf ihre Mutter zu und half ihr, in einer der vorderen Bänke Platz zu nehmen. Einer nach dem anderen verabschiedete sich von Anni, und es wurden immer mehr Herzen aus buntem Papier in die zarten, weißen Hände gelegt.

Plötzlich schwebte ein erster, zarter Gitarrenakkord durch den Raum. Erstaunt wandten sich die Menschen um und sahen, ganz hinten in der letzten Bank, die fremde junge Frau sitzen.

Noch bevor sie sich die Frage stellen konnten, was dies denn bedeuten solle, begann sie zu singen:

„Alles ist gut,
ich komme mit,
egal, wohin Du mich trägst."

Nachdem der letzte Akkord verklungen war, blieb es minutenlang still. Dann trat Kurt vor die ihm anvertrauten Menschen, räusperte sich und begann mit bewegter Stimme zu sprechen: „Anni. Vor genau einundzwanzig Tagen kamst Du zu uns. Heute kommt es mir vor, als wärst Du direkt vom Himmel gefallen, ein Engel, der uns wieder daran erinnern sollte, dass wir *leben*! Du hast unser Haus gehörig aufgemischt, hast uns um Deine zarten Finger gewickelt und uns zu Freunden gemacht, die *miteinander* unter einem Dach leben, und nicht, wie zuvor, nur nebeneinander. Nach fünf Tagen hast Du das Haus verlassen und uns allen die Möglichkeit gegeben, Dein Werk fortzusetzen. Du hast uns gezeigt, dass niemand unersetzlich ist. Und wir konnten Dir beweisen, dass wir das, was Du uns gelehrt hast, verstanden haben. Danke, Anni. – Doch Deine Liebe und Fürsorge für uns geht über Deinen Heimgang hinaus: Du hast dem Heim – nicht der Diözese! – einen großen Geldbetrag zur Verfügung gestellt. Damit sollen die Mehrkosten gedeckt werden, die Heimbewohnern dadurch entstehen, dass sich ihr Gesundheitszustand aufgrund der Freundschaftsaktionen im Haus verbessert! Als Beispiel hast Du gestern im letzten Gespräch, das Du mit mir und Deinem Rechtsanwalt geführt hast, unsere liebe Ilse genannt. Wie wir alle selbst sehen können, steht unsere Freundin wieder auf eigenen Beinen. Sie wird aus diesem Grund in der Pflegekasse zurückgestuft, und dadurch erhöht sich ihr Eigenanteil an den Heimkosten. Sie soll die Erste sein, die in den Genuss Deines Vermächtnisses kommt."

Überraschtes und erfreutes Gemurmel war zu hören. Ilse erhob sich langsam, betrat den Mittelgang, stützte sich auf ihren Gehwagen und zog umständlich einen Briefumschlag aus ihrer Handtasche. Gespannt verfolgten die anderen, wie sie ihn bedächtig öffnete, ein Blatt Papier entfaltete, ihre Brille aufsetzte und mit erstaunlich gefasster Stimme Annis ‚Herzensvermächtnis' vorlas:

Annis Vermächtnis
an alle, die auf dem Weg sind, alt zu werden.
Und an alle, die bereits alt sind.

Wer nicht jung stirbt, wird alt. Doch es ist eine Kunst, alt zu **sein**. *Wie jede Kunst fällt auch das Altsein dem Menschen nicht einfach in den Schoß. Es gehört viel Übung dazu. Es ist notwendig, bereits in jungen Jahren das Altsein zu üben. Das Wichtigste – und das Schwierigste daran – ist das* **Annehmen**. *Ich meine damit das Annehmen von Dingen, die dem Menschen schwerfallen: Ihr mögt es Schicksal nennen, Krankheit, Unfall. Ich nenne es: Möglichkeiten, die Flügel aus Liebe und Vertrauen wachsen zu lassen. Denn ihre Tragkraft wird am Ende des Lebens entscheiden, wie hoch sich die Seele erheben kann.*
Nach der Übung des Annehmens kommt der nächste Schritt: das **Loslassen**. *Ich meine damit nicht das Loslassen von Dingen, die jeder gern hergibt, wie Krankheit oder Arbeitslosigkeit, sondern von Dingen, an denen das Herz hängt: die Jugend, die Gesundheit, die Kraft, die Möglichkeit zu arbeiten, geliebte Menschen. Es kommt der Tag, da werden diese Dinge von jedem eingefordert.*
Je früher ein Mensch diese Übungen praktiziert, umso eher bekommt er den Lohn dafür: das **Freisein**! *Nur wenn seine Hände frei sind von allen Erwartungen, von allen Wünschen, von allen Ängsten,*

*dann – und nur dann! – lebt er! Alles andere ist ein Leben-***Wollen** *oder ein Leben-***Müssen***!*
Wer das Geheimnis der geöffneten Hände entdeckt hat und Hände besitzt, die bereit sind, alles vom Leben anzunehmen – und dem Leben alles zu geben, was es einfordert –, der erfüllt die Grundbedingung, um im Alter glücklich und dankbar zu **sein***.*
Ich danke euch allen für eure Liebe und euer Vertrauen, denn ich habe euch einiges abverlangt.

Bis irgendwann
eure verrückte, beglückte ***Anni.***

Und handschriftlich war von Anni in aller Eile daruntergekritzelt:

PS: Liebe Ilse, konnte sich der Himmel einen günstigeren Zeitpunkt für unser erstes Zusammentreffen auswählen als diesen stürmischen Herbsttag vor drei Wochen?

Weitere Bücher von Ingrid Lipowsky
(auch direkt über die Autorin zu beziehen):

Engel reisen immer ohne Gepäck
Eine mystische Irland-Reise

Da taucht im Geist der Autorin plötzlich ein Name auf, der sie tief berührt und nicht mehr loslässt. Als sie ihre Engel nach der Bedeutung fragt, verlangen diese, dass sie geduldig sein möge … und dann geht mit einem Mal alles ganz schnell: Unversehens reist sie nach Irland und damit in ein früheres Leben …
Engel reisen immer ohne Gepäck erzählt eine spannende, wahre Geschichte mit viel Humor.

Ingrid Lipowsky
Engel reisen immer ohne Gepäck
Eine mystische Irland-Reise
Paperback, 224 Seiten
ISBN 978-3-89060-068-0
Ryvellus, bei NEUE ERDE Verlag GmbH, 66111 Saarbrücken

Die Geschichte Jakobus des Jüngeren (1. Buch)

In diesem Buch schildert ein junger Schustergeselle seine Begegnung mit Jesus und wie er diesen Meister und seine Jünger erlebte. Jesus ist hier ein großer Heiler und Weisheitslehrer – und ein Mensch. Auch wenn die Quelle dieser Schilderungen vielen unbegreiflich bleiben mag, man spürt: Ja, so jemand könnte dieser Jesus gewesen sein.

Ingrid Lipowsky
Die Geschichte Jakobus des Jüngeren
Paperback, 232 Seiten
ISBN 978-3-89060-134-2
Ryvellus, bei NEUE ERDE Verlag GmbH, 66111 Saarbrücken

Die Spirale der Liebe
Zweites Buch der Geschichte Jakobus' des Jüngeren

In diesem Buch erfährt der Leser, wie es dem jungen Schustergesellen auf einer weiteren Etappe seines Lebensweges ergeht. Er versucht, die Lehre des Predigers und Heilers Jesus, neben dem er einige Wochen unterwegs sein durfte, in seinem Leben umzusetzen, und scheitert immer wieder.

Es ist nicht nur die Welt, die ihm Knüppel zwischen die Beine wirft, auch sein eigenes Ego steht ihm oft im Weg.
Doch wie sagte Jesus zu ihm? „Der himmlische Vater stellt jedem Seiner Kinder einen Engel zur Seite."
Und so lässt sich Jakobus immer mehr auf die Führung seines unsichtbaren Begleiters ein…
Ein Buch, das Mut macht, auf die eigene innere Stimme zu hören und darin immer mehr die geistige Führung zu erkennen, die uns hilft, den Weg nach Hause zu finden und zu gehen.

Ingrid Lipowsky
Die Spirale der Liebe
Paperback, 294 Seiten
ISBN 978-3-00-016519-1
Eigenverlag Ingrid Lipowsky, 89331 Burgau, Aberthamer Straße 1

„... der folge MIR nach!"
Drittes Buch der Geschichte Jakobus' des Jüngeren

Im dritten und letzten Buch der Geschichte Jakobus' des Jüngeren erzählt der Schustergeselle von seinem weiteren Weg in der Nachfolge des HERRN. Durch schmerzvolle und freudvolle Erfahrungen gelingt es ihm schließlich, den Sinn des Lebens zu erkennen, den leidenden Erdenmenschen hinter sich zu lassen und das Erbe des Gottessohnes anzutreten.
„… der folge MIR nach!" ist eine zutiefst bewegende Geschichte, voller Weisheiten Jesu, die durch alle Zeiten hindurch nichts von ihrem Wahrheitsgehalt und ihrer Wichtigkeit für uns eingebüßt haben.
Jakobus teilt mit dem Leser seine Erkenntnis, dass der Mensch nicht sterben muss, um Erleuchtung zu erlangen und um den in sich zu finden, der sagt: ‚Ich bin der ICH BIN.'

Ingrid Lipowsky
„... der folge MIR nach!"
Paperback, 437 Seiten
ISBN 978-3-00-018891-6
Eigenverlag Ingrid Lipowsky, 89331 Burgau, Aberthamer Straße 1

Ein Engel erzählt
Geschichten aus dem Garten Eden

Welchen Sinn hat es für uns Menschen, Schmerz zu erleiden? Wie wichtig ist es für ein erfülltes Leben, Annehmen und Loslassen zu lernen? Warum bewerten und verurteilen wir allzu vorschnell – und werden dabei selbst immer unzufriedener und unglücklicher? Müssen wir ein Ziel haben, das in ferner Zukunft liegt? Oder ist unser Weg das Ziel? Ist wirklich alles gut, was geschieht?

So lassen sich einige der Themen auf den Punkt bringen, die in diesem Buch auf eine gleichermaßen einfühlsame wie leicht verständliche Weise behandelt sind. Wieder einmal hat sich Ingrid Lipowsky den Weisheiten des Gabrielengels Yasper geöffnet und sich als sein irdischer ‚Bleistift' zur Verfügung gestellt. Seine „Geschichten aus dem Garten Eden" geben Antworten auf die Fragen, die uns auf dem Weg zu unserem wahren Selbst immer wieder beschäftigen.

Ein überaus empfehlenswertes Buch für alle Fragenden, Suchenden, Übenden – und sich als Kinder Gottes erkennenden und bekennenden Menschen.

Ingrid Lipowsky
Ein Engel erzählt Geschichten aus dem Garten Eden
Paperback, 208 Seiten
ISBN 978-3-00-024953-2
Eigenverlag Ingrid Lipowsky, 89331 Burgau, Aberthamer Str. 1